袁金淑 著

教师进修与成长

中国社会科学出版社

图书在版编目(CIP)数据

教师进修与成长/袁金淑著.—北京：中国社会科学出版社，2018.3
（澳门教育丛书）
ISBN 978-7-5203-2192-1

Ⅰ.①教… Ⅱ.①袁… Ⅲ.①中学教师—师资培养—研究—澳门 Ⅳ.①G635.12

中国版本图书馆 CIP 数据核字（2018）第 047919 号

出 版 人	赵剑英
责任编辑	史慕鸿
责任校对	李　莉
责任印制	戴　宽

出　　版	中国社会科学出版社
社　　址	北京鼓楼西大街甲 158 号
邮　　编	100720
网　　址	http://www.csspw.cn
发 行 部	010-84083685
门 市 部	010-84029450
经　　销	新华书店及其他书店
印　　刷	北京明恒达印务有限公司
装　　订	廊坊市广阳区广增装订厂
版　　次	2018 年 3 月第 1 版
印　　次	2018 年 3 月第 1 次印刷
开　　本	710×1000　1/16
印　　张	18.75
插　　页	2
字　　数	309 千字
定　　价	86.00 元

凡购买中国社会科学出版社图书，如有质量问题请与本社营销中心联系调换
电话：010-84083683
版权所有　侵权必究

澳门教育丛书编辑委员会

总 策 划 何少金

副总策划 陈 虹

编　　委 杨灿基　陈志峰　李明基
　　　　　　岑耀昌　陈家良　杨珮欣
　　　　　　许江雄　陈建邦　陈华根

顾　　问 邓骏捷　王国强

资助：  澳門基金會　FUNDAÇÃO MACAU

总　序

澳门回归后，在国家的大力支持下，特区政府致力于经济建设之余，高度重视教育发展，提出了"优先发展教育"的方针，逐步完善教育政策和教育法律、法规，持续加大资源投入，努力提升教育质量。在"科教兴澳"的社会背景下，澳门教育有了新的发展。而澳门教师在教育道路上默默耕耘，辛勤付出，在履行教师职责的同时，致力提升专业水平，努力探索具有澳门特色的教育发展路向和教育方法，其中总结出来的心得体会、实践经验和教研成果，值得积累和推广。

澳门中华教育会是澳门历史悠久的文化教育团体之一，一向以爱国爱澳，团结教育界，服务社会，促进教育发展为宗旨。澳门中华教育会于2011年制定"澳门教育丛书"出版计划，目的是积累、推广澳门教师的教育经验和研究成果，鼓励教师撰写教育心得，以供本澳乃至各地教育工作者交流学习和教育科研之用。作为一个恒常性的出版计划，每年均将出版若干本教育范畴的书籍，其中包括教师文选、教育研究和教师专著。本计划得到澳门基金会大力支持，予以经费赞助。

2011年澳门中华教育会出版了第一辑"澳门教育丛书"后，为进一步提升出版质量，于2012年与中国社会科学出版社签订合作协议，把丛书交与中国社会科学出版社出版发行，中华教育会则负责丛书的组织、策划、评审工作。

澳门教师的教学任务和培训工作十分繁重，能在工余挤出时间，耗费精力进行教育研究和撰写教育心得，实属不易，值得赞扬。"澳门教育丛书"真实反映了澳门教师的精神面貌、教育特色，以及其对澳门教育作出的思考，对构建澳门特色优质教育体系和推动教师专业成长，有莫大裨益。我们衷心希望广大澳门教师积极支持"澳门教育丛书"的出版工作，踊跃投稿，为推动澳门教育健康发展，贡献力量。

"澳门教育丛书"编辑委员会

2012 年 4 月

作者简介

袁金淑　籍贯中山。1995年毕业于澳门商训夜中学。1999年、2005年和2016年分别获华南师范大学教育学学士、教育学硕士和管理学博士学位。现任职培华中学，2015年度成为澳门首位申请休教一年、攻读博士学位的教师。长期关爱青少年成长，关注教育发展和关心社会，经常撰写相关文章，刊登于《澳门日报》、《华侨报》、《澳门教育》、《澳门基本法推广协会月刊》和《九鼎月刊》等，发表文章六十余篇。参加澳门大学、澳门理工学院、澳门城市大学和中华教育会所举办的研讨会，并发表九篇学术论文。著有《教与思公民教育文集》。

目　录

序 ……………………………………………………………… (1)

自序 …………………………………………………………… (1)

中文摘要 ……………………………………………………… (1)

Abstract ……………………………………………………… (1)

第一章　绪论 ………………………………………………… (1)
第一节　研究动机 …………………………………………… (1)
第二节　研究意义 …………………………………………… (4)
第三节　创新之处 …………………………………………… (9)
第四节　研究目的与问题 …………………………………… (12)
第五节　研究假设 …………………………………………… (13)
第六节　名词诠释 …………………………………………… (14)
第七节　研究范围与限制 …………………………………… (17)

第二章　文献综述 …………………………………………… (19)
第一节　教师在职进修动机的理论研究 …………………… (19)
第二节　教师专业成长的理论研究 ………………………… (52)
第三节　教师在职进修动机与专业成长的相关研究 ……… (82)

第三章 研究方法与实施 (87)

第一节 研究架构 (87)
第二节 研究对象 (88)
第三节 研究方法与程序 (93)
第四节 研究工具 (95)
第五节 资料处理与统计分析 (107)

第四章 澳门私立中学教师在职进修动机与专业成长的量化研究 (110)

第一节 澳门私立中学教师在职进修动机与专业成长之现况分析 (110)
第二节 澳门私立中学教师在职进修动机之差异分析 (113)
第三节 澳门私立中学教师专业成长之差异分析 (127)
第四节 澳门私立中学教师在职进修动机与专业成长之相关分析 (141)
第五节 澳门私立中学教师在职进修动机对专业成长之预测分析 (145)
第六节 综合讨论 (150)
第七节 小结 (167)

第五章 澳门私立中学教师在职进修动机与专业成长的质性研究 (168)

第一节 研究内容 (168)
第二节 研究方法与设计 (169)
第三节 研究对象与资料分析 (177)
第四节 质性研究小结 (217)

第六章 研究结论与建议 (222)

第一节 结论 (222)
第二节 建议 (227)

附录 ·· (240)

　　附录一　澳门私立中学教师在职进修动机与专业成长之关系研究
　　　　　　问卷调查(预试问卷) ·· (240)

　　附录二　澳门私立中学教师在职进修动机与专业成长之关系研究
　　　　　　问卷调查(正式问卷) ·· (245)

　　附录三　澳门私立中学教师在职进修动机与专业成长之关系研究
　　　　　　访谈提纲(2016年4—5月) ·· (250)

　　附录四　恳请协助调查函 ·· (250)

参考文献 ·· (252)

在学期间公开发表的著作、论文和文章情况 ····································· (266)

后记 ·· (269)

图表目录

图 2-1-1	Maslow 需求层次论图示	(44)
图 2-1-2	Miller 对低社会阶级参与教育活动动机势力场分析	(45)
图 2-1-3	Vroom 动机模式	(47)
图 2-1-4	成人教育参与动机、一致、中介变项和退学关系的假设模式	(48)
图 2-1-5	Rubenson 的期待价量模式	(49)
图 2-1-6	COR 成人参与学习活动模式	(50)
图 2-2-1	教师职业生涯周期的动态特征	(75)
图 2-2-2	教师专业发展内涵体系	(81)
图 2-2-3	教师专业成长模式	(82)
图 3-1-1	研究架构概念	(88)
图 3-3-1	研究方法与流程	(95)
图 5-4-1	影响教师在职进修动机与专业成长的主要因素路径	(218)
表 2-1-1	国内外专家学者关于教师在职进修动机内涵之论述和观点一览表	(26)
表 2-2-1	教师专业成长内涵汇整表	(59)
表 2-2-2	性别变项对教师专业成长的研究结果一览表	(69)
表 2-2-3	年龄变项对教师专业成长的研究结果一览表	(69)
表 2-2-4	婚姻状况变项对教师专业成长的研究结果一览表	(70)
表 2-2-5	服务年资变项对教师专业成长的研究结果一览表	(70)

2　教师进修与成长

表2-2-6　学历变项对教师专业成长的研究结果一览表 ………… (71)
表2-2-7　职务变项对教师专业成长的研究结果一览表 ………… (71)
表2-2-8　学校规模变项对教师专业成长的研究结果一览表 …… (72)
表2-2-9　进修类别变项对教师专业成长的研究结果一览表 …… (72)
表3-2-1　预试问卷样本数及回收情形统计表 …………………… (89)
表3-2-2　正式问卷学校性质与规模分布一览表 ………………… (90)
表3-2-3　正式问卷测试学校教师人数比例一览表 ……………… (91)
表3-2-4　有效样本之背景变项分布情形(N=424) …………… (91)
表3-4-1　"教师在职进修动机调查问卷"项目分析摘要表 …… (98)
表3-4-2　"教师专业成长调查问卷"项目分析摘要表 ………… (100)
表3-4-3　"教师在职进修动机调查问卷"因素分析摘要表 …… (101)
表3-4-4　"教师专业成长调查问卷"因素分析摘要表 ………… (103)
表3-4-5　预试问卷"教师在职进修动机量表"之信度分析
　　　　　摘要表(N=30) …………………………………… (105)
表3-4-6　预试问卷"教师专业成长量表"之信度分析
　　　　　摘要表(N=30) …………………………………… (105)
表3-4-7　正式问卷"教师在职进修动机量表"之信度分析
　　　　　摘要表(N=424) ………………………………… (106)
表3-4-8　正式问卷"教师专业成长量表"之信度分析
　　　　　摘要表(N=424) ………………………………… (107)
表4-1-1　受试者在各种在职进修动机的平均数与标准差
　　　　　(N=424) ………………………………………… (111)
表4-1-2　受试者在各种专业成长的平均数与标准差
　　　　　(N=424) ………………………………………… (112)
表4-2-1　不同性别的教师参与在职进修动机差异摘要表 …… (113)
表4-2-2　不同年龄的教师参与在职进修动机之单因子变异数
　　　　　摘要表 …………………………………………………… (115)
表4-2-3　不同学历的教师参与在职进修动机之单因子变异数
　　　　　摘要表 …………………………………………………… (117)
表4-2-4　不同婚姻状况的教师参与在职进修动机之单因子变异数
　　　　　摘要表 …………………………………………………… (118)

表4-2-5	不同职务的教师参与在职进修动机之单因子变异数摘要表	（120）
表4-2-6	不同教学年资的教师参与在职进修动机之单因子变异数摘要表	（122）
表4-2-7	不同学校规模的教师参与在职进修动机之单因子变异数摘要表	（123）
表4-2-8	不同进修类别的教师参与在职进修动机之单因子变异数摘要表	（125）
表4-3-1	不同性别的教师专业成长差异摘要表	（128）
表4-3-2	不同年龄的教师专业成长之单因子变异数摘要表	（129）
表4-3-3	不同学历的教师专业成长之单因子变异数摘要表	（131）
表4-3-4	不同婚姻状况的教师专业成长之单因子变异数摘要表	（133）
表4-3-5	不同职务的教师专业成长之单因子变异数摘要表	（134）
表4-3-6	不同教学年资的教师专业成长之单因子变异数摘要表	（136）
表4-3-7	不同学校规模的教师专业成长之单因子变异数摘要表	（138）
表4-3-8	不同进修类别的教师专业成长之单因子变异数摘要表	（139）
表4-4-1	教师在职进修动机与专业成长之积差相关摘要表（N=424）	（141）
表4-5-1	教师在职进修动机各层面预测整体专业成长之多元回归分析表	（146）
表4-5-2	教师在职进修动机各层面预测"教学知能"之多元回归分析表	（146）
表4-5-3	教师在职进修动机各层面预测"班级经营"之多元回归分析表	（147）
表4-5-4	教师在职进修动机各层面预测"一般知能"之多元回归分析表	（148）

表4-5-5 教师在职进修动机各层面预测"辅导知能"之多元
回归分析表 …………………………………………… (148)
表4-5-6 教师在职进修动机各层面预测"专业态度"之多元
回归分析表 …………………………………………… (149)
表4-6-1 教师在职进修动机与专业成长现况综合汇整表 ……… (150)
表4-6-2 不同背景变项教师在职进修动机之差异综合
摘要表 ………………………………………………… (153)
表4-6-3 不同背景变项教师专业成长之差异综合摘要表 ……… (158)
表4-6-4 逐步多元回归分析综合摘要表 ………………………… (165)
表4-7-1 研究假设检定结果汇总表 ……………………………… (167)
表5-3-1 访谈样本基本情况一览表(N=21) …………………… (177)
表5-3-2 访谈活动安排情况一览表(N=21) …………………… (178)
表5-3-3 访谈样本人口统计量信息编码一览表(N=21) ……… (181)
表5-3-4 澳门私立中学教师在职进修动机效益访谈开放性编码
(N=21) ………………………………………………… (182)
表5-3-5 澳门私立中学教师在职进修动机影响因素访谈开放性
编码(N=21) …………………………………………… (186)
表5-3-6 澳门私立中学教师专业成长效益访谈开放性编码
(N=21) ………………………………………………… (190)
表5-3-7 澳门私立中学教师专业成长影响因素访谈开放性
编码(N=21) …………………………………………… (193)
表5-3-8 澳门私立中学教师在职进修困难访谈开放性编码
(N=21) ………………………………………………… (196)
表5-3-9 教师在职进修动机与专业成长的有效建议访谈开放性
编码(N=21) …………………………………………… (201)
表5-3-10 教师在职进修动机与专业成长的因素访谈主轴编码
(N=21) ………………………………………………… (207)
表5-3-11 教师在职进修动机与专业成长的因素访谈核心编码
(N=21) ………………………………………………… (215)

序

当我翻阅袁金淑校友送来她答辩通过了的博士学位论文，我脑海中浮现许多自我奋发的商训夜中学校友的故事。其意义不仅是又一个商训人理想的实现，更重要的是它给年轻一代再次传递同一个信念：个人的命运是可以掌握在自己的手中的，尽管道路崎岖曲折，总难不倒坚定的有心人。

袁校友就是这群在艰辛的求学征途上成功的一位。稍稍与众不同的是，她早立志当一个研究型的教师。

从华南师范大学本科毕业后，尽管业务繁忙，尽管婚后两个孩子相继出世，袁老师毅然挑起教学、科研、育儿和攻读四重担子，以绚丽的青春年华，披荆斩棘苦战二十一载，今天她既是中学道德与公民科教学组长；又先后发表了60篇与教学业务相关的杂文和九篇学术论文；培育两个儿子愉快入学；更在职攻读至完成硕士、博士课程。喜见她双肩负荷四重担、四丰收！好一个"四项全能女铁人"！

进入科学迅速发展，技术加速更新换代的21世纪，在职持续进修已经成为教师行业必然的任务，否则赶不上社会发展的需要，难以很好地完成教书育人的重任。澳门有它一定的特殊性。由于澳葡政府仅在澳门主权移交之前14年才开始资助广大华人私立学校，私校长期经营困难，私校教师长期待遇低而工作压力超重，甚至疲于奔命。因而教师的在职进修主要靠阅读自觉自学，稍加社团和校本举办的专题活动。

2012年特区政府颁行《非高等教育私立学校教学人员制度框架》，法定私校教师必须参加专业进修以提升专业素质，每学年进修活动不少于30小时，五年不少于150小时。这一规定与专业发展津贴金的发放和每次职程晋阶评定挂钩。在职进修足量成为评核必要条件之一。

教师专业素质的持续提高，关系教学质量，教学质量关系学校教育效益，学校教育效益关系人才的未来。袁老师的选题具重要性，也具时代的开创性和迫切性。她见缝插针献出休息时间，还休教一年，走访海峡两岸以完成论文。她取得的大量数据，可供同行参考，还可提供社会应用，亦可供来者分析对比以便反思；她不辞劳苦，耐心进行深度访谈，整理出不同情景下教育工作者的心声，为教育界剖析教育现况，为教育行政和学校行政提供真情实况，可作为今后着力方向的参考。

袁博士的收获和贡献是值得高兴的，但更有价值的是看不见、摸不到的，潜藏身上的软实力的增长。

第一，她双肩负荷四重担子的二十一年，那副从少年锤炼而成的、刻苦耐劳的筋骨和意志能持续发扬。这是支撑她取得四丰收的重要因素。希今后在加倍重视儿子培养和个人健康的情况下，更能灵活兼顾，持续发扬，成为自己永远拥有的潜能。

第二，她跨进教育专业的二十一年，那颗孜孜不倦追求学术发展的心，已满载对澳门下一代健康成长、对澳门教师专业发展的殷切期望。她长期发表的文章的内容，特别是她的博士学位论文的选题足以证明这一切。这份服膺教育事业、关爱学生和教师群体的真情，是继续言传身教、自我完善和承担社会责任的动力所在。我把这些都比作内在的软实力。盼珍惜永葆。

第三，她选择钻研教育经济与管理这一领域，必须披阅中外大量文献，让脑库充实，让思考历练；让联想驿站联通，使宏观视野得以拓展、微观专注获得体验。况且在艰苦攻读过程中，能啃进枯燥长文而获得惊喜的收获，就是阅读习惯和理解能力的升华。这些已逐步形成个人的研究基石。建议今后把研究的重心移到质的提炼上。"勤奋号"是必能靠岸的风帆，希望它能多载智慧的含金量。

刘羡冰

写于 2017 年 5 月 1 日

自　序

　　《教师进修与成长》一书是在我的博士学位论文基础上修改、完善而成的，获得澳门中华教育会的鼎力支持，有幸入选该会的"澳门教育丛书"出版项目。这难逢的机会，让我可以把研究成果与教育界朋友讨教与交流。

　　我写这本书有两大前提条件。首先，我印证了"知识真的可以改变命运"的口号。在20世纪90年代初，我从家乡中山移居澳门，由于家境清贫，根本没有条件读书，要工作才能维持生计。年少的我并没有屈服于命运的安排，打从心里想要改变命运。恰好从报章上得悉商训夜中学招生，于是我决心继续学业，开始了四年半的日工夜读的学习生涯。1995年中国内地首次开放澳门生保送政策，我被商训夜中学以品学兼优保送到华南师范大学就读教育管理专业。1999年澳门回归祖国，我肩负教书育人之天职，这正好说明知识真的能改变命运。

　　其次，我也印证了"只要功夫深，铁杵磨成针"的道理。十八年的教学生涯中，我一直坚持参与进修，深信知识与智慧能给予丰盛的人生未来。因此，硕士研究生毕业后，我开始走上科研兴教之路。我把所学到的内容运用到课堂教学之上，提升和优化教学效能。然后，又把理论结合实际工作，关爱学生、关注教育与关心社会发展。过去十年，我发表六十多篇文章，参加各大高等院校和教育机构所举办的研讨会，并发表九篇学术论文，著有《教与思：袁金淑老师文集》。2016年11月26日，我通过博士学位论文答辩，取得管理学博士学位。我深信只有努力坚持学习，提升个人的素质和修养，定必铸就丰盛人生，这正好反映了世上无难事，只怕有心人的哲理。

　　我写这本书的原因基于对教师参与在职进修动机与专业成长的关注与

期望。自 2012 年起澳门实施《非高等教育私立学校教学人员制度框架》，其中指出："教学人员每年要达到三十小时的专业发展培训时数，五年内要达到一百五十小时的专业发展培训时数，如果未能达到培训时数，教学人员就不能晋级。"可是，五年过后，教育当局对教师参与专业培训，哪些属于进修课程，哪些属于专业范畴，还未有相关法规去监管。故此，对教师参与在职进修的内容、模式、时间、支持、评核、效能与专业等层面，现在仍是缺乏一套持之有效的教师在职进修机制，教师专业成长有待加强和引导。

  本书为了突出教师在职进修动机与专业成长的重要性和相关性，从教师在职进修动机与专业成长等层面出发，进行深入的研究和探讨，并分析文章相关观点。全书共有六章，第一章是"绪论"，分别阐述研究的动机、意义、创新之处、目的与问题、假设、名词诠释、范围与限制。第二章是"文献综述"，先对教师在职进修动机与专业成长的理论进行分析，然后找出两者的关系。第三章是"研究方法与实施"，分析研究架构、对象、方法、程序、工具、资料处理与统计分析。第四章是"澳门私立中学教师在职进修动机与专业成长的量化研究"，先采用问卷调查法，以 2015 年度澳门 14 所私立中学，424 位教师为研究对象，分析教师在职进修动机与专业成长的现况、差异并进行相关性与预测分析。第五章是"澳门私立中学教师在职进修动机与专业成长的质性研究"，主要运用扎根理论，对 7 所私立中学，21 位教师进行深度访谈，剖析教师参与在职进修动机与专业成长的现况与影响因素。第六章是"研究结论与建议"，既对教师参与在职进修动机与专业成长的现况进行深入反思，又对未来发展提出建议，旨在推动在职进修增进教师专业成长的目标，以提升教学效能。

  本书的内容除了让读者认识到教师在职进修动机与专业成长的理论，更重要的是提供具体的实践案例。本研究重视量化与质性结合，运用多种研究方法，深入教师的内部，找寻影响他们参与进修的各种因素，从而提出有效建议，促进教师专业成长。本书填补了澳门这方面研究的空白，对政府和教育当局今后制定私立学校教学人员 30 小时专业发展培训时数，有效推动教师参与进修，提升他们的专业水平具有划时代的、深远的意义。

  随着时代的进步，我欣喜地见到今天澳门教师参与在职进修与专业成长的整体氛围较好。教师在职进修动机愈强，专业成长愈好。而且教师期望参与进修，吸取新知识，追求自我提升和自我增值。同时，让我忧虑的是影响教师参与在职进修动机与专业成长的各种因素。有受访教师指出，既然工作和家庭都不可以放弃，唯有放弃进修。可见，教育当局要多想方法，创设进修条件，为教师排难解纷，提升他们的专业水平。

我衷心期盼教育当局，要用法律保障教师在职进修制度，检视和完善进修支持政策，建立晋级加薪机制，重新点燃教师的进修热情。直到2016年11月26日，澳门各类学校教学人员拥有博士学位、硕士学位、学士学位以下的比率为0.29%、15.37%、8.59%，这些数据反映出教师的学历亟待提高。"没有调查研究，就没有发言权。"此书侧重统计、调查；侧重模拟、归纳和结论的形成，力求体现科学的、实事求是的精神。教育不但是一项艰巨而庞大的世纪工程，而且也是一件复杂、曲折而细致的工作。我关注教育发展，并针对教育问题，发表意见，提出改善措施，为服务澳门教育而出谋献策，尽公民义务。

本书得以出版，十分感谢澳门特区政府、教育暨青年局和培华中学的大力支持，让我成功申请休教进修一年，撰写博士学位论文。更加要感谢澳门中华教育会给予我一个展现个性、发挥特长的平台，出版专著。特别要感谢我的博士生导师，华南师范大学胡中锋教授，多年来他严谨治学，不断引领我攀登更高的学术之路。感谢恩师澳门教育家刘羡冰校长，二十多年来对我的谆谆教导，要实践"学为人师、行为世范"。恩师对我的教育犹如暗室逢灯，在遇到困惑时，总是对我作出适时指导，给予我关爱，激发我走上教育科研之路。恩师还坚持带病为我写序。也要感恩阮宇华校长、李秋林校长给予我实践抱负的机会。最后更要感谢家人对我经常写作而忽略为人母的职责的包容。虽然我经过多年努力，但是由于能力有限，拙著难免粗陋和疏忽，恳请读者谅解、批评和指正。

袁金淑

2017年4月20日

中文摘要

本研究旨在探讨澳门私立中学教师在职进修动机与专业成长的现况及其相关性，并探讨澳门私立中学教师在职进修动机对专业成长的预测力。具体研究目的有八个方面。

一、澳门私立中学教师在职进修动机之现况分析。

二、澳门私立中学教师专业成长之现况分析。

三、分析不同背景变项的澳门私立中学教师对其在职进修动机的差异情形。

四、分析不同背景变项的澳门私立中学教师对其专业成长的差异情形。

五、探讨澳门私立中学教师不同在职进修动机与专业成长的相关情形。

六、探讨澳门私立中学教师不同在职进修动机对专业成长的预测情形。

七、影响澳门私立中学教师在职进修动机与专业成长相关因素的分析。

八、根据研究结果，向教育行政当局及私校提出改进建议，期盼规划教师进修活动时予以参考，以提升教师的专业成长，提升教学质量。

为了达到研究目的，本研究采用文献分析法、问卷调查法和深度访谈法等进行研究。本研究所采用的研究工具有两部分。

第一部分，自编"澳门私立中学教师在职进修动机与专业成长之关系研究调查问卷"，问卷内容包含"基本资料"和"教师在职进修动机与专业成长量表"两部分。以2015年度澳门私立中学教师，包括校长、主任、科组长、级组长、班主任和科任老师为研究对象。选取14所学校

436位教师，回收有效问卷样本数为424份，有效问卷回收率为99.1%。本研究所得数据，利用计算机统计软件SPSS for Windows16.0中文版，以描述性统计分析、平均独立样本t检定、单因子变异数分析、皮尔逊积差相关，以及多元逐步回归分析等进行分析。

第二部分，自编"澳门私立中学教师在职进修动机与专业成长之关系研究访谈提纲"，访谈内容包括六个问题，研究对象为澳门7所私立中学，共21位不同科目的教师进行深度访谈。运用扎根理论的研究方法，深入分析受访教师在职进修动机与专业成长的现况及其影响因素。

根据研究资料的分析结果，所得的结论归纳为以下几点。

（一）澳门私立中学教师在职进修动机之整体情况的程度表现较佳，并以"认知兴趣"的动机最强，其次为"社会服务"、"职业进展"、"外界期望"、"社交关系"，而"逃避或刺激"的动机最弱。

（二）澳门私立中学教师专业成长之整体情况的程度表现甚佳，并以"班级经营"的动机最强，其次为"一般知能"、"专业态度"、"教学知能"，而"辅导知能"的动机最弱。

（三）澳门私立中学教师在职进修动机因性别、年龄、学历、职务、教学年资、学校规模以及进修类别均有所差异。

（四）澳门私立中学教师专业成长因性别、年龄、学历、婚姻状况、职务、教学年资、学校规模以及进修类别均有所差异。

（五）澳门私立中学教师在职进修动机与专业成长存在显著正相关，即教师的在职进修动机愈强，得分愈高，则其专业成长愈好。

（六）澳门私立中学教师在职进修动机共有三个层面对教师专业成长整体预测力达到显著水平，预测力由高至低依次序为"职业进展"、"社会服务"、"认知兴趣"，即以"职业进展"的预测力最强。

（七）影响澳门私立中学教师在职进修动机的主要指标分别为"认知兴趣"、"职业进展"、"工作压力"、"培训效能"、"时间不足"、"家庭生活"和"社会发展"。

（八）影响澳门私立中学教师专业成长的主要指标分别为"班级经营"、"教学知能"、"专业态度"、"课程设置"和"教材使用"。

最后，本研究依据结论对澳门教育当局、学校和教师提出以下建议。

一　对教育当局的建议

（一）因应教师进修需求，规划进修活动。
（二）加强教学专业能力的培养，提升教师的专业成长。
（三）制定进修支持政策，鼓励教师参与进修。
　　　1. 及早制定进修制度，点燃教师进修热情。
　　　2. 下调教师上课节数，减轻教师工作压力。
　　　3. 设立教师进修恒常奖励机制。
（四）完善进修机制，提升进修课程的实效性。

二　对学校的建议

（一）加强专业的校本培训，提升进修效能。
（二）增强教师的教学效能，提升教学质量。
（三）建立合理的进修制度，提升科研能力。
　　　1. 减轻教师工作量。
　　　2. 建立弹性进修时间。

三　对教师的建议

（一）重视权利义务，追求专业成长。
（二）向进修活动要效率，达致三赢局面。

关键词： 澳门私立中学　教师　在职进修动机　专业成长

Abstract

The purport of this research is to investigate the motivation of in-service training and the predictive power of professional development at present. The specific seven objectives are as follows:

I. Understanding the analysis of the present situation of the in-service training motivation of the private school teachers in Macao.

II. Understanding the analysis of the present situation of the professional development of the private school teachers in Macao.

III. Analyzing the different situations on the background variables of in-service training motivation of the private school teachers in Macao.

IV. Analyzing the different situations on the background variables of professional development of the private school teachers in Macao.

V. Probing the relevant circumstances of the difference of in-service training motivation and professional development of the private school teachers in Macao.

VI. Probing the prediction circumstances of the difference of in-service training motivation and professional development of the private school teachers in Macao.

VII. The influence of in-service training motivation on the analysis of the related factors of professional development of the private school teachers in Macao.

VIII. Proposing improving suggestions to the present authorities of education bureau and private schools to look forward to the plan of all teachers' training activities according to the research result to advantageously upgrade the professional development of teachers and eventually to promote teaching quality as for the reference.

In order to achieve these research objectives, this research adopts literature analysis, questionnaire and depth interview method, etc. to process the research. The study tools adopted in this research are divided into two parts:

I. Self-editing 'The Questionnaire of the Research on the Relationship between the Motivation of In-service Education and Professional Development of Private School Teachers in Macao', including 'The Basic Information', 'The Evaluation Form of Teachers' In-Service Training and Professional Development' etc. as the two parts. With the 2015 Macao private schools, including principals, directors, subject head panels, level leaders, class advisors and subject teachers as the study targets, I selected 436 teachers from 14 schools, together with the 424 effective questionnaire samples reaching 99.1% returning rate of the questionnaires. The data gathered in this research was applied to the computer statistical software package, SPSS for Windows 16.0 Chinese Version to carry out the descriptive statistics, T-tested, Oneway ANOVA, Pearson product-moment correlation and stepwise, and regression analysis, etc. to proceed the analysis.

II. Self-editing 'The Interview Outline of the Research on the Relationship between the Motivation of In-service Education and Professional Development of Private School Teachers in Macao' with six questions as the content of the depth interviews of twenty-one different subject teachers of seven private schools in Macao. The grounded theory research method was adopted to deeply analyze the interviewed teachers on the recent situations and factors that affect their In-Service Training and Professional Development.

According to the analysis results of the research material, the acquired conclusions were summarized as follows:

1. The overall situation of the motivation of Macao Private School Teachers' In-Service Training showed the degree fared better. The strongest motivation item went to 'cognitive interest', followed by 'social service', 'professional advancement', 'external expectations' and 'social relationships' while 'escape/stimulation' ranked the least motivated.

2. The overall situation of the professional development of Macao Private School Teachers showed the degree fared better. The strongest motivation item

went to 'classroom management', followed by 'general knowledge and skill', 'professional attitude', 'teaching knowledge and skill' while 'counseling knowledge and skill' ranked the least motivated.

3. The motivation of Macao private school teachers' in-service training differed from sex, age, qualification, position, years of teaching, school size and training categories.

4. The professional development of Macao private school teachers differed from sex, age, qualification, position, years of teaching, school size and training categories.

5. There was significant positive correlation between Macao Private School Teachers' In-Service Training and Professional Development. It showed that the stronger the motivation of in-service training a teacher had, the higher the marks were. That meant the better their professional development would be.

6. The motivation of teachers' in-service training was faced with three levels of teachers' professional development and the overall predictive power reached significant level. The predictive power ranking from high to low was 'professional advancement', 'social service' and 'cognitive interest'. That meant the predictive power of 'professional advancement' was the strongest.

7. The main indication that influenced the motivation of Macao Private School Teachers' In-Service Training included 'cognitive interest', 'professional advancement', 'work pressure', 'training effectiveness', 'lack of time', 'family life' and 'social development'.

8. The main indication that influenced the professional development of Macao private school teachers included 'classroom management', 'teaching knowledge and skill', 'professional attitude', 'curriculum development' and 'use of teaching materials'.

To sum up, based on the conclusion of this research, I would like to make the following recommendations to Macao education bureau, schools and teachers:

Ⅰ. Recommendations to the education bureau

A. Plan the training activities in response to the needs of the teachers' training.

B. Strengthen the ability of teaching professional training, enhance the professional development of teachers.

C. Formulate training support policies to encourage teachers to take part in further studies.

1. To have an early development of training system to ignite the enthusiasm of teacher training.

2. Reduce the number of teachers'sessions to reduce the pressure on teachers.

3. Establish teacher's regular incentive mechanism on training.

D. Improve the training system to enhance the effectiveness of refresher courses.

Ⅱ. Recommendations to schools

A. Strengthen the professional school-based training to improve learning efficiency.

B. Enhance the teaching effectiveness of teachers to improve teaching quality.

C. Establish a reasonable learning system to enhance scientific research capacity.

1. Reduce the workload of teachers.

2. Establish elastic learning time.

Ⅲ. Recommendations to teachers

A. Pay attention to rights and obligations to pursuit of professional development.

B. Assure the efficiency of learning activities to achieve win-win-win situation.

Key words: Macao private school, teacher, in-service training motivation, professional development, the study of relationship

第一章 绪论

第一节 研究动机

百年大计，教育为本；教育大计，教师为本。如果说教育是国家发展的基石，教师就是基石的奠基者。① 没有教师的生命质量的提升，就很难有高的教育质量；没有教师精神的解放，就很难有学生精神的解放；没有教师的主动发展，就很难有学生的主动发展；没有教师的教育创造，就很难有学生的创造精神（叶澜，2001）。一个国家的成败在于教育，而教育的质量却在良师身上（杨思伟，2012）。教育是国家兴盛的基石，今日教师的水平，决定明日公民的素质（欧用生，1996）。教育现况的精进便是提升国家竞争力的重要指标（蔡明翰，2013）。可见，教育的提升关系到国民素质的高低、国家的兴衰，而其关键在于教师素质。教师在国家发展之地位与功能的重要性，不言而喻，是无可取代的。

教学工作是一件复杂而艰巨的工作。进入21世纪，因信息科技发达，在知识化、信息化、全球化的发展中，对教师提出更高的要求，期望他们精进教学能力，已经成为各国社会共同关注的课题。只有充分发挥教师的作用，才能提高学生的学习成效。这已成为世界各国教育教学改革的重要课题。国际21世纪教育委员会于1996年向联合国教科文组织提交报告指出："终身学习成为开启21世纪的钥匙。"国际21世纪教育委员会主席雅克·德洛尔说："在职培训在决定教学质量方面的作用不是更大，至少

---

① 《温家宝谈教育》编辑组：《温家宝谈教育》，人民教育出版社2013年版。

也是和启蒙同样大。"① 这意味着师资培训机构只能培养职前教师，在"知识爆炸"和"终身学习"的年代，凭在师范大学所学的教育知识和技能，已经无法满足新时代对教师的需求。提升教师专业素质的方法，必须鼓励教师不断参与在职培训，促进专业成长。这已成为世界各国共同关注的热门教育话题。

今天鼓励教师继续在职培训，充实新知，源源不绝地开设许多培训管道，目的是使教师不再是"合格化"，而是使教师向"专业化"与"卓越化"前进，可见在职进修是增进教师专业成长的有效良方。回归后的澳门特区社会急剧发展，整体提升教师的专业能力显得刻不容缓。回归前的澳门，由于历史的种种原因，教育一直得不到重视，造成师范教育落后，教师得不到有效培训，教师整体水平不高，妨碍教育事业发展。由于澳门长期处于葡萄牙的殖民管治下，澳葡政府不重视教育发展，更遑论有关的教育立法。在20世纪80年代以前，澳门没有正规的教育学院，师资培训只是通过中学所设立的师范生制度来进行。然而，这类师资培训只相当于中等师范教育，不能满足当时中小学对师资培训的需要，教师进修活动长期没有得到足够重视和发展。

到20世纪80年代末，澳门的教育事业仍是发展缓慢，教育立法处于空白阶段。1985年3月6日，广州华南师范大学、澳门教育司、中华教育会联合主办"教育专业课程澳门班"，引进教师在职培训。1991年8月29日，澳门第一部教育法《澳门教育制度》的颁布，标志澳门教育发展进入依法治教的新阶段。在法例中，政府第一次确定师范教育的法律地位，并规定师范教育包括教师培训、职前培训和在职培训，确立教师专业的法律地位、权利和义务，还明确教师培训的范围、形式、机构等方向。② 1997年政府在《私立教育机构之教学人员通则》，进一步明确教师的权利和义务。并且规范教师培训的组织及指导原则，以便通过培训提升教师的教学能力，指出了今后教师在职培训的初步方向。

1999年澳门回归后，特区政府把教育置于首位，着重教育质量和师资培训，以及提高私立学校的教学质量。2002年的澳门施政方针提出，

---

① 由雅克·德洛尔任主席的国际21世纪教育委员会向联合国教科文组织提交的报告，《教育——财富蕴藏其中》，联合国教科文组织总部中文译，人民教育出版社1994年版，第46页。
② 澳门教育暨青年司：《第11/91/M号澳门教育纲要法》，澳门教育暨青年司，1991年。

推广创思教学模式以及师资培训。2004年提出鼓励和推动校内、跨校以及澳门与邻近地区之间的教学示范交流，教师之间的观摩、研讨。2005年推出"以学校为中心"的校本培训模式，鼓励学校根据自身的实际需要开展培训课程，鼓励教师以不同方式提升专业素质，提高教师培训效能。2012年2月29日，澳门政府颁布第3/2012号法律《非高等教育私立学校教学人员制度框架》（以下简称《私框》）。《私框》要求教学人员每年参加30小时的专业发展活动时数，作为教学人员专业发展津贴的发放、教学人员的晋级等不可缺少的条件，目的是加强教师在职培训，希望成就教师专业成长，进而提升学生的学习成效。

近年来，教师在职培训的管道大大提升。从澳门教育暨青年局不同时期统计数字可见一斑，1997年的统计数字显示，全澳只有65.8%的教师具有师范学历；2000年具有师范学历的教师的百分比上升到73.4%；2004年具有师范学历的教师的百分比上升到77.3%；到2014年度，全澳教师总人数为6317人，其中有5766人具有师范学历，占全澳门教师总数的91.2%。[1] 从以上的一系数据变化可知，澳门教育暨青年局除了严格提高教师门槛之外，还落实教师在职进修的各项工作，针对教师进修效能，提出有自主性的、灵活性的进修政策。

可是，现代教师在生涯发展中存在较多挑战，如教师教育对教师在职培训的影响；以博彩为龙头的产业发展，导致家庭教育功能减弱；社会高速发展对学生价值观、人生观、世界观的影响；教师在教学过程中遇到的学生问题；教师在职培训存在的问题等。以上这些因素影响到教师参与在职进修的动机。

2006年澳门特别行政区政府教育暨青年局委托北京师范大学教师教育研究中心课题组，进行了一项关于"澳门教学人员专业发展状况之研究"，结果显示：澳门教师参加专业发展活动的愿望比较强，专业发展的活动形式多样；长期进修中以硕士学位进修和学科课程进修为主；各种短期进修主要为教学观摩、教学研讨、专业进修；教师希望参加进修的内容、形式与教师实际参加的进修需求有相当的差距；专业发展活动缺乏后继的学校支持；专业发展活动的时间与经费分配需要进行调整。在教师专

---

[1] 澳门特别行政区政府：《教育数字2003/2004（非高等教育）》，澳门教育暨青年局，2003年。

业发展需求上，教师更希望参加学位与课程进修；多数教师希望利用白天课余时间参加进修活动，并更愿意参加政府和高校举办的进修活动；澳门绝大多数教师希望政府更多地承担专业发展的活动费用；校内外研习活动方式需求以教学观摩和案例研讨为主；在课程进修中，绝大多数教师最需要的内容是学科类课程，其次是教育理论知识。[①] 由上可知，政府、教育当局、培训机构、学校和教师本身，对于如何促进教师专业成长，应全面地参与和深入了解（欧用生，1998）。因此，为了让教师面对更为复杂的社会形势，必须要持续参与进修，通过不断学习和研修，提升教师的专业形象、专业能力。

台湾教育主管部门（2012）在"师资培育"文件中提出教师必须具备诸多专业素养及能力，较重要者有：博雅素养、健全品德、跨领域学习、语言专业、教育专业知能、教学实务知能、学生辅导、教育协作与领导、信息科技素养。因此必须要建立教师在职进修体系，探讨不同形式的在职进修动机，激励和落实教师专业成长，达致提升学生的学习成效，这正是本研究的动机。

综上所述，本研究是针对澳门私立中学教师在不同背景下参与不同的在职进修动机对其专业成长之影响进行分析，期望能了解不同在职进修动机对私立中学教师的专业成长的影响，并找出影响因素，以落实在职进修增进教师专业成长之目标，从而提升教学效能。

第二节　研究意义

一　理论意义

基于教育工作的复杂性、艰巨性和多变性等特点，随着时代不断向前发展，对教师的要求只会愈来愈高。同时，由于现代社会性质之改变，知识急剧增加，不断要在知识的各个领域中进行提升。而且在教师漫长的教学生涯中，如果没有更新知识，没有学习新事物，他们将会被知识这股气流抛到九霄云外。因此，教师无论处于何种阶段，理应要不断学习，接受新事物，更新教育观念，方能追上社会发展之步伐，更好地教育成长中的

[①] 澳门特别行政区政府教育暨青年局委托课题："澳门教学人员专业发展状况之研究"，北京师范大学教师教育研究中心课题组，2006年11月。

年轻一代。

米德（M. Mead）曾言：世界每隔十年即进入新时代，而在职教育将使教师熟悉变迁中之世界。[1] 国际教育局（International Bureau of Education）于1970年在日内瓦召开的第三十二届国际教育会议（International Conference on Publice Education）亦曾指出，由于学校课程改变及教育知识之进步，教师应接受终身教育。[2]

直到20世纪60年代法国保罗·郎格朗（Parl Lengrand）提出人从出生到死是不间断发展的，需要终身学习。同时，在全球化、信息化、科技化的情况下，教师要通过不断学习和进修，达到不同阶段的专业境界，才能更好地教育学生。

教师专业成长是目前教育领域的一个十分重要课题。它作为一个发展过程，必然受到很多内外在因素影响。有效的内外在因素干预教师的培训学习和需求，进修成效直接影响到教师的专业成长。教师在职进修是有组织、有计划的外界力量，是促进教师专业成长至关重要的培训途径。

本研究期望通过加强澳门私立中学教师在职进修动机的研究，以提升教师迈向专业成长的发展。在研究过程中，本书将会强调多种理论方法的整合。

首先，本研究对有关国内外文献进行分析、整理、汇整，然后明确研究题目、研究问题、研究内容等。目前来看，在教育领域中，时代的呼唤，提升教师的专业知识、专业能力和专业态度是重中之重。提升教师的各项专业能力、专业成长，唯一之路就是让他们参与在职进修，以此提升学生的学习成效，提高教师效能。

其次，本研究的主要内容分为二大方向。一是澳门私立中学教师在职进修动机，包括六大层面，如"认知兴趣"、"社交关系"、"逃避或刺激"、"职业进展"、"外界期望"和"社会服务"。二是澳门私立中学教师专业成长，包括五大层面，如"教学知能"、"班级经营"、"一般知能"、"辅导知能"和"专业态度"。通过对这两大方向的研究，了解教师在职进修动机与专业成长的现况，以便向有关当局规划对教师在职进修的

---

[1] National Society for the Study of Education（NSSE）, *In-service Education*, University of Chicago Press, 1957, p. 16.

[2] International Bureau of Education, *Educational Trends in 1970: An International Survey*, Paris: UNESCO, 1970, p. 46.

相关政策。

再次，本研究除进行问卷调查外，还与私立中学部分教师进行深度访谈，找出影响教师在职进修动机和专业成长的各种因素，向教育当局、学校和教师等提出有效建议。

最后，为了清楚地了解教师在职进修动机对其专业成长的影响，本研究深入剖析澳门私立中学教师在职进修动机理论和教师专业成长理论。而且本研究进一步用终身学习理论、动机理论、教师生涯发展和教师专业发展理论等，强化教师学习的重要性和迫切性，有助于他们认识工作的特殊性。不同时期、不同阶段的持续在职进修是教师必须坚持要走的道路。故此，深化教师在职进修动机，有利于增强教师在职进修的实效性和专业化，从而有效提升教师的专业成长，改善学生学习成效，加强教育和教学的效能。

二 实践意义

新时代的转变带来新的机遇和挑战，社会对教师提出更高要求，尤其对教师在职进修的方式、内容等方面要求甚高。由于历史原因，过去澳门教育一直得不到重视和发展，教师在职进修机制发展并不完善。直到1991年澳门政府颁布第一部《澳门教育制度》，才初步明确教师专业发展的权利和义务。然而，这一时期的教师在职进修只是属于起步阶段，教师在职进修所取得的成效并不明显。

过去对教师培训情况足以证明以上说法。澳门教育家刘羡冰在1984年对教育事业提出三点意见："一是必须提高对不牟利私校的津贴；二是必须尊重教师的专业地位，改善教师待遇；三是必须支持高等教育和成人教育。"[①] 可见，全澳占80%以上的居民子弟的教育重任仍然落在不牟利的私校身上，而60多所不牟利私校得到的教育当局的津贴金额，实在是微不足道的。

1999年9月中华教育会理事长刘羡冰在《中国教育》与中华教育会合办的迎接澳门回归的研讨会上，首次提出澳门教师工作量过重，影响教学质量的问题，她认为："澳门教师教学任务与非教学任务不少呈负荷状

---

① 刘羡冰：《重视教育的社会职能 提高教师的专业地位》，《澳门教育》1984年，第4、114—115页。

态,具体指导学生、教育和接近学生不足,备课改卷时间、休息均不足,影响教育改革积极性。"①

2000年5月,澳门大学和教青局主办"澳门教育如何迈进新纪元"学术研讨会,北京师范大学王英杰教授在《"减负"——澳门教育改革的一个主题》一文中指出,澳门教育需要走综合"减负"道路。原因是教师负担重,平均每周授课时数为21.7小时,最高可达28.9小时,影响到教师的培训工作。广东省教育科学研究所冯增俊教授在《澳门基础教育新世纪走向分析》一文中指出,基础教育是澳门发展的未来,基础教育的成败及水平高低对未来澳门发展至关重要。香港教育学院古鼎仪讲师批评澳门教育目标不清晰,建议特区政府研订革新方向,包括落实培训教职人员方案。②

2002年澳门大学立项,由吴国珍等五地教授联合研究,撰写了《京、沪、台、港、澳教师活动时间及特点比较研究》,指出港澳教师工作不但超负荷,而且处于低效被动型。港澳教师上课时间比其他三地多出近一倍,关注的学生为30—90人,每周实际工作总负荷时间均值(除兼职外),香港教师最高达到67小时,澳门和北京高达将近63小时,上海55小时,台北的参考数据也有近50小时。研究还指出,港澳教师投放最多时间在上课、备课和单独批改学生作业上,在有限的接触学生的时间中,港澳教师的话题都是学生的操行纪律问题,其次是纠正功课错误,牺牲了教师的专业发展、关心学生和精心备课。这些属于被动型教学危机。③

2002年5月中华教育会教育科学理论研究小组公开调查报告结果:"60%的在职教师认为当前澳门中小幼教师工作,是'令人心力交瘁'的工作。上课、改卷、带领学生参与课外活动和社会活动令大多数教师疲于奔命,难抽时间深入检讨和改进工作。"④

以上多份研究报告,足以证明,自澳门回归以来,教师工作仍是超负荷,压力大,他们的工作条件得不到有效保证,影响他们参与进修的积极

---

① 刘羡冰:《从教议教:基本法决定全民教育的路向》,《从教议教》,澳门出版协会,2005年,第144页。

② 古鼎仪:《廿一世纪澳门课程改革的理论与实践》,"澳门教育如何迈进新纪元"研讨会,澳门大学教育学院,2000年。

③ 吴国珍:《京、沪、台、港、澳教师活动时间及特点比较研究》,《教师杂志》2002年,第5页。

④ 刘羡冰:《书山染翠 笔海碎浪》,澳门出版协会,2016年2月,第297页。

性，更加缺乏支持教师参与进修的各项机制，不利于教师向专业化、现代化之路迈进，妨碍教育质量的提升。

自2003年SARS后，澳门开放赌权，有部分教师不堪教学压力、工作量大、教改问题等，离开工作岗位，转投博彩行业，教师流失情况渐趋严重，有300名教师离校。有学者认为政府要作出合理调配，以稳定教师队伍。有学者认为基础教育宜增加职训比重，从根本上解决就业市场供需失衡问题。[①]

有见及此，2002年度澳门政府的施政方针中提出评估《澳门教育制度》法律，并计划在2003年底进行修订。[②] 这项法律的修改为教师在职进修指明发展方向，并创设条件让教师走向专业发展之路。

2004年6月29日教育暨青年局召开了全澳学校代表大会，首次介绍校本培训资助计划，并拨款200万元资助校本培训，推广以"学校为中心"的教师在职进修制度。教育暨青年局希望通过该计划，鼓励学校先提出符合教师自身实际情况的进修计划，再送教青局审批，一经批准，学校便可获得补助经费。

2006年12月教育暨青年局提出九项措施减轻教师工作压力，包括：资助学校配置专职辅助人员，减轻教师非教学工作负担；鼓励学校减少教师授课时间；从课程上为教师减负；将推出脱产培训及休教进修计划等一系列减压培训措施，[③] 使教师有时间参与进修活动，多做学生思想工作，提升学习和教学的效能。

2007年1月澳门政府公布《第9/2006号非高等教育制度纲要法》，第四十一条"专业发展"中指出：专业发展是教学人员的权利和义务，教学人员应为其专业持续发展作出规划；教学人员的专业发展，须配合澳门特别行政区教育发展需求，尤其通过参与培训、自主学习、研究和实践等多种途径，以灵活的方式实施，教育行政当局应为教学人员的专业发展提供条件和资源。第四十二条"培训"中指出：在职培训旨在使尚未拥有专业资格的在职教学人员获得专业培训和证明，或提高已拥有专业资格

[①] 中华教育会教育科学研究组陈志峰编：《澳门回归十年非高等教育范畴大事记（1999.12—2009.12）》，澳门中华教育会，2011年9月，第60页。

[②] 澳门特别行政区政府：《澳门教育制度修改建议》，澳门教育暨青年局，2003年。

[③] 中华教育会教育科学研究组陈志峰编：《澳门回归十年非高等教育范畴大事记（1999.12—2009.12）》，第113页。

者的专业水平;脱产进修是在职培训的方式之一;教育行政当局可自行组织或与其他实体合作组织培训,也可资助学校举办校本培训;与教学人员培训有关的规定,由专有法规订定。①

《私框》指出:"教学人员包括校长和学校其他中、高层管理人员以及教师等,必须参加在职培训、进修课程及其他专业发展活动,并获得所需的信息、技术、财政及物质上的协助。"同时,该法案更指出,"教学人员要规划自身的专业发展,透过培训、进修等途径不断提升专业素养"。教学人员的在职进修活动终于正式揭开序幕。

综上所述,澳门回归后教育当局通过教育立法,加大对教学人员在职培训。2005 年推出校本培训计划,资助私校教师为其专业持续发展作出终身学习规划。2007 年教育当局推出脱产培训、休教进修计划。2012 年《私框》实施后,制定和加大教学人员专业发展的要求和成效。但是,现阶段教师的在职进修仍存在较多问题,如教师的专业自主研发意识有待加强,培训课程内容不完全符合教师的需求,培训模式未能满足教师专业发展需求,培训欠缺动力和支持,脱产培训、休教进修等项目,教师参与极少,培训效能不佳等,这些问题有待改善。今后要进一步激发教师参与在职进修动机,创设平台与机会,让教师走向专业成长之路。

本研究针对澳门私立中学教师,在不同背景下参与不同的在职进修动机对其专业成长之影响进行分析,期望能了解不同在职进修动机对专业成长的影响,以达到落实在职进修增进教师专业成长之目标。随着社会不断发展,加强教师在职进修是刻不容缓的,故此,提升教师专业成长效能十分切合澳门教育的实际需要,目的是希望提高教师积极参与在职进修,借此提升整体教师专业成长水平,增强学生的学习效能和教师的教学效能。

第三节 创新之处

一 有意义的研究主题

从教师在职进修动机与专业成长的有关文献情况来分析,可以知道,

---

① 澳门教育暨青年局:《第 9/2006 号非高等教育制度纲要法》,澳门教育暨青年局,2007 年 1 月,第 1 页。

本研究的主题有十分重要的价值。台湾地区在20世纪80年代起，开始重视对教师在职进修动机、教师专业成长的研究，中国内地从20世纪90年代起，也开始重视对教师在职进修的研究，而澳门对教师在职进修的发展起步较迟。

过去，对教师的培训只是着重学历的再培训。澳门回归祖国后，政府重视教育发展，教师在职进修被提到重要日程上。特别自2004年推出校本培训后，教育当局和学校都纷纷鼓励教师参与在职进修。因此，教师进修的课程、方式、类别等有较大的改善和进步。

然而，针对教师在职进修动机和专业成长之间的研究比较少。研究者在搜集资料的过程中，无论是澳门大学的内部网络，还是在广州华南师范大学的内部网络，只是看到各自在单独研究方向的文献较多。从教师在职进修动机出发，去研究教师的专业成长的文献尚未见到。因此，本研究的题目就显得具有研究意义和价值，具有开创性，将为研究教师教育的发展写下新的一页。

二 实用的研究视野

如前面所提及的有关单独的教师在职进修动机、专业成长的研究比较热门，但是把教师在职进修动机和专业成长两方面的内容结合，关于这方面的研究较少。然而，从世界教育发展的趋势看来，教师在职进修动机和专业成长，将会是今后教师生涯发展的两大重要范畴，对教师的教学起着无可取代作用。

本研究聚焦于教师在职进修动机和专业成长之关系情况，结合提升教学质量、教师效能和学生绩效三个方面，研究视野具有较强的实践应用性。

三 突破性的研究内容

在文献搜集和分析的过程中，研究者发现台湾地区很早就开始重视教师在职进修动机与专业成长的影响，通过用各种各样的方法，加大对教师在职进修内容的研究，提升教师的进修动机，从而提高教师的专业能力。台湾学者在不同时期从不同的角度，对这一内容进行了比较深入的研究。而澳门地区对教师在职进修动机与专业成长之研究几乎没有，所以这个研究课题的内容，将会是填补本地区的空白，本研究具有突破性的研究价值。

四 多元化的研究方法

通过研究文献资料发现，关于教师在职进修动机与专业成长之研究，比较倾向量性研究，以问卷调查方法为主。如：《中学教师参与在职进修动机研究》（林如萍，1991）、《国民小学教师在职进修与专业成长知觉之研究——以彰化县为例》（陈静婉，2001）、《小学教师参与学士后在职进修之动机与其专业发展情形》（韩诺萍，2002）、《三所国立师范大学科学教育研究所教学硕士班学生在职进修动机与专业成长之研究》（陈思婷，2004）等，都是以问卷调查法为主。然而，教师进修动机与专业成长的实践性，决定本研究的方法不能只停留在理论层面，理应走进实践当中，去理解教师参与进修的实际需要。

因此，本研究重视多种研究方法的整合，在收集资料方面，除了文献研究外，还采用量性、质性相结合的方法，补充单一研究方法所造成的不足。通过多种研究方法的相互配合，深入教师的内部去找寻影响教师在职进修动机的因素，从而向有关当局提出有效建议，促进教师专业成长，并从多个维度分析和解决问题。

五 影响深远的研究结论

直到澳门回归后，随着特区政府重视教育发展，教师进修的议题被提到一个重要地位。因此，2005年教育当局推出校本培训课程，2012年颁布《私框》，第一次用法律规定教师五年内要有不少于150小时的培训时数，并且与专业发展津贴挂钩，目的是鼓励教师参与进修，提升个人的专业知识和技能。

现阶段教育当局和学校为了推动教师参与进修，不断想方设法，只为提高教师的专业成长。本研究的结论仿如一股及时雨，通过了解教师参与在职进修动机，以及教师专业成长的现况、影响因素，从而更有效推广教师在职进修，提升教师的专业发展，对增强澳门的整体教学质量有着深远的意义。

第四节 研究目的与问题

一 研究目的

本研究针对澳门私立中学教师在不同背景变项下参与不同的在职进修动机与对其专业成长之影响分析，期望能了解不同的影响因素，以落实在职进修能够增进教师专业成长之作用目标。基于以上研究动机，本研究的主要目的如下。

（一）澳门私立中学教师在职进修动机之现况分析。

（二）澳门私立中学教师专业成长之现况分析。

（三）分析不同背景变项的澳门私立中学教师对其在职进修动机的差异情形。

（四）分析不同背景变项的澳门私立中学教师对其专业成长的差异情形。

（五）探讨澳门私立中学教师不同在职进修动机与专业成长的相关情形。

（六）探讨澳门私立中学教师不同在职进修动机与专业成长的预测情形。

（七）影响澳门私立中学教师在职进修动机与专业成长相关因素的分析。

（八）根据研究结果，向教育行政当局及私校提出改进建议，期盼规划教师进修活动时予以参考，以提升教师专业成长，提升教学质量。

二 研究问题

基于以上研究目的，本研究有以下问题有待解决。

（一）不同背景变项的澳门私立中学教师之在职进修动机各层面及整体上有没有差异？

1. 不同性别的教师在职进修动机各层面及整体上有没有差异？
2. 不同年龄的教师在职进修动机各层面及整体上有没有差异？
3. 不同学历的教师在职进修动机各层面及整体上有没有差异？
4. 不同婚姻状况的教师在职进修动机各层面及整体上有没有差异？
5. 不同服务年资的教师在职进修动机各层面及整体上有没有差异？

6. 不同职务的教师在职进修动机各层面及整体上有没有差异？

7. 不同学校规模的教师在职进修动机各层面及整体上有没有差异？

8. 不同进修类别的教师在职进修动机各层面及整体上有没有差异？

（二）不同背景变项的澳门私立中学教师在专业成长各层面及整体上有没有差异？

1. 不同性别的教师在专业成长各层面及整体上有没有差异？

2. 不同年龄的教师在专业成长各层面及整体上有没有差异？

3. 不同学历的教师在专业成长各层面及整体上有没有差异？

4. 不同婚姻状况的教师在专业成长各层面及整体上有没有差异？

5. 不同服务年资的教师在专业成长各层面及整体上有没有差异？

6. 不同职务的教师在专业成长各层面及整体上有没有差异？

7. 不同学校规模的教师在专业成长各层面及整体上有没有差异？

8. 不同进修类别的教师在专业成长各层面及整体上有没有差异？

（三）澳门私立中学教师不同在职进修动机与专业成长的各层面与整体上成效有没有差异？

（四）澳门私立中学教师在职进修动机对专业成长之预测力为何？

（五）影响澳门私立中学教师在职进修动机与专业成长的因素。

第五节 研究假设

基于本研究之目的和问题，拟定本研究之实证分析假设如下。

假设一，不同背景变项（性别、年龄、学历、婚姻状况、职务、教学年资、学校规模、进修类别）的澳门私立中学教师之在职进修动机上有显著差异。

1-1. 不同性别的教师在职进修动机各层面及整体上有显著差异。

1-2. 不同年龄的教师在职进修动机各层面及整体上有显著差异。

1-3. 不同学历的教师在职培训动机各层面及整体上有显著差异。

1-4. 不同婚姻状况的教师在职进修动机各层面及整体上有显著差异。

1-5. 不同职务的教师在职进修动机各层面及整体上有显著差异。

1-6. 不同教学年资的教师在职进修动机各层面及整体上有显著差异。

1-7. 不同学校规模的教师在职进修动机各层面及整体上有显著差异。

1-8. 不同进修类别的教师在职进修动机各层面及整体上有显著差异。

假设二，不同背景变项（性别、年龄、学历、婚姻状况、职务、教学年资、学校规模、进修类别）的澳门私立中学教师之专业成长上有显著差异。

2-1. 不同性别的教师在专业成长各层面及整体上有显著差异。

2-2. 不同年龄的教师在专业成长各层面及整体上有显著差异。

2-3. 不同学历的教师在专业成长各层面及整体上有显著差异。

2-4. 不同婚姻状况的教师在专业成长各层面及整体上有显著差异。

2-5. 不同职务的教师在专业成长各层面及整体上有显著差异。

2-6. 不同教学年资的教师在专业成长各层面及整体上有显著差异。

2-7. 不同学校规模的教师在专业成长各层面及整体上有显著差异。

2-8. 不同进修类别的教师在专业成长各层面及整体上有显著差异。

假设三，澳门私立中学教师在职进修动机与专业成长有显著相关。

假设四，澳门私立中学教师在职进修动机，能有效预测教师专业成长。

第六节 名词诠释

兹将本研究所涉及之相关重要名词与变项，分别界定如下。

一 澳门私立中学

本研究所指的私立中学与内地、香港与台湾地区所描述的相同，中学是指中等教育，包括初中三年以及高中三年，由十二岁至十八岁的适龄学生就读。本书所指的私立中学，包括入网学校与非入网学校，包括个人办校、团体办校、教会学校、男女学校等不同性质的私立学校。

二 教师

本研究所指的教师依照澳门特别行政区第 3/2012 号法律《非高等教

育私立学校教学人员制度框架》所订定①，教师是指在学校专门履行教育教学职责的人员。

三 教师在职进修动机

本研究以"认知兴趣"、"社交关系"、"逃避或刺激"、"职业进展"、"外界期望"和"社会服务"六大层面，作为澳门私立中学教师在职进修动机之内容，并解释如下。

（一）认知兴趣：这一层面是基于教师追求知识而参与培训。教师通过增进教育专业知识、改善教学能力、提升教师专业水平，以满足工作实际需求而进修。这一项内容是符合Houle所指之动机取向三类型之"学习"取向，教师为满足求知欲、获取新知识、增进知能、充实自己等原因而参与进修。

（二）社交关系：这一层面是基于教师改进和扩展社交生活而参与培训。这一项内容是符合Houle所指之动机取向三类之"活动"取向，教师为了重新体验学生生活、扩展社交圈子、与朋友分享一同学习的乐趣等，通过扩展人际关系或结识不同领域的朋友等而参与进修。

（三）逃避或刺激：这一层面是基于教师为了逃避厌烦或追求生活刺激而参与进修。这一项内容是符合Houle所指之动机取向三类之"活动"取向，教师为了逃避工作中的挫折、减轻工作压力、纾解烦闷呆板或一成不变的生活方式，通过逃避现实生活中不如意之事而找寻新的刺激，而参与教师继续进修。

（四）职业进展：这一层面是基于教师为了取得更高学历、文凭、资格而参与进修。这一项内容是符合Houle所指之动机取向三类之"目标"取向，教师为了在教学工作中达成职业的需求，取得较高之学历、工作升迁、晋级加薪、向上流动，获取职务的发展，达到自我实现而参与进修。

（五）外界期望：这一层面是基于教师为了外界人士的力量因素而参与进修。这一项内容是符合Houle所指之动机取向三类之"活动"取向，教师为了获得社会人士、同侪、家长、亲人、朋友等认同与期望，教师为了达到他人的期望等而参与进修。

---

① 澳门教育暨青年局：《第3/2012号非高等教育私立学校教学人员制度框架》，澳门教育暨青年局，2012年。

（六）社会服务：这一层面是基于教师社会问题而参与进修。这一项内容符合 Houle 所指之动机取向三类之"活动"取向，社会发展对教师提出更多需求，教师为了解社会发展过程中所遇到的问题、教育现象、家庭问题，以及青少年问题等，教师要在实际教学中改变教学理念和转变态度而参与进修。

四　教师专业成长

本研究以"教学知能"、"班级经营"、"一般知能"、"辅导知能"和"专业态度"五大层面，作为澳门私立中学教师专业成长之内容，解释如下。

（一）教学知能：在教学过程中，教师必须要具备一定程度的学科知识和教学技能。学科知识是指有关学科教材结构、内容的知识，包括教学法、教材教法及编写统整教材的能力。教学技能是指教师教学的方法与策略、教学技巧、教学实验中的掌控能力、教学评价能力等。通过教师在课堂上所运用的学科知识和教学技能，引导学生进行有效学习，使教学活动能顺利进行，从而最大提升学生的学习效果。这是本研究所要分析的重要层面之一。

（二）班级经营：班级是学生学习和活动的地方，如同学生的家，有效的班级经营，是让学生走上成长学习之路的有效途径。班级经营包含教师对教室的管理、学生秩序的维持及行为偏差学生的辅导。教师能有效管理教室，善用奖惩原则，营造良好学习环境，建立良好学习气氛。同时对学生在日常生活和学习中所产生的问题，如学生之间的冲突、学习困难、人际关系、情绪障碍等，进行疏导，做好有关的一系列教室经营工作，为学生创设最为有效的教室。

（三）一般知能：饶见维（1996）指出，一般知能指在学校运作时，应用于解决一般问题的实际能力。并指出知能包括解决问题的能力，批判反省与反思创造的能力，与人相处、沟通交际、人与人关系的增进能力等。教师通用知能的建构，基本不能依靠教师教育与正规课程的教授。教师的学习信息途径，大多数是来源于实际的教学过程中，这是为解决教学中出现的问题，并通过大家合力想方设法解决问题，在长期知能的累积下，促进教师有所成长。

（四）辅导知能：辅导知能是指教师了解学生心理和生理的发展特

点，以及在学校和班级中，人与人之间的关系发展。教师能够根据学生的个别差异和不同特质等方面，来辅导学生适应学校和班级中的生活和学习，使学生的身心都能保持平稳状态，给予学生一个和谐而安全的学习环境，进而协助和发展学生潜能的知能与技巧等。

（五）专业态度：是指教师为解决教学中遇到的困难，能够自我反思、自我检讨、自我认同，以及增进专业知能的方法。同时，与时俱进是现代教师教学态度的写照，科学技术的进步，迫使教师要不断更新教学观念，特别是改变教学态度。改变过去高高在上的态度，引导学生善于学习，提升对学校、学生和教学的责任感。

第七节　研究范围与限制

一　研究范围

（一）就研究地区而言

本研究范围为澳门之私立中学，不包括官立学校、特殊学校、夜间学校以及国际学校。

（二）就研究对象而言

本研究以2015年度任职澳门私立中学的教学人员，包括校长、主任、科组长、级组长、班主任、科任老师等为主要研究对象。

（三）就研究变项而言

本研究在探讨澳门私立中学教师参与在职进修动机与专业成长之关系时，以教师背景项为自变项，包括性别、年龄、学历、婚姻状况、职务、教学年资、学校规模、进修类别等，依变项分别为教师在职进修动机与专业成长。同时，在探讨教师参与在职进修动机与专业成长之相互关系和影响因素时，以参与在职进修动机为预测变项，教师专业成长为效标变项。

（四）就研究内容而言

本研究旨在探讨澳门私立中学教师在职进修动机与专业成长之现况和影响因素，并探究教师参与在职进修动机与专业成长之相关，分析教师在职进修动机对专业成长的预测力。

本研究通过文献资料的整理与分析，作为理论分析基础与发展工具的依据，编制本研究所使用的研究工具，包括问卷调查和访谈提纲等。另外再通过问卷调查法和深度访谈法,以澳门私立中学教师为研究的母群体,通过分层抽取样本进行研究数据的搜集。

二 研究限制

(一) 就研究地区而言

本研究之范围仅限于澳门特别行政区之私立中学,虽然私立学校的学生人数占总学生人数的95%以上,但是本研究结果仍然未能推广到其他只占澳门学生总人数约5%的学校,故研究存在一定的局限性。

(二) 就研究对象而言

本研究之对象以澳门私立中学教师为主,不包括官立学校、特殊学校、夜间中学以及国际学校等教师,而且不包含所有的小学或幼儿园等教师,故研究结果之推论仅限于澳门私立中学教师。

(三) 就研究变项而言

本研究仅探讨澳门私立中学教师的性别、年龄、学历、婚姻状况、职务、教学年资、学校规模、进修类别等外在因素对参与在职进修动机之影响,研究结果不得应用于其变项。未来还可以从世界各国教育发展的因素分析、教师在职进修的内容、模式和评鉴等方面出发进行研究。以上情况成为本研究变项上的限制。

(四) 就研究内容而言

本研究之工具,包括"澳门私立中学教师在职进修动机与专业成长之关系研究调查问卷"和"澳门私立中学教师在职进修动机与专业成长之关系研究访谈提纲"。以调查问卷内容而言,只局限于研究范围内陈述,基本上无法避免受试者个人的期望和想法,而对问卷的结果造成影响。虽然研究者在问卷上强调资料只作为学术研究使用,但是不可能掌握每位受试者是否能真心实意地回答问题,有可能随便填写,有所隐瞒或顾虑,未能充分地反映出真实现况,影响到问卷的效度和信度。

另外,以访谈内容而言,纵使能够更深入了解教师的在职进修、专业成长的实况,但是私立中学的办校方针多元化,学校的实际情况各有不同,对教师的在职进修要求不一,这影响到教师在职进修的动机、方式、内容、效能方面都存在差异,这些因素对访谈结果产生一定的干扰作用。

第二章 文献综述

目前，教师在职进修已经成为促进教师专业成长的发展之策略，愈来愈受到人们的广泛注意。世界各国不断从理论层面或实际层面，对教育发展和教师管理，进行很多有建设性的研究，累积许多值得借鉴和学习的经验和成果。从培训教师入手，提升他们的教育和教学的专业知识和技能，更好地提升教学效能。笔者将从国外和国内出发，对教师在职进修动机与专业成长的有关文献进行概括分析，为将来的研究提供借鉴和启示。

第一节 教师在职进修动机的理论研究

一 教师在职培训的意义和必要性

国外教师"在职培训"，亦称"在职教育"（in-service education），也称"在职进修"和"继续教育"。笔者为了研究需要，把这几个教育名词混合使用，不再进行区分。

一般认为，教师在职进修起源于第二次世界大战之后。由于科学技术的发展日新月异，教育受到重视，要求提升教师素质、加强教师在职进修议题被提出来。联合国教育、科学及文化组织1980年7月在巴黎召开的教育内容讨论会上，在展望和预测今后和20年内普通教育变革趋势的文献中指出："在职教师进修将是初步的自然继续，但其范围应包含新的内容、工作方法、研究方法，并从理论与实践上发展教学法。"苏联教育学家扶拉杰拉夫耶夫在《继续教育——问题与展望》一书中曾发表文章，指出继续教育指人们为了获得或改善知识、技能和技巧，在一般的普通院校，或专门院校，或通过自学途径进行系统的，有目的的实践培训活动。①

20世纪发展经济主要靠资本，而21世纪将主要靠科技。科技人才靠教育，教育质量靠教师。根据西方发达国家的经验，在职教师培训是提高教师专业素质的有效方法。为了适应教育发展的大潮流，各国均以立法保障在职教育和培训制度的形成、实施和成效，让教师在职教育和培训过程中做到有法可依。因为法律不但规范教师的行为，也能保证教师的权利，使他们在职进修从盲目状态进入有计划的科学发展阶段，对提升现有教学人员素质有重要意义。

（一）教师在职培训的意义

1. 国外研究

谷德（C. V. Good）在1959年所编写的《教育字典》（*Dictionary of Education*）中对教师在职教育定义如下：教师在职教育是指有助于教师专业发展和资格的活动，例如参加暑期课程、旅行、参加课程研究发展会议等。②

皮尔斯（E. A. Pirece）指出：教师在职培训系促进教师之教育专业观念的发展，与帮助教学技能的成长。③

司徒士（E. Stoops）指出：教师在职培训系由学校或其他机构所提供的研习活动，其目的乃在说明在职教师增进教学专业技能。④

哈里斯（B. M. Harris）指出：教师在职培训是计划的目标导向活动，其目的在促进学校全体教职员教学的改进。⑤

雷森（J. W. Letson）指出：教师在职培训是对从事教学工作者，提

---

① 上海第二教育学院：《外国现代成人教育理论》，上海市成人教育研究室，1985年，第185页。

② R. J. Purdy, et al., "Getting the Most out of In-service Education", in *Teacher's Encyclopedia*, N. J.: Prentice-Hall, 1966, p. 905.

③ E. A. Pierce, *Primary Teacher Training in Asia Bangkok UNECO Regional office for Education in Asia*, 1963, p. 205.

④ E. Stoops et al., *Elementary School Administration*, N. Y. Mcgraw-Hill Co., 1967, p. 385.

⑤ 杨文雄：《国民小学教师在职教育之改进途径》，台湾师范大学教育研究所硕士学位论文，1974年。

供在教育环境内有计划、有系统的学习活动,以促进专业能力之继续发展。[①]

波第(R. J. Purdy)指出,教师在职培训包括教师不但要进行态度、观念和情意的研习与改变,还要强调教师学会各种方法、程序或技术的使用。[②]

教师在职进修的意义,在于促进教师教育事业知能的求新进步,帮助教师更好提升教学知识和技能。

2. 国内研究

《中国大百科全书》(1985)指出,教师在职教育(in-service education for teacher)是指教师不脱离本职工作而进行学习的一种教育的方式。[③]

教师在职培训是指一种现正任教老师的业余进修活动,即教师的继续教育。1990年《教育大辞典》中的定义指出,教师继续教育一般指对大学毕业后的在职教师所进行的知识更新、补缺和提高的一种延续教育。在教师任教期间不断进行培训,甚至延续到退休之后,乃至终生。[④] 我国著名学者叶忠海指出,继续教育是指大学毕业后的成人再教育,旨在全面提高受教育者的整体素质,特别是其中的创造素质,培养高级专门人才,快速有效地为我国的社会主义现代化建设服务。[⑤] 许多国家举办教师继续教育,目的已不单纯是补充学历,补充新知识或改进目前的教学工作,而是改变教师进行教学的知识、能力、态度、行为等,以提高教育对社会和对新科学技术革命发展的适应性。

台湾的教师"在职教育",基本上称为教师"在职进修",对于教师在职进修的定义有不同的表达:[⑥]

何福田(1982)认为教师在职进修系指现职教师为改善或增进现在与未来教学工作所进行的学习行为或活动,且需具备三个条件。第一,现

---

① 杨文雄:《国民小学教师在职教育之改进途径》,台湾师范大学教育研究所硕士学位论文,1974年。

② R. J. Purby, et al., "Getting the Most out of In-Service Education", in *Teacher's Encyclopedia*, N. J. Pren-tice-Hall, 1966, p. 906.

③ 中国大百科全书总编辑委员会《教育》编辑委员会:《中国大百科全书·教育》,中国大百科全书出版社1985年版,第148页。

④ 教育大辞典编纂委员会:《教育大辞典》(第二册),上海教育出版社1990年版。

⑤ 叶忠海:《大学后继续教育论》,上海科技教育出版社1997年版。

⑥ 黄政杰:《教师专业发展》,台北:五南图书出版公司2013年版,第217页。

职教师；第二，其所从事的学习行为或活动必须是为了增进或改善教学工作；第三，指现在与未来教学工作。

刘立通（1987）认为教师在职进修是现职合格教师透过各种有系统的继续教育方式和途径，从事增进教育事业知能和提升教育专业精神的教师成长活动。

吴清基（1995）认为教师在职进修是专为在职教师研习教育专业知能所需而安排的教育研习活动，它与教师职前养成教育是相辅相成的，皆是提高教师素质的重要策略，它是一种有计划、有系统、有目标导向、有特定时空界定的学习活动，其目的在增进在职教师教育专业知能与教育专业态度的培养。

王志鸿（2000）认为教师在职进修是教师促进专业成长而参与教育（学）活动。

郭兰（2002）认为，教师在职进修指教师因应时代变迁，主动求取新知以满足教学需要，及促进教育专业知能的成长，而参与学校或机构所办理的一种有计划、有系统、有目标导向的教育研习活动。

张育甄（2004）认为，教师在职进修是指教师透过正式及非正式的研习活动，对学科知识、教学技能、专业知能各方面进行学习，以促进专业成长并能提升教学技巧。

赵沂源（2009）认为教师在职进修为提升教学质量，以促进个人专业成长，与建立合作学习研究的共同成长为目的。

1991年澳门政府颁布第11/91/M号《澳门教育纲要法》第二十六条规定，"教师的培训应按照本地区的需求，具备多种、灵活及多样的方式，进行培训，包括职前培训、在职培训及延续培训"。从此澳门终于拥有本地区关于对任职中、小学教师再培训的教育法例。[1]

澳门回归祖国后，2012年政府颁布第3/2012号《非高等教育私立学校教学人员制度框架》中指出："教学人员包括校长和学校其他中、高层管理人员以及教师等，必须参加在职培训、进修课程及其他专业发展活动，并获得所需的信息、技术、财政及物质上的协助。"同时，该法案更指出，"教学人员要规划自身的专业发展，透过培训、进修等途径不断提

---

[1] 澳门教育暨青年局：《第3/2012号非高等教育私立学校教学人员制度框架》，澳门教育暨青年局2012年版，第3页。

升专业素养"①。这一规定不但明确了教学人员在职培训应有的权利，而且对教学人员提出应有的义务，目的是通过对教学人员进行培训，更新及深化他们的知识和技能，不断改革旧有的教学和教育，让他们与时俱进，提高教育和教学的专业知识。

同时，《私框》指出，教学人员要每年参加30小时的专业发展活动时数，作为教学人员专业发展津贴的发放、教学人员的晋级等不可缺少的条件。然而，对于教学人员参加的培训项目，哪些是属于专业活动范畴，今天仍然没有相关法规去落实。

综合分析参考国外和国内关于教师在职培训的各种概念，根据澳门社会和教育发展的环境，本研究将教师在职进修的概念定义为："教师在职进修是指现职教师的再进修教育，既是一种权利和义务，又是一种有计划、有系统、有组织的研习培训活动，促进他们的教育和教学的专业发展，以提升教学效能。"

（二）教师在职进修的必要性

首先，教师专业化的要求。美国在1986年成立"全国教学专业标准委员会"（NBPT）订定严谨的教学专业标准，根据以发展教师评量系统，制定教学执照发放等制度，以提升教学质量及学生的学习成效（吴俊宪，2010）。吴清基（1989）也曾指出，现代教师之社会角色已非传统角色可以涵括，教师需透过在职进修，吸收新知，适应变迁社会中应有之导引角色功能，同时，为顺应教育专业化之要求，重视教师在职进修教育工作。

其次，科学知识的暴增。近数十年来，由于科学知识和技术是几何级式的急速增长，特别是21世纪成为一个知识暴增的时代。教师旧有的教育知识和技能，不能满足教育的课程、班级经营、方法和理论等，故此教师必须要继续参与进修活动。

再次，教师角色的变异。随着社会不断变迁，影响到教育功能改变。今天教师不仅是"传道、授业、解惑"的角色，而且是家庭教育和社会功能的促进者，因此，教师必须要不断培训学习，掌握社会变动，推动社会向前发展。

最后，教师职前教育不足。学生发展是变化的，教师在职前的教育不

---

① 澳门教育暨青年局：《第3/2012号非高等教育私立学校教学人员制度框架》，澳门教育暨青年局2012年版，第3页。

足以解决教师将会遇到的困难。同时，终身教育理念的出现，强调人从出生到死亡都要学习。因此，面对不断改变的不确定因素，教师必须要参与在职进修，成为终身学习者的践行者。

二 教师在职进修动机的意涵

（一）动机的定义

动机（motivation）一词源于拉丁文"movere"，它的本意为推动（to move）的意思。因此，大多数心理学家把动机理解为"驱力"（drive），表示推动人们行动的力量，能长期地激励、激发、指引和维持行为的内在历程，甚至是人们经常以愿望、兴趣、理想等形式表现出来的一种原始动力。国内学者和专家对动机有不同解释，论述如下。

1. 国外研究

Houle（1961）认为动机是人类以选择某种行为或从事某种行动，均有理由。

Adams（1963）认为动机是来自降低所知觉到不公平所引起的紧张趋力。

Vroom（1964）认为动机乃工作结果、价值、工具性连接强度、期望等变量间的关系，是人们为了得到所想要的酬劳而做的努力。

Munu（1969）认为动机是个体内在的动力，如兴趣、态度等，该动力可影响行为并造成行为的改变。

Herbert（1976）认为动机是努力去满足某一需求，或达成某一目的的行为历程。

Kotler（1997）认为动机是一种被刺激的需求，他足以引发个体采取行动满足。

2. 国内研究

林如萍（1991）指出，个体行为背后都隐藏着不同的意念及想法，亦即蕴藏着许多不同动机，这些动机通常不止一个，可能包含着数个交错涵括在里面。

张春兴（1994）认为动机是人类行为最复杂的一面，潜藏于个体内心理抽象的概念。任何一种行为的背后，都可能蕴藏着多种不同的动机。他并把动机定义为：动机是引起个体活动，或维持已引起的活动，并促使该活动朝向某一目标进行的一种内在历程（2011，张春兴）。

秦梦群（2006）和张春兴（2011）两位学者认为，动机的形成乃导致个人内在特质与外在环境的交互作用，使个人产生一种行为意向或行动趋力，这些因素促使个体产生有目的或有企图的行为。

蔡春绸（2004）指出有心理学家把动机分为两类。一是内发性动机（intrinsic motives），它是指行为动力出自个体自动自发，行为的发生来自个体内发性动力，如好奇、嗜好、兴趣、宗教信仰等促使其行为之动力皆是内发性动机。二是外诱性动机（extrinsic motives），最具教育意义，它是指个体受外界环境之影响或刺激而促使的行为，是外在的力量让个体去行使某一行为，如学校举行各种考试、公布成绩、各类竞赛等活动，都会使学生努力去争取好成绩。经由外在环境的刺激或压力使学生努力的动力，属于外诱性动机。对教育工作而言，有一些动力激发其继续学习。

陈秀琪（2012）认为动机就是个人内在特质与外在环境的交互作用下，所产生隐藏在个体各种行为背后，一个或数个不同的意念及想法，是引导个体往自己需要的目标迈进、追求目标达成，促使活动进行的原动力。而这些原动力有可能是外在的，也可能是内显的。

综合以上国内外学者对动机的不同表述，我们可以看到，动机的产生与驱使，是使行为产生意义的一项重要因素。人的行为复杂多变，错综复杂，心理学家研究动机，在了解行为产生的原因（张春兴，1994）。纵使心理学家对动机的分类不一，但仍是以二分法为主，以张春兴采取生理性动机与心理性动机的分类为主。但不论是采取任何分类方式都相当勉强，因为没有一种动机是孤立的。①

教师参与在职进修可能来源于内发性的动机和外诱性的动机，这两种动机促使教师参与进修。外诱性的动机可能来自行政机关的行政措施及相关因素，如将教师参加在职进修列为晋级加薪之依据、授予学位、休假进修，或是将在职进修列入强制性规定。而内发性的动机又可能和老师的专业态度、服务态度、个人专业精神、价值判断和成就感有关。通过这两种内发性和外诱性的动机，激发和鼓励教师积极参与在职进修，以响应21世纪世界各国对教师的更高要求。

---

① 陈思婷：《三所国立师范大学科学教育研究所教学硕士班学生在职进修动机与专业成长之研究》，台湾师范大学科学教育研究所硕士学位论文，2004年。

(二) 教师在职进修动机的内涵

教师在职进修动机理论基础，是基于影响教师专业成长的成效之关键因素。为了应付和面对终身教育时代的到来，作为教师必须要在知识快速增长的进程中，与时俱进，在教师生涯中不断学习、不断培训，以提升个人的教学技能和知识，胜任此艰巨的教育任务。教师进修成效，取决于教师的内在需求与外在环境相互作用所产生的结果。因此，在职进修动机势必影响到教师专业成长成效，国内外专家学者对教师参与在职进修动机的内涵之观点见表2-1-1：

表2-1-1　国内外专家学者关于教师在职进修动机内涵之论述和观点一览表

	社交参与	认知兴趣	逃避或刺激	专业成长	扩展外交	社交关系	转变生活	职业进展	社会服务	外界期望	追求成就
Branscum（1986）	◎	◎	◎	◎	◎		◎				
Polteache（1987）		◎	◎	◎	◎	◎			◎		
林如萍（1991）	◎					◎		◎	◎		
王素琴（1995）		◎	◎			◎		◎	◎	◎	
陈嘉弥（1997）		◎	◎			◎			◎		
王志鸿（2000）		◎		◎		◎			◎		
张志鹏（2001）		◎	◎	◎	◎						
韩诺萍（2002）	◎	◎	◎	◎	◎	◎	◎				◎
郭兰（2003）		◎	◎	◎		◎			◎		
陈思婷（2004）		◎	◎			◎		◎			
蔡春绸（2004）		◎	◎	◎		◎		◎	◎		◎
黄惠玲（2004）	◎	◎	◎			◎		◎	◎		
刘宇容（2007）		◎		◎		◎		◎			
王铃雅（2007）		◎		◎		◎				◎	
杨正光（2008）		◎	◎			◎				◎	
周伯超（2008）		◎	◎			◎					◎
陈素莲（2009）	◎			◎				◎			
王雅慧（2010）		◎				◎		◎		◎	

续表

	社交参与	认知兴趣	逃避或刺激	专业成长	扩展外交	社交关系	转变生活	职业进展	社会服务	外界期望	追求成就
林敬祥（2010）		◎	◎			◎		◎	◎	◎	
林惠美（2011）		◎		◎		◎	◎				
陈秀琪（2012）		◎	◎								◎
郑雅心（2012）		◎	◎			◎					◎
许维育（2013）				◎	◎		◎		◎		

资料来源：研究者自行整理。

由表 2-1-1 可以看到，归纳国内外专家学者对教师参与在职进修动机的研究结果显示，教师参与在职进修动机分别为：社交参与、认知兴趣、逃避或刺激、专业成长、扩展外交、社交关系、转变生活、职业进展、社会服务、外界期望、追求成就等。其中国内外专家学者比较关注和最常见的教师在职进修动机为：认知兴趣、逃避或刺激、专业成长、社交关系、外界期望、职业进展、社会服务等。

基于促进教师专业成长已经成为教师的共同目标，因此，本研究把"认知兴趣"和"专业成长"合并在一起，统称为"认知兴趣"；"社交参与"、"社交关系"和"扩展外交"合并在一起，统称为"社交关系"；"逃避或刺激"、"转变生活"合并在一起，统称为"逃避或刺激"；"职业进展"、"追求成就"合并在一起，统称为"职业进展"。

有见及此，本研究以认知兴趣、社交关系、逃避或刺激、职业进展、外界期望和社会服务六大层面，作为澳门私立中学教师在职进修动机。

三 教师在职进修动机之相关研究

教师在职进修的成效取决于参与在职进修动机的高与低。简单地说，教师参与在职进修动机高，则进修成效较好；反之，教师参与在职进修动机低，则进修成效不理想，本研究将国内外关于教师在职进修动机之相关研究文献，叙述如下。

（一）Branscum（1986）针对 Southeast Missouri State University 225 位具有博士学位之教师，以 EPS（教育参与量表）为研究工具，研究他们参与继续教育之动机，结果得到六个因素分别是：1. 社交参与（social involvement）；2. 外在刺激（external stimulation）；3. 认知兴趣；4. 职业进展；5. 社会服务；6. 避免例行单调生活（escape from a dull routine）。其中以"认知兴趣"动机最高。

（二）Poltecher（1987）对 932 位泰国东北部参与在职进修教师，以 EPS（教育参与量表）为工具的研究发现，参与动机分别有七个因素：1. 职业进展；2. 社会服务；3. 认知兴趣；4. 逃避/刺激；5. 社交关系；6. 社交接触；7. 增进智慧。

（三）黄富顺（1985）自编"成人参与继续教育动机量表"，以在各类有组织机构中参与进修的成人学生 1859 位为研究对象。从有关资料所得，共发现六大动机，其中以参与动机"求知兴趣"为最普遍，其次为"职业进展"、"社会服务"、"社交关系"，而以"逃避/刺激"及"外界期望"动机最少。

（四）林如萍（1991）依据 ESP（教育参与量表）为主体，以 221 位台湾 1990 年度参与台湾师范大学研究所暑期进修班一年级的中等学校教师为预试样本，发展成 52 项题目，每项题目采取五点计分，制成 Cronbach α 值介 .69—.92 间的"参与在职进修动机量表"。并以 862 位参与台湾师范大学各类研究所暑期进修研习之中等学校教师为研究对象。从有关资料所得，经由因素分析之主要成分分析法，萃取特征值大于 1.5 的共同因素，并经变方最大转轴，共发展八个主要动机，共可解释 59.4% 的变异量。名称与各因素之解释量分别为：1. 认知兴趣（25.7%）；2. 逃避/刺激（10.5%）；3. 社交关系（6.8%）；4. 同侪影响（4.7%）；5. 他人影响（3.5%）；6. 社会服务（3.0%）；7. 职业进展（2.7%）；8. 家庭影响（2.5%）。其中以"认知兴趣"为最强，"家庭影响"为最低。研究问卷中所列之各类变项，除"配偶的教育程度"一项外，均与八大动机有关，但相关程度各有不同。

（五）王素琴（1995）以自编"成人学生参与在职进修调查问卷"，对 903 位参与台湾师范大学及高雄师范大学在职进修的中等学校教师进行研究。从有关资料所得，经由因素分析之主成分分析法，萃取特征值大于 1.5 的共同因素，并经最大变异法进行共同因素正转轴，转轴后保留因素负荷量大于 .30 的题目，名称与各因素之解释量分别为：1. 认知兴趣（27.8%）；2. 社交关系（13.0%）；3. 职业进展（5.2%）；4. 外界期望（3.6%）；5. 逃避/刺激（3.3%）；6. 社会服务（2.9%）。其中以"认知兴趣"动机最强,"社会服务"为最低。

（六）张明丽（1996）以林如萍（1991）所发展之"参与在职进修动机量表"，以132位参加花莲师范学院暑期及夜间部幼儿园教育学士班的幼教师为研究对象。从有关资料所得，共发现八个主要的动机分别为：1. 认知兴趣；2. 逃避/刺激；3. 社交关系；4. 同侪影响；5. 他人影响；6. 社会服务；7. 职业进展；8. 家庭影响。其中以"认知兴趣"动机最强，"家庭影响"为最低。

（七）陈嘉弥（1997）以林如萍（1991）所发展之"参与在职进修动机量表"，以405位参与台湾师范大学、高雄师范大学、政治大学所办理之暑期与周末研究所四十学分班一年级的中等学校教师为研究对象。从资料所得，共发现六个主要动机分别为：1. 认知兴趣；2. 社交关系；3. 职业进展；4. 期望影响；5. 逃避/刺激；6. 社会服务。其中以"认知兴趣"动机最强，"社会服务"为最低。研究结果的六个动机之间并非独立，而是存有不同程度的正相关性。

（八）王志鸿（2000）采用林如萍（1991）所发展之"参与进修动机量表"，以云嘉地区810位小学教师为研究对象。从有关资料所得，共发现六个主要动机，分别为：1. 认知兴趣；2. 逃避/刺激；3. 社交关系；4. 职业进展；5. 外界期望；6. 转变单调生活。研究结果以"认知兴趣"之动机最强，六个动机均达显著正相关。

（九）张志鹏（2001）采用黄富顺所编的"成人参与继续教育动机量表"，以高屏地区53所学校439位小学教师为研究对象。从有关资料所得，共发现七个主要动机分别为：1. 求知兴趣；2. 职业进展；3. 社交接触；4. 逃避/刺激；5. 外界期望；6. 社会服务；7. 自我发展。其中以学习为主要动机，五种参与在职进修动机彼此间具有显著正相关，动机多元且相关。

（十）韩诺萍（2002）以吴美丽（1997）所发展之"小学教师参与研究所程度课程进修态度之研究"问卷为参考，并自编"小学教师参与学士后在职进修之态度及教学情形"问卷，以台东县45所小学共274位教师为研究对象。从有关资料所得，共发现九个主要动机分别为：1. 充实教育专业知能；2. 生涯规划及个人理想完成；3. 晋级叙薪；4. 职业进展、职务升迁；5. 取得学位提高声望地位；6. 家人期望或受同侪影响；7. 顺应潮流、时势所趋；8. 结交朋友；9. 改变现有生活方式。其中主要动机为"充实教育专业知能",其次为"生涯规划及个人理想完成"。

（十一）郭兰（2003）在其《国民中学教师参与在职进修动机与教学效能关系之研究——以台湾中部四县为例》中，发现教师参与动机以"专业发展"最强。

（十二）陈思婷（2004）参照黄富顺（1985）"成人参与继续教育动机量表"，以及林如萍（1991）"中等学校教师参与在职进修动机问卷"为参考，以三所师范大学科学教育研究所教学硕士班之毕业生共107位为研究对象。从资料所得，共发现六个主要动机分别为：1. 求知兴趣；2. 职业进展；3. 逃避/刺激；4. 社会服务；5. 外界影响；6. 社交关系。其中动机以"求知兴趣"层次为最强，其次是"职业进展"、"社交关系"、"社会服务"、"外界影响"、"逃避/刺激"等层次。

（十三）蔡春绸（2004）参考王志鸿（2000）的"参与在职进修动机量表"、林如萍（1991）"中学学校教师参与在职进修动机问卷"，以及"小学教师在职进修动机调查问卷"，并自编"小学社会科教师参与在职进修动机调查问卷"，以台北县公立小学社会科教师共173位为研究对象。其中动机"兴趣与成就"层次为最强，其次为"社交关系"、"职业进展"、"他人影响"、"逃避/刺激"。

（十四）古馨颖（2008）自编"桃园县小学社会学习领域教师在职进修动机与教学效能关系之研究调查问卷"，以桃园县小学教师共457位为研究对象。其中"认知兴趣"层次为最强，其次为"专业发展"、"追求成就"、"社交关系"、"他人影响"，而以"逃避/刺激"层次为最低。

（十五）林敬祥（2010）自编"教师参与进修动机与学习成效之关系研究"，并以台北市高中职校以下教师（不含幼儿园）592位为研究对象。从有关资料所得，共发现六个主要动机，其中主要动机"求知兴趣"层次为最高，其次为"社会服务"、"逃避/刺激"、"社交关系"、"职业进展"、"外界期望"。

（十六）陈秀琪（2012）自编"小学教师参与在职进修动机问卷"，并以宜兰县小学教师共408位为研究对象。从资料所得，共发现四个主要动机，其中主要动机以"认知与成就"层次最强，其次是"专业进展"、"他人影响"、"逃避/刺激"。

（十七）郑雅心（2012）参考郭兰（2002）"中学教师参与在职进修动机与教学效能之研究调查问卷"，以及古馨颖（2008）"桃园县小学社会学习领域教师在职进修动机与教学效能关系之研究调查问卷",并自编"教师进修动机问卷调查",以宜兰县初中教师218位为研究对象。从资料所得,共发现六个主要动机,其中主要动机以"专业发展"为最强,其次为"认知兴趣"、"追求成就"、"他人影响"、"社交关系"而以"逃避/刺激"得分最低,整体在职进修动机属中上程度。

从以上教师在职进修动机的相关研究中,研究结果如下。

"认知兴趣"成为教师在职进修动机之最强动机,其中包括有:黄富顺,1985;林如萍,1991;王素琴,1995;张明丽,1996;陈嘉弥,1997;王志鸿,2000;张志鹏,2001;韩诺萍,2002;陈思婷,2004;蔡春绸,2004;古馨颖,2008;林敬祥,2010;陈秀琪,2012等。

同时,教师参与在职进修动机是多元化的,并不是单一而发展的。而且,郭兰(2003)和郑雅心的研究同时指出,教师参与在职进修之动机主要以获得"专业发展"为最强。韩诺萍(2002)的研究则指出,教师参与在职进修的主要动机为"充实教育专业知能",其次是"生涯规划及个人理想完成"。

可以推断,教师是从心出发,发自内心地学习成为教师在职进修动机的主要原因,特别是影响教师参与在职进修的因素是满足求知欲。大多数教师是主动积极参与在职进修,而且是乐于学习,提升教学知识和教学技能,创设条件改善教学,希望参与在职进修去达到专业成长,以期望提高学生的教育质量。

四 影响教师参与在职进修动机之背景变项

个人不同的背景变项影响到教师参与在职进修之动机,因为教师不同的背景变项,有不同的动机或目的。而且教师参与进修具有多元化、多样化的特点,造成各专家和学者所进行的动机研究调查所得结论既有相同之处,也有不相同的地方,不同个人的背景变项对教师参与在职进修有重要的影响。

本研究以私立中学教师为研究对象,将教师的背景变项分为性别、年龄、学历、婚姻状况、教学年资、职务、学校规模,以及进修类别八个变项。现将各学者对于教师的不同背景变项与在职进修动机之研究成果,整理如下。

(一) 性别与在职进修动机

不同性别和在职进修动机的研究各有差异。以成人继续教育动机而言，黄富顺（1995）的研究发现，以男性较为偏向"职业进展"和"社会服务"，而女性偏向"逃避/刺激"和"社交关系"而参与进修。林如萍（1991）的研究指出，男性教师较为偏向以"职业进展"，女性教师则较为偏向"逃避/刺激"而参与进修。陈嘉弥（1997）的研究发现，女性教师较男性教师更倾向于以"认知兴趣"、"社交关系"、"社会服务"、"逃避/刺激"而参与在职进修。王志鸿（2000）的研究指出，女性教师较男性教师更倾向于以"认知兴趣"及"转变单调生活"而参与在职进修。张志鹏（2001）的研究结果指出，男性教师与女教师在"求知兴趣"、"职业进展"、"外界期望"、"社交接触"、"逃避/刺激"等各因素上并无显著差异。韩诺萍（2002）的研究指出，小学女性教师参与研究所进修的动机，比男教师重视"生涯规划及个人理想完成"；而男性教师则较为偏重"晋级叙薪"实质报酬而参与进修。郭兰（2002）的研究指出，性别在"整体参与在职进修动机"、"认知兴趣"、"逃避/刺激"上并无显著差异，但在"追求成就"、"他人影响"、"社交关系"三个层面，男性教师显著高于女性教师；而女性教师在"专业发展"层面显著高于男性教师。蔡春绸（2004）的研究指出，男性教师在"专业发展"层面显著高于女性教师，但在"兴趣与成就"层面，女性教师显著高于男性教师。陈思婷（2004）的研究发现，在"社会服务"、"社交关系"层次上，女教师的动机显著高于男教师。古馨颖（2008）的研究指出，在"追求成就"方面，男性教师显著高于女性教师，而在"专业发展"方面则是女性教师显著高于男性教师，但在"认知兴趣"、"他人影响"、"社交关系"、"逃避/刺激"等层面则无显著差异。郑雅心（2012）的研究显示，在"专业发展"方面，女性教师显著高于男性教师，但在"认知兴趣"、"追求成就"、"他人影响"、"社交关系"、"逃避/刺激"等层面则没有显著差异。陈秀琪（2012）的研究指出，在"专业进展"、"逃避/刺激"、"认知与成就"三大层面，女性教师得分略高于男性教师，不同性别教师在进修动机中并无显著差异。

从以上研究可以发现，不同性别可能影响到教师在职进修动机，但是以目前研究情况来看，研究的结果并无一致的结论。因此，本研究将性别纳入变项中加以探讨。

(二) 年龄与在职进修动机

黄富顺（1985）的研究发现，年龄愈大者愈倾向因"认知兴趣"、"社会服务"而参与进修，而年龄愈小者愈倾向因"职业进展"、"逃避/刺激"、"外界期望"与"社交关系"而参与进修。林如萍（1991）的研究发现，年龄与"社会服务"、"他人影响"有显著正相关，而与"认知兴趣"、"逃避/刺激"、"职业进展"呈显著负相关；意味着年龄愈大愈倾向因"社会服务"、"他人影响"而参与进修，而年龄愈小愈倾向因"认知兴趣"、"逃避/刺激"、"职业进展"而参与进修。张明丽（1996）的研究发现，各个参与动机不受年龄的影响。陈嘉弥（1997）的研究发现，年龄与服务年资之交互作用对"认知兴趣"、"社交关系"、"社会服务"、"逃避/刺激"等参与动机具有交互作用。郭兰（2002）的研究指出，不同年龄的初中教师，就"整体参与在职进修动机"、"追求成就"及"逃避/刺激"层面而言，30岁以下组显著高于51岁以上组；但在"认知兴趣"、"他人影响"、"专业发展"和"社交关系"层面上，则无显著差异。蔡春绸（2004）的研究结果指出，年龄愈大的教师不论在整体或"兴趣与成就"、"社交关系"及"逃避/刺激"层面，都比年龄较小的教师，有较强烈的在职进修动机。古馨颖（2008）的研究指出，在"追求成就"层面，不同年龄的小学社会领域教师有显著差异，而31—40岁教师追求成就的在职进修动机显著高于41—50岁教师，而不同年龄的小学社会领域教师于在职进修整体层面上并没有显著差异。郑雅心（2012）的研究指出，不同年龄之小学教师，其在职进修动机分层面"认知兴趣"、"追求成就"、"他人影响"、"社交关系"、"逃避/刺激"及整体层面上并没有显著差异；但在"专业发展"层面，31—40岁教师显著高于30岁以下教师。陈秀琪（2012）的研究指出，不同年龄之教师，就"整体参与在职进修动机"、"专业发展"、"他人影响"、"逃避/刺激"和"认知与成就"上并没有显著差异。

从以上研究可以发现，不同年龄可能影响教师在职进修动机，但是以目前研究情况来看，研究的结果并无一致的结论。因此，本研究将年龄纳入变项中加以探讨。

(三) 婚姻状况与在职进修动机

黄富顺（1985）的研究发现，未婚者倾向"职业进展"、"逃避/刺激"、"外界期望"与"社交关系"而参与进修。林如萍（1991）的研究发现，婚姻状况与"认知兴趣"、"逃避/刺激"有显著正相关，而与"社交关系"、"同侪影响"、"家庭影响"呈显著负相关，意味着未婚教师倾向因"认知兴趣"、"逃避/刺激"而参与进修，而已婚教师则偏向"社交关系"、"同侪影响"、"家庭影响"而参与进修。张明丽（1996）和王志鸿（2000）的研究发现，婚姻状况与"逃避/刺激"动机达显著水平，意味着已婚教师较未婚教师倾向因"逃避/刺激"而参与进修。陈嘉弥（1997）研究发现，婚姻状况与"期望影响"动机达显著水平，意味着已婚教师较未婚教师倾向因"期望影响"而参与进修。蔡春绸（2004）的研究发现，婚姻状况与"他人影响"动机达显著差异，意味着已婚教师倾向因"他人影响"而参与进修。陈秀琪（2012）的研究发现，婚姻状况与"他人影响"动机达著显差异，意味着已婚教师倾向因"他人影响"而参与进修。郑雅心（2012）的研究指出，不同婚姻状况的小学教师于在职进修动机各层面和整体层面上并没有显著差异。

从以上研究发现，可以看出，婚姻状况不同可能影响到教师在职进修动机，以目前研究情况来看，研究的结果并无一致的结论。因此，本研究将婚姻状况纳入变项中加以探讨。

（四）教学年资与在职进修动机

林如萍（1991）的研究指出，服务年资与"社会服务"有显著正相关，而与"认知兴趣"、"逃避/刺激"呈显著负相关，意味着服务年资愈深者愈倾向"社会服务"动机，而服务年资愈浅，则愈偏向"认知兴趣"、"逃避/刺激"动机。张明丽（1996）的研究指出，服务年资愈浅之教师，其基于"逃避/刺激"而参与进修动机的倾向亦愈高。陈嘉弥（1997）的研究指出，服务年资愈深而年龄愈小之教师，其基于"认知兴趣"而参与在职进修的倾向亦愈低；服务年资愈浅而年龄愈大之教师，其基于"社交关系"、"社会服务"、"逃避/刺激"而参在职进修的倾向亦愈高。王志鸿（2000）的研究指出，在"职业进展"层面主任显著高于级任导师。王志鸿（2000）和张志鹏（2001）的研究均发现，兼任行政职务之教师，在"社交关系"层面上显著高于级任教师。韩诺萍（2002）的研究指出，不同年资之教师在"顺应潮流、时势所趋"所占的比例最多。蔡春绸（2004）的研究指出，服务年资浅的教师其追求与工作有关的知能，晋级加薪的进修动机，比年资深的教师来得强烈。陈思婷

(2004)的研究指出,在"职业进展"层次上,服务6—10年、11—20年的教师显著强于其他年资的教师,而不同服务年资教师与在职进修动机整体无显著差异。陈秀琪(2012)指出,服务年资和在职进修动机各层面并无显著差异。

从以上研究,可以看出,教学年资不同可能影响到教师在职进修动机,以目前研究来看,研究的结果并无一致的结论。因此,本研究将教学年资纳入变项中加以探讨。

(五)学历与在职进修动机

黄富顺(1985)的研究发现,教育程度愈高,愈倾向于"职业进展"的动机,相反,教育程度愈低者,则较倾向于"逃避/刺激"、"外界期望"和"社交关系"等动机。林如萍(1991)和陈嘉弥(1997)没有把教育程度纳入研究变项之中。但是,正式教育的年限愈长、愈有兴趣参与教育活动(Dickinson,1971)。而且,按照Dickinson的研究指出,参与者教育程度不同,动机亦有所不同(引自张志鹏,2001)。张明丽(1996)的研究发现,将教师之教育程度为社会人口变项之一进行研究,教育程度与"社会服务"显著正相关,而与"逃避/刺激"、"职业进展"呈显著负相关。这就意味着教育程度愈高者,愈倾向于"社会服务"而参与在职进修,而教育程度愈低者,则较倾向于"逃避/刺激"与"职业进展"而参与在职进修。张志鹏(2001)的研究发现,在"求知兴趣"层面上,"研究所以上"教师显著高于"专科以下"的教师,也显著高于"大学毕业"的教师。而且在"职业进展"层面,"大学毕业"者显著高于"专科以下"的教师。黄惠玲(2004)的研究发现,在"职业进展"层面上,"研究所毕(结)业"显著高于"师资班"。而在"外界期望"层面上,"师范或师专"显著高于"师资班"。蔡春绸(2004)的研究发现,不同的教育程度对教师参与在职进修动机并无显著差异。郑雅心(2012)的研究发现,在"追求成就"层面,最高学历"研究所含四十学分班"教师显著高于"师大师院"教师、"师专师范"教师。而在"专业发展"、"社交关系"、"逃避/刺激"及整体层面上,最高学历"研究所含四十学分班"教师显著高于"师大师院"教师。陈秀琪(2012)的研究发现,不同学历的教师在职进修动机各层面和整体层面上并无显著差异。

从以上研究可以发现,学历不同可能影响到教师在职进修动机,以目前研究情况来看,研究的结果并无一致的结论。因此,本研究将学历纳入变项中加以探讨。

（六）职务与在职进修动机

林如萍（1991）的研究发现，现任职务与"他人影响"、"社会服务"有显著正相关，而与"逃避/刺激"呈显著负相关，兼行政职务之教师因"他人影响"、"社会服务"而参与进修，而未兼任行政职务之教师则愈偏向"逃避/刺激"而参与进修。张明丽（1996）的研究发现，现任职务与各个动机均未达显著水平。陈嘉弥（1997）的研究发现，现任职务与"认知兴趣"、"社会服务"有显著正相关，也就是说行政工作之教师倾向以"认知兴趣"、"社会服务"动机参与在职进修。王志鸿（2000）的研究发现，兼任主任之小学教师倾向以"社交关系"为进修动机。韩诺萍（2002）的研究指出，校长或主任之教师，其进修动机受到"顺应潮流、时势所趋"的影响较大。黄惠玲（2004）的研究发现，不同职务之小学教师，在"逃避/刺激"层面达显著差异，在"科任老师"显著高于"组长"。蔡春绸（2004）的研究发现，担任不同职务之教师，参与在职进修动机并无显著差异存在。张志鹏（2001）的研究发现，不同职务的教师对小学教师参与在职进修硕士学位学分之动机而言，在"社交接触"层面上，"组长"显著高于"级任老师"。郑雅心（2012）的研究发现，不同职务之小学教师，在"认知兴趣"、"专业发展"层面，"兼行政教师"教师显著高于未兼行政教师。陈秀琪（2012）的研究发现，教师兼主任参与在职进修动机受"他人影响"高于班级导师和科任教师。同时，在"整体在职进修动机"层面，教师兼主任组亦显著高于教师兼组长以及级任教师组。

从以上研究可以看出，担任职务不同可能影响到教师在职进修动机，以目前研究情况来看，研究的结果并无一致的结论。因此，本研究将职务纳入变项中加以探讨。

（七）学校规模与在职进修动机

刘文通（1986）的研究发现，愈小型学校的教师愈重视充实"专业知能"，而愈大型学校的教师愈重视"晋级加薪"。林如萍（1991）的研究发现，学校规模与"他人影响"、"社会服务"呈负相关，也就是说任教学校规模愈小之教师，愈倾向因"他人影响"、"社会服务"而参与进修。王志鸿（2000）和张志鹏（2001）的研究发现，不同学校规模教师对小学教师参与在职进修硕士学位学分动机未达显著差异。黄惠玲（2004）的研究发现，在"职业进展"层面上，"6班以下"和"7—12班"皆显著高于"13—24班"。蔡春绸（2004）的研究发现，在"兴趣与成就"、"社交关系"层面有差异存在。2010林敬祥的研究发现，不同学校规模之教师，其在"求知兴趣"、"逃避/刺激"、"社会服务"、"社交关系"和"参与进修动机总层面"上达到显著差异，不低于学校规模21—40班及41班以上之教师，且两者已达统计上之显著差异，即学校班级数20班以下之教师在上述动机面向，较21班以上学校之教师为低。陈秀琪（2012）的研究发现，不同学校规模的小学教师在"认知与成就"动机层面上达到显著水平，即学校规模12班以下之教师其在职进修动机受"认知与成就"之影响高于学校规模13—24班之教师。

从以上研究可以发现，学校规模不同可能影响到教师在职进修动机，目前研究的结果并无一致的结论。因此，本研究将学校规模纳入变项中加以探讨。

（八）进修类别与在职进修动机

林如萍（1991）的研究发现，进修类别与"认知兴趣"、"逃避/刺激"、"家庭影响"呈显著正相关，也就是说有学位进修之教师因"认知兴趣"、"逃避/刺激"、"家庭影响"而参与进修。张明丽（1996）的研究发现，进修类别与各个动机均未达显著水平。张志鹏（2001）的研究发现，就是否曾进修硕士学位、学分的教师对小学教师参与在职进修硕士学位学分之动机而言，在"外界期望"、"求知兴趣"、"社交接触"等层面上，"进修者"均显著高于"未曾进修者"。黄惠玲（2004）的研究发现，在"职业进展"、"社会服务"两个层面达到显著水平，也就是说未曾参与进修教师显著高于曾参与进修教师。蔡春绸（2004）的研究发现，在"职业进展"、"整体在职进修动机"层面有差异存在，即进修硕士班组的教师优于周三研习组教师。郑雅心（2012）的研究发现，不同教师进修类别在职进修动机分层及整体动机层面上均没有显著水平。

从以上研究可以发现，进修类别不同可能影响教师在职进修动机，以目前研究情况来看，研究的结果并无一致的结论。因此，本研究将进修类别纳入变项中加以探讨。

五　教师在职进修动机的相关理论

时代的变迁，信息科技一日千里，由于社会进步，参加成人继续教育的人数剧增。在倡导终身学习的世界潮流下，教师在职进修是成人继续教育的重要一环（王志鸿，2000）。长期以来，教师在繁重教学任务之余，都能抽出宝贵的时间来参与进修活动，实在是值得鼓励和赞扬的。教师的学习动机模式是成人学习动机模式的一种，时代不断变迁与社会发展，成人继续学习急速增加。特别是发达国家，推行终身教育理论，加大终身学习，引发了很多专家和学者重视成人继续学习动机理论的探讨。这种学习的理念和动机是在职进修成功与否的关键因素。本研究将从终身学习理论、动机理论两大理论范畴，深入探讨教师在职进修动机。同时，通过对这些理论的探讨，对教师参与在职进修的学习行为提供较为合理解释。

（一）终身学习理论

1. 终身教育的影响

自古以来，我国就有"活到老、学到老"、"学海无涯"等说法，而日本也有"修业一生"的想法。虽然"终身教育"这个概念产生于20世纪，但是终身教育的思想与人类历史的发展同样久远。终身教育思想的起源要追溯到古希腊的教育思想，亚里士多德（Aristotle）、柏拉图（Plato）、苏格拉底（Socrates）、梭伦（Solon）等人的教育思想中渗透着终身教育的思想。例如苏格拉底在《致歉》（*Apology*）一书中，曾经指出只要他活着，一定会继续学习。

终身教育（lifelong education）又称为"恒久教育"、"永久教育"或"生涯教育"。社会迅速变迁、科学技术高速发展，使得个体不断充实和完善，构建和更新知识，才能适应社会现实工作的需求。教育家孔子在《论语·为政》中提出过人生修养的阶段说，人只要不断致力于自身修养并追求研究，就可以达到"志学"、"而立"、"不惑"、"知命"、"耳顺"、"从心"的境界。保罗·郎格朗（Paul Lengrand）曾言，对于个人来说，什么是终身教育呢？其实就是个人觉醒，就是通过觉醒获得自由和独立。教育具有广泛意义的概念，它贯穿一个人的生活全部。

1965年12月，郎格朗在第三届促进成人教育国际会议上，提出"关于终身教育"提案，并于1970年出版《终身教育引论》（*An Introduction to Lifelong Education*），此书被翻译成20多种语言，对世界教育理论和实践产生了巨大影响,引起世人极大关注。郎格朗《终身教育引论》指出:"终身教育是指一系列具体的思想和原则,是完全意义上的教育,他包括了教育的所有各个方面、各个内容,从一个人出生那一刻起直到生命终结为止不断发展,包括教育发展各阶段、各个关头之间的有机联系。"①

1965—1970 年是现代终身教育理论发展的第一个阶段,被称为终身教育理论的"初创期"。郎格朗终身教育提案的内容,有五个方面:(1)社会要为人的一生(从生至死)提供教育或学习的机会;(2)从人的发达和综合的统一性观点出发,各类教育的实施必须协调和统合;(3)小学、中学、大学及其地区性的社会教育设施、文化中心所发挥的教育功能、(政府)应予以支持和鼓励;(4)(政府或社会)应为本国公民有关劳动日的调整、教育休假、文化休假等措施的实施起促进作用;(5)为了对以往的教育观念作根本的改变,应使这一理念(终身教育)渗透到教育的各个领域。

郎格朗相信:"终身教育应是为人的一生不断提供教育与训练的构造,它是人们通过各种形态的自我教育,从而达到最高水平的自我发展的手段。"② 联合国教科文组织(UNESCO)的国际 21 世纪教育委员会在 1996 年的报告书《学习:内在的宝库》进一步阐述"终身教育"的理念,认为终身学习是进入 21 世纪的钥匙。在终身教育学习的理念下,传统的职前教育与在职进修的界线变得愈来愈模糊,这亦标志着一个鼓励终身学习的社会建立。1999 年 4 月第三届世界技术与职业教育大会有一个醒目的主题:"全民的终身教育与培训——通往未来的桥梁",联合国教科文组织总干事马约尔在会上提出:提供终身教育与培训是我们唯一能够用必要的知识与能力武装人民的途径,使他们能够在变化的世界中生存。

2001 年 4 月 1 日,世界 G8(国家)教育部长会议首次在日本东京召开,再次对"社会变革中的教育"进行广泛讨论。会议指出:"终身教育是一个需要优秀考虑的课题。"③ 可见,在全球化、信息化和科技化的情况下,世界各国重视基础教育改革,强调建立学习性社会。终身教育理论对促进教师在职进修有以下几个方面的影响:(1)终身教育理论强调人的全面、

---

① [法]保罗·郎格朗:《终身教育引论》,周南照、陈树清译,中国对外翻译出版社 1985 年版,第 15—16 页。
② http://blog.cerp.com/32129/669602.aspx.
③ [日]本间政雄、高桥诚:《外国的教育改革》,日本行政出版社 2000 年版,第 19 页。

协调发展；(2) 终身教育理论要求教师教育更具多样性和灵活性；(3) 终身教育理论要求教师教育的整合与统一，强调各种教育培训整合与衔接；(4) 终身教育理论要求教师教育更加民主化；(5) 终身教育理论要求最大限度地动员社会资源参与教师教育；(6) 终身教育理论强调学习者的主体性和主导作用；(7) 终身教育理论重视在教师教育中运用信息技术。

由上可见，作为教师无论从教育工作的职业出发，还是从个人自我学习、自我发展和自我完善出发需要持续学习、不断去更新旧有的知识结构、教育教学能力，才能更好地提升教育整体水平。教师更应该是一个终身学习的践行者。教育是一项艰巨的工程，面对社会复杂多变的因素，职前教育的进修明显不足以应付学生变化所带来的变化，难以满足教师的工作需要。教师必须要接受持续不断的，有目的、有计划和有组织的学习活动，使终身教育落实到教师身上，教师在职进修显得格外重要。

2. 终身学习的起源及其原因

"终身学习"这个名词直到21世纪才开始产生。1919年英国成人教育委员会提出"1919年报告书"，指出人们教育的终身性及普遍性，这是现代"终身教育"潮流的重要开始（引自胡梦鲸，1997）。

1960年以来，终身教育的理念受到国际团体如联合国教科文组织（United National Educational, Scientific and Cutural Organization, UNESCO）、经济合作发展组织（Organization for Economic and Co-operation Development, OECD）、国际劳工组织（the International Labor Office, ILO）、欧洲议会（the Council Europe）、欧洲联盟（European Union）、世界银行（World Bank, WB）等组织提倡与推广。同时，终身教育（lifelong education）、回流教育（recurrent education）及继续教育（continuing education）等名词广泛被使用和普遍接受。

20世纪70年代中期出现石油危机，高度工业化国家受到石油危机的影响，经济面临结构性的改变，影响了全世界经济，进一步刺激了国际市场的开放、社会重建的需求。20世纪70年代初期产生的信息革命与学习社会的兴起、知识在社会和经济发展的重要性与日俱增、知识的快速过时、人口的老化、营养的注重、健康的改善，导致晚年工作时间延长与早期教育的向下延伸。个人基于成长的需求，纷纷要求参与继续学习。

1965年联合国教科文组织召开成人教育促进会议（Adult Education Promotion Conference），强调统整终身教育的重要性。自此以后，终身学习的发展取向，扩展到整个国际社会（转引自吴明烈，2004）。1972年联合国教育科学暨文化组织（UNESCO）的国际教育委员会提出法尔报告书（Faure Report）中，特别强调终身学习（Lifelong Learning）的理念。1976年美国颁布"终身教育法"，并订定为期五年的计划，激励全民的终身学习活动，1978年美国联邦政府订定"终身学习计划"以推动终身合作活动。1996年经济合作发展组织（Organization of Economic Co-operation Development, OECD）部长级的会议中，提出"实现全民终身学习"（Making Lifelong Learning for all）的要求，确立国家要负起提供全民终身学习资源的义务，欧盟各国更将1996年确定为终身学习年。从此各国对终身学习提出一连串的计划和策略。[①]

综上所述，在联合国教科文组织（UNESCO）、欧盟（EU）和经济合作发展组织（OECD）等共同推动下，世界各国纷纷参与和应，终身学习慢慢受到重视。我们作为地球村的一分子，必须要与世界潮流相一致，学习新知识。

1985年Knapper和Cropley经过综合分析后，认为影响终身学习的因素有五点：（1）现代生活的变迁；（2）工作需求的变迁；（3）社会文化的变迁；（4）特殊群体的需求；（5）职业的分化。[②]

终身学习理念受到普遍的重视与推动，蔡培村（1999）认为有以下几点因素：（1）人本思想的影响：人本主义强调人的自觉及平等原则，主张人应以有意义的活动来肯定自己生命的价值，学习如何工作或如何生活（learning how to do or how to be）来创造生命价值，以及人人皆有学习的权利，要共融生命的价值，需要不断的学习。（2）社会快速变迁：变迁产生贫富差距，造成社会隔阂，为了消除社会的潜在对立，促进社会和谐与融洽，参与学习活动已是必要的事实。另外，变迁造成职业结构的改变，职场技能变革，更使人类必须不断学习，才能因应行为技术的转换与革新。再者，社会与经济的发展，依赖知识与技术不断的更新，而更新靠不断的学习，终身学习已是不争的重要行为。（3）人类生命延长：生命延长造成人的发展任务或有延后或重新分配的现象，工作与生活形态受到

---

① OECD, *Lifelong Learning For All*. Meeting of the Education Committee at Ministerial Level. 16 – 17. Paris：OECD, 1996.

② Knapper, C. K., & Cropley, A. J., *Lifelong Learning and Higher Education*, London：Croom Helm, 1985.

社会变迁的影响，个体不断学习方能顺利完成任务。

综上所述，我们可以看到，终身学习的成因主要是社会的高速发展，特别是科技发展一日千里，要求更高的人才。而人才的配备，需要教育，教育需要教师，引发学习的更高需求。外在环境发生变迁，导致人们的思想发生改变，教师要通过不断进修与学习，达到自我完善，从而与社会发展相一致。

3. 终身学习的含义

"终身学习"，英文为"lifelong learning"。科罗斯（Cross, 1981, p.253）指出终身学习有"模糊、有明显的不一致，其意义依各种不同的解释而定。它可以是一种术语、一种过程、一组活动、一种观念架构、一种会议的口号和一种教育哲学"。杨国赐（1988）指出终身学习一词虽然在国际经常使用，但仍缺乏为大家所共同接受的定义。Usher（转引自吴慎慎，2003）认为终身学习应该被理解为一种意符，具有许多种可能的意义，而其意义从当代社会实践的位置关系中去理解。

美国提出的 Lifelong Learning Project 主张 "终身学习系个体在一生中持续发展其知识、技巧和态度的过程"（U. S. Government Printing Office, 1978, p.1）。美国成人终身学习需求研究顾问小组（Advisory Panel on Research Needs in Lifelong Learning Adulthood, 1978, p.17）指出："终身学习指个人在一生中，为增进知识，发展技能，改正态度所进行的有意义的、有目的的活动。它可能发生于正规教育情境中，如学校；或较不正规的情境中，如家庭或工作场所；教师可能是一个专业的教育者或其他具有知识的人，如熟练的工匠、生产者或同辈；教材可能是传统教科书、任何书本或新的科技，如电视、计算机；学习经验可能发生于教室中或其他场地经验中，如参观博物馆、实习。"

终身学习的重要性和必要性在当今社会是不容置疑的。自从工业革命发生后，科学技术迅速发展，国际环境之间的竞争，造成每个人对掌握新知识与技能的迫切需求，因此要求人们要掌握更高、更新的知识。世界和社会大幅度地改变，间接地导致教育与社会、政治、经济的关系也跟着改变。终身学习是世界和社会发展之下的必然趋势。未来人们只有不断加强终身学习，才能立于不败之地，不会被世界潮流所淹没。

4. 终身学习的发展历程

终身学习受到各国的重视和推广，是终身学习本身有着举足轻重的功能，它让社会不断向上流动和发展。同时，一些重要的国际组织和机构，如联合国教科文组织、经济合作发展组织等，在举办会议和活动的时候，往往会发表报告书、出版刊物、召开重要国际会议提出执行方案、计划。而这内容讯息带给世人重要的启示，让他们明白到终身学习的重要性。因此，这些国际组织或机构对终身学习在全球范围的推广、发展做出重大贡献。

（二）动机理论

动机是一个很普通但却抽象的名词，与驱力、诱因等意义相近，它是激发及引导个体内在行为的一种动力。台湾心理学家张春兴（1994）认为，动机是人类行为最复杂的一面，潜藏于个体内心抽象的概念。任何一种行为的背后，都可能蕴藏着多种不同的动机，他把动机定义为：动机是引起个体活动，维持已引起的活动，并促进该活动朝向某一目标进行的内在作用。在此所指的活动，自然是指行为，维持着活动朝向某一目标，是指个体行为的表现方式。

同时，个体的行为背后都隐藏着不同的意念及想法，包括蕴藏着许多不相同的动机，而且这些动机通常不止一个，可能包含着多个错综（林如萍，1991；张春兴，1994）。例如一只缺食超过习惯时间的狗，将表现出不安而活动，活动的目标是寻找食物，直到最后得到食物，活动才会停止。但是，由于个人动机较为多元和复杂，较难用单一或相同因素去解释它的变化，要从外、内在动机去推动行为的发展。因此，我们可以这样理解，动机的产生及驱使，让行为变得更有目标、意义和真实。

兹将选取与本研究较为相关的重要动机理论，分别介绍如下。

1. Maslow 需求层次理论（hierarchy of needs theory）

Maslow 于 1954 年初次提出需求层次理论。此理论在动机理论研究中显得极为重要，对后世影响深远。他认为人类的需求可分为七个等级，由低到高，低等的需求满足后，个人才会追寻较高层次的需求。

Maslow 的需求层次理论存在着不同层次高低的等级。只有当最基本需求获得满足后，个人才会产生成长需求。然而，由于人类行为具有多变、复杂的性质，每一阶段的需求都不只局限在某一阶段，同一时段的需求是多样的，而不是单一的，它可能同一时间停留在不同层次上。由此足以证明，个体行为的背后所隐藏的动机是多种并存的，如图 2-1-1 所示：

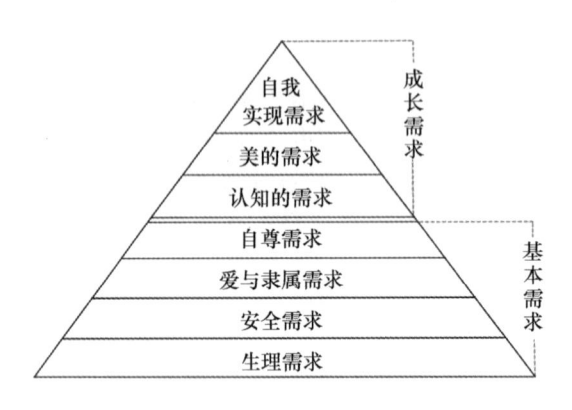

图 2-1-1　Maslow 需求层次论图示

资料来源：Maslow，1970。

在人类动机的研究中，张春兴（2003）指出 Maslow 的需求层次论已成为一种重要的概念，其理论的基本假设为：

（1）人类学习不是外在的，而是内发的，具有内发的成长潜力。

（2）人类所追求的各层需求，不但有高低之分，而且排成一个层级，必须较低层次需求得到满足后，个人才能意识到较高层次的需求，继续往上一层次追求。

（3）在成长的需求下，个体追求的目标物是无限的，无论是求知或求美，都是永无止境的，一切都是为了追求自我的实现。

从需求层次理论看教师的发展，表现为教师个体在基本的需求得到满足后，将会渴望实现个人的愿望，希望个人的成就和能力得到教育同工和学校的认同，甚至得到社会的认可和肯定，提升个人的社会地位。故此，教师在教学生涯中，在职进修就是完善自我需求和自我实现的过程，在职进修让教师的知识和能力得到提高，在工作中获得满足感和成功感，向自我实现的最高境界出发。因此，本研究强调教师在职进修过程中，要重视调动他们工作的积极性，教师要掌握所处于哪个需求层次上，进行有的放矢的进修学习，满足需求。

2. Miller 的势力场分析论（Force Field Analysis）

Miller（1967）根据 Maslow 的需求层次论、Lewin 的场地论和 Gans 的社会阶级论，提出成人参与教育活动的动机，用以解释成人参与继续教育活动与社经地位的密切关系。Miller 指出个人愿意自动参与继续教育，显示其本身具有某些需求存在，而个人的需求来自生活所在的社会结构和势力，个人需求和社会势力两种变项的交互作用，可用以预测参与继续教育动机的强弱。

Miller（1967）应用 Maslow 的需求层次理论，说明社会阶级较低者对生存所需的教育、工作训练和成人基本教育感兴趣。而社会阶级较高者可能对成就感和自我实现的教育活动有兴趣，显示个人本身某些需求的存在，而这些需求是来自其生活所在的社会结构和势力，个人需求和社会势力两个变项交互作用，可用以预测参与继续教育动机的强弱。当个人的需求和社会势力均属强烈，两个变项交互作用产生某种很强烈的意愿，反之，得到的结果也相反（张明丽，1996）。

Miller 应用 Lewin 的正向和负向势力（postitive and negative forces）的概念来说明动机力量的强弱。结果指出，对低社会阶级者，往往是负势力较为强劲，形成社会阶级较低者参与教育活动的动机偏低；而对社会中阶级而言，却是正向势力的推动，所以能够强化其学习动机。因此，Miller 认为成人教育市场很容易吸引中阶级参加，但是对低社会阶级者的吸引力相对较弱。

同时，以低社会阶级而言，其正向势力有四种，分别为：（1）生存需求；（2）技术需求；（3）妇女的安全需求；（4）政府改变阶级结构的努力。负向势力有五种，分别为：（5）男性文化取向；（6）对教育和中等阶级目标的敌视；（7）训练完成后，缺乏立即的、特别的工作机会；（8）欠缺教育活动管道；（9）家庭结构不健全。

以上两种正、负势力对抗的结果如中间的水平线（如图 2-1-2）所示，图中的水平线相当低，显示参与活动的动机偏低。

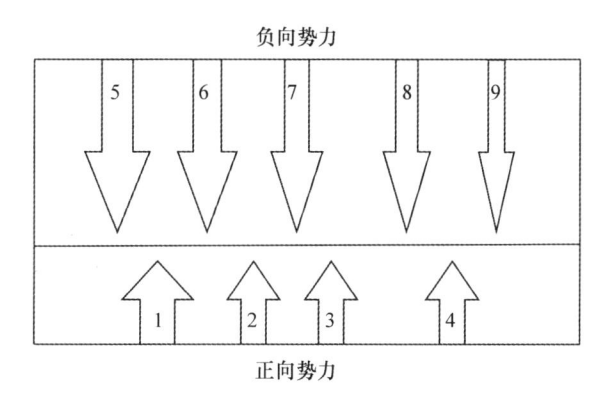

图 2-1-2 Miller 对低社会阶级参与教育活动动机势力场分析

资料来源：引自江志宏（2005），第 42 页。

由上可知，影响教师参与在职进修的动机因素是多样的，正、负向势力都是同时存在，如家庭因素，教师的家人生病，要照顾亲人而不想参与进修；家中的小朋友太小，需要照顾小孩而不想参与进修；工作负担过重，身心皆累而不想参与进修；进修内容并不吸引，沉闷乏味而不想参与进修等。以上一系列的生活、工作的问题，妨碍教师参与在职进修，缺乏进修动机。可是，只要充分发挥正向势力的作用，可以扭转上述负向势力的根源，如创设机会让教师参与进修，减少星期六、日，或公众假期等进修时间，安排上班时间进修。同时，让教师休教、脱产进修，进修课程要以教师的实际工作中遇到的现实问题为主，使进修内容具有实效性和操作性等。通过这些有效的方法和措施，吸引教师参与在职进修，有效推动教师进修动机的正向势力。

3. Vroom 的期望理论

随着需求动机理论的发展，从 20 世纪 60 年代开始，产生另一种与需求理论不同方向的动机理论，被称为"过程动机理论"。其中以 Vroom（1964，引自秦梦群，1988）为代表人物。Vroom 认为期望理论目的，在探讨欲望、需求、期待及结果的心理历程，其基本假设认为，不同个体有不同的欲望、需要以及目标，并且这些想法亦会随着环境及自身心智成熟的增长有所改变。人们会从过去的经验中学习，并以理性的态度面对抉择，在选择的时候常常是以行动得到多少预期结果的机会比率，作为衡量或选择的依据。

期望理论由三大部分组成，一是"期望"（expectancy），二是"吸引力"（valence），三是"实用性"（instrumentality）。这三者的概念如下。

第一，吸引力为第一步：指不同结果对于个体产生不同的吸引力。例如：升职、加薪、获得重用，以及取得硕士、博士学位，吸引力的大小决定个体动机的第一步；第二，期待为第二步：指个体达到"第一步"的结果后，个体行动的直接成果的自信心和机会比率；第三，实用性为第三步：指第一步结果发生后，第二步结果产生的机会比率。简单地说，第二步结果才是个体动机的终极目标。例如：假如我工作努力、负责，教学效能自然好（这是第一步）。故此，校长对我看法与众不同，必然会升职加薪（第二步结果），所以第二步的结果是个体动机的最后目标。如图 2-1-3 所示：

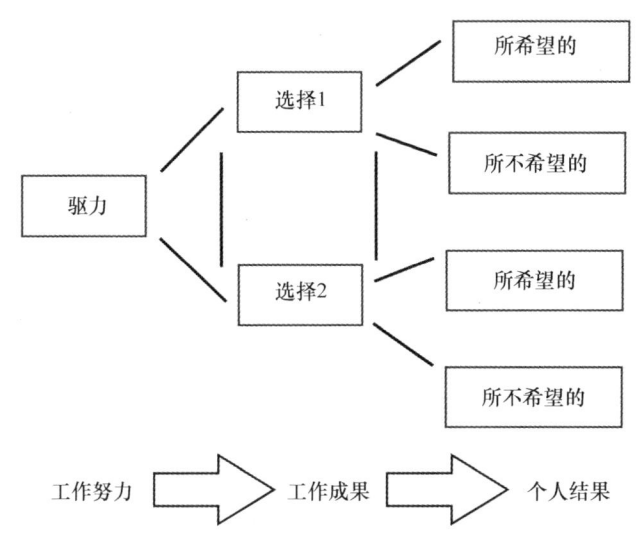

图 2-1-3 Vroom 动机模式

资料来源：秦梦群（1999），第 397 页。

综合以上需求层次理论和期望理论的观点，我们可以明白，每当人类的最基本需求被满足后才会产生更高层次的需求，不断促进自身成长，教师工作也是如此。世界各国不断重视教育发展，加大对教育的投入，教师工作环境得到改变。首先体现教师基本的生理需求获得满足，改变过去长期薪酬待遇较差的情况，教师匮乏的感觉得到改善。教师在工作岗位中，通过参与在职进修，如参与课程进修，硕士学位、博士学位等更高学历的进修，不断学习，不断成长，就符合需求理论的内在成长动机。以期望理论的观点看教师参与相关的进修和学习，或者进修更高学历，有可能期待进修后，为教师带来工作上的需求、满足和成功，为教师带来更多支持措施，如晋升加薪等，实现期望理论最终目的。

4. Boshier 的一致模式（Congruence Model）

Boshier 在（1971，1973，1977）根据 Maslow 的动机理论和对参与者动机分析，以及对新西兰成人教育课程的参与者、非参与者和退学者的研究结果，提出一致模式理论。Boshier 认为个人参与学习活动，是其"内在心理变项"和"外在环境变项"之交互作用，也就是假定个人参与的学习动机是由内在自我和外在社会二者互动的一致性来决定。他认为个体在自我和教育环境的不一致经验愈多，他的参与学习可能性愈低。因此，根据以上判断，Boshier 提出成人教育的参与者可分为两类：一是匮乏动机（deficiency motivation）者，指参与学习活动是受外界环境和社会压力所驱使，是为了满足他人的要求、期望或为达到某种目的之一种手段；二是成长动机（growth motivation）者，指参与学习活动在于"实现而非应付"，主要目的是达到自我实现的境界，其行为的动力来自个体内在。Boshier 指出"匮乏动机"实际上与"内在自我不一致"的意义相近。成人教育的参与者如果感到内在自我不一致、自我和他人不一致或自我和环境不一致，就会产生退学的念头不愿参与学习。相反，成长动机者能够自我接受，认为自我与他人一致，对教育环境感到满意，愿意参与学习。Boshie 的参与动机模式如图 2-1-4 所示：

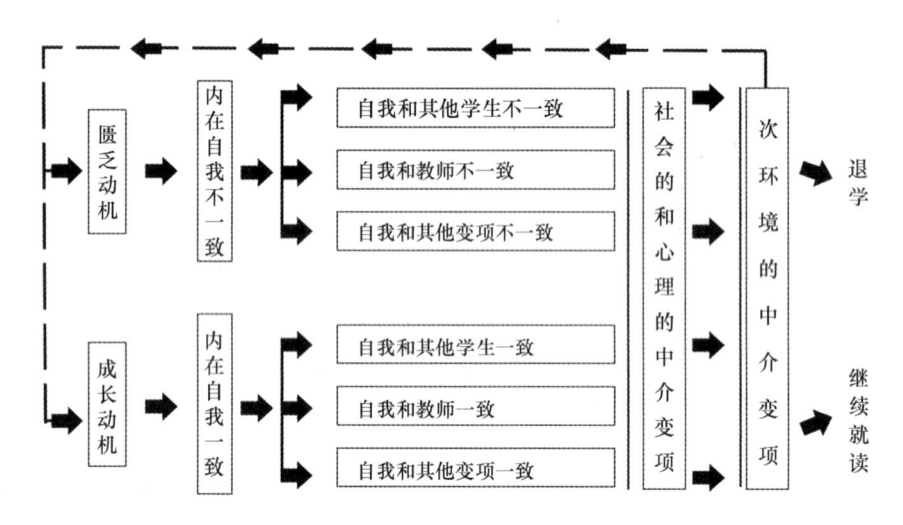

图 2-1-4　成人教育参与动机、一致、中介变项和退学关系的假设模式
资料来源：Boshier, 1973, p. 257。

Boshier 的一致理论指出成人学习和教育环境互相配合的重要性，而且认为成人参与成人教育的一个重要因素就是个体自尊。如果对自我消极评价者，不可能有获得成功机会，也不可能与环境教育相一致，会产生退却的心理。从这一理论出发看教师参与在职进修的动机是来源于本身认为，有需要从外在的教学机构学习新知识和技能，以符合社会、学校和自己的期待。当教师受到教师们、学校领导等的赞扬和信赖的时候，教师自身就会变得更加积极，充满自信，内心为了自身发展，变得主动去维持这些评价而努力工作。因此，在参与进修上，教师力求自我成长，以得到更多好表现，其中教师学习行为也会变得主动与持续。但是，教师的性别、年龄、社会级别等变化因素，会影响教师在职进修动机。只有动机明确，教师才能完成进修，否则当动机不够明确时，面对困难，他们也许会选择逃避，甚至半途而废，终止进修活动。

5. Rubenson 的期待价量模式（Expectancy-Valence Paradigm）

Rubenson 的期待价量模式理论来源于心理学家的动机理论。他的理论主张人类行为系个体与环境交互作用的结果，动机的强度系由存在个体与环境中正、负向力量之大小而定。期待价量理论模式中，期待包括两种：一是个人在完成教育活动后可能得到奖赏的期待；二是个人能够成功地参与完整学习活动的期待。二者都有正能量，此两种力量相乘，如果其中之一的力量是零，则产生的力量为零，因而就没有参与的动机（黄富顺，1985）。期待价量模式中的重要部分价量（Valance），系指将影响的力量和方向，而正负值的决定，是个人对于自己努力后可能带来的结果做一个计算，在得失之间取得一个数值，而价量就是这些预期结果的总和。例如，教师参与进修教育活动有机会能够获得较高的待遇，但是，参加进修教育活动也可能造成家庭生活的不便和损失而产生负值，价量就是这些预期结果的总和（郭兰，2002）。Rubenson 的期待价量模式如图 2-1-5 所示：

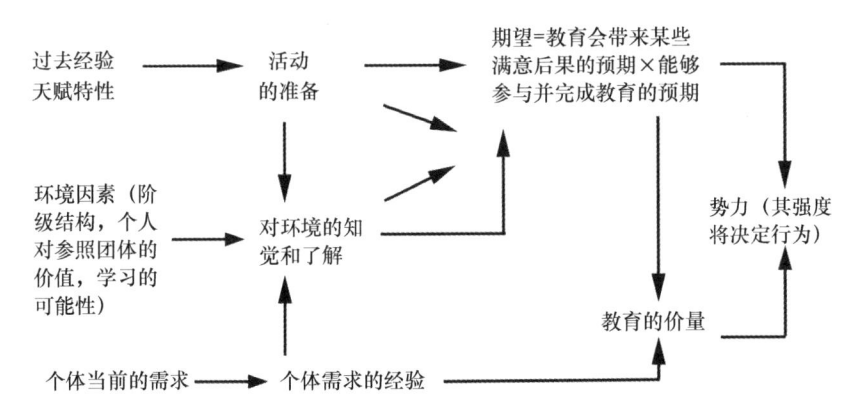

图 2-1-5　Rubenson 的期待价量模式

资料来源：引自林如萍（1991），第 32 页。

综上所述，我们可以看出，教师或多或少按照已有经验、环境因素以及个体自己的内在需求参与各种在职进修活动。为了参与进修活动，教师便去找合适的进修内容、地点、时间以及机构，个体对进修的细节有所了解，对进修结果有所衡量。如果进修结果符合自己的期望，就能激发教师进修动力，完成进修活动，相反，假如教师认为进修后的期望不理想，就会产生放弃进修念头。

6. P. Cross 的连锁反应模式（Chain-of-Response Model）

Cross（1982）提出一种概念架构，试图说明影响参与学习活动的有关变项及其交互关系。Cross 把此种理论称为连锁反应模式（COR），其基本前提为无论是有组织的教育活动还是从事自我导向的学习活动，非单一行动，而是一种连锁反应的结果。参与像一道连续的水流，而非一系列各自独立的事件。参与的动力开始于个体内部，并依一定的次序向外发展。此模式有七个要素，即自我评鉴、对教育的态度、参与行为可能达成重要的目标与期望、生活转换、机会和障碍、讯息和参与等。其关系如图2-1-6所示：

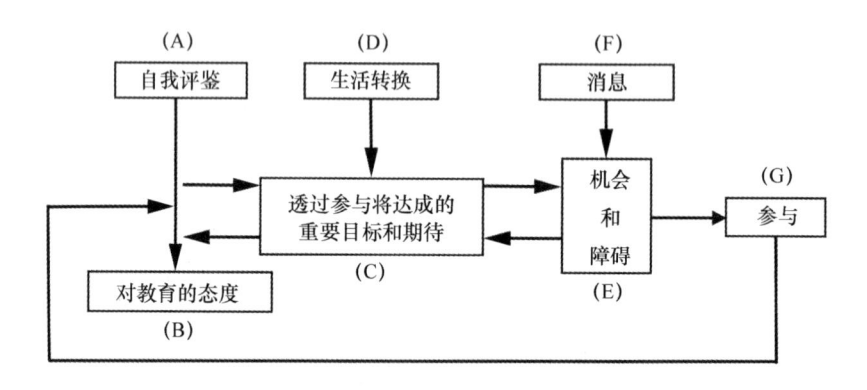

图 2-1-6　COR 成人参与学习活动模式

Cross 认为自我评鉴是形成参与的起点，经由过去的研究显示，某些稳定的人格特质在成就动机上扮演重要角色，而教育也是一种成就动机，故自我评鉴与成人参与学习活动的行为有关。Cross 的自我评鉴着重于个人的信心和成就动机。首先，她指出凡是对自己能力缺乏信心者，为避免能力接受考验，不会自动地参与学习，以免自尊受到威胁。其次，她认为个人对教育的态度，直接来自个体过去的经验，间接来自"重要他人"

（significance others）的态度和经验。图中的 A 与 B 的联结，构成了参与学习的一种稳定特性，可能是积极或消极的，二者具有交互增强作用。

参与者为达到目标和期望，根据 Lewin、Vroom、Bergstern 和 Rubenson 等人所提出的"期待价量理论"，包括两个主要部分：(A) 价量，即目标的重要性；(B) 个体可能达成目标的程度与可能获得奖赏的主观判断。而期望和自我评价间具有交互作用，高自重感者往往期望成功。生活转换反应为对生命周期的一种调适，是一种依发展任务而来的学习动力，亦即 Havighurst 的"可教时机"的观念。机会和障碍在个体的学习行为上扮演重要角色。Cross 指出如果个体具有强烈的参与欲望，则足以克服障碍，反之，若动机微弱，则难以克障碍。因此，参与动机和机会、障碍亦具有交互作用存在。"讯息"就是有关人学习活动的正确消息，亦为模式中的重要因素，缺乏讯息将导致机会的丧失和障碍的扩大。从 G 回到 A、B 旨在说明有参与成人教育经验者越可能在未来重新参与；增加自信心，创造对教育的积极态度，增加对成功的预期。

Cross 的模式将研究所得的有关变项加以综合，提出一种序列的说明，有助于了解影响变项间的关系，确有其价值所在。Long（1983）认为在诊断某些困扰课程计划人员的问题上，Cross 的模式颇具价值。譬如一般人常认为要使成人多参与学习活动，应从模式中的第三个步骤（机会和障碍）着手，即减少负向势力以增加正向势力，但 Cross 指出这显然太迟又无效，皆因参与动机强烈者，排除障碍对他们的参与并无太大影响，而对动机薄弱者又已失去时效。因此，Cross 认为成人教师及课程计划者应注重模式前三个步骤，这些都是属于心理和发展的因素。

Long 亦指出 Cross 的模式由于提出不久，尚未有人加以验证，但即使是 Cross 本人亦了解其理论模式虽为研究结果的综合，仍须进一步验证和修正。Long 认为 Cross 模式的弱点在于坚决认定自尊、个人信心和参与教育活动具有普遍一致的正向关系。他指出外控倾向者常把自己的成功归诸外在的因素，但他们仍有高度的自尊，COR 模式如何解释这类人的参与行为，不无疑问。该模式假设自重感者对教育常具有积极态度，也是值得怀疑的。这些批评均关系到 COR 模式的基本特性，在应用上要加以注意。

综合以上各种动机理论，我们可以看出，在行为的背后，每个人都隐藏着不尽相同的动力和意志，这些动机不断让个体产生有目的或有企图的行为。不同动机的原动力不同，是多层级的，原因是个体受到外界环境或压力刺激影响而产生的行为属于外诱性动机，有可能是由于个体内发性的动力是内显性动机。相对来说，教师参与在职进修活动是十分必要的，提升发动教师参与在职进修活动的意愿，是教师迈向专业成长之路。而教师参与培训的内显性动机有可能是基于个人兴趣，为满足个人教学和求知的需要，通过进修来改善教学技能和知识。另外，有可能是基于教师为追求内在心灵层面的需求、成就和追求不同的挑战与刺激，向更高目标出发等。

教师参与在职进修的外在动机有可能是来源于他人的鼓励、刺激或来源于教育行政机关的行政命令和法律，以及其他相关的外在环境因素等。例如澳门把教师在职进修时数，作为发放专业发展津贴，以及教师晋级的必要条件，而且以法律和教育主管机关强制规定教师参加进修等。

总而言之，综合上述各种不同的动机和想法，不同动机理论促进教师参与进修活动，增强他们进修动机需求和个人需求，实现他们的愿望和梦想，同时，使他们的进修得到充分的肯定和认同，促使教师积极参与进修，使他们的个人专业成长能得到提高。

第二节 教师专业成长的理论研究

一 教师专业成长的意义

（一）专业的意义

所谓"专业"，也称为"专门职业"，英文为"profession"，它是指从业者具有卓越的知识和技能，关系着别人的生死或利害。如早期的医学、神学、法律等学科，就需要有学位为专业证明，后来演变为"专业"。1966年联合国教育、科学及文化组织（UNESCO）于法国巴黎召开"教师地位之政府间特别会议"（Special International Conference on the Status of Teacher），议决采纳"关于教师地位之建议"，强调教师之专业性质，一致认为"教学应视为专业"（Teaching Should be regarded as a Profession）。因此，教师应视为专业的工作渐渐地达成共识。

1. 国外的研究

Carr-Saunders（1933）指出，专业是指一群人从事一种需要专门技术之职业，专业是一种需要专门技术之职业，专业是一种需要特殊智力来培养和完成的职业，其目的在于提供专门性的服务（引自何福田、罗瑞玉，

1992）。

M. Liberman（1956）曾于其著作《教育及专业》一书中指出专业工作应具备的八项特征（引自杨国赐，1990）：（1）为公众提供明确、独特而且重要的服务；（2）要应用智能的服务，故需系统而明确的知识；（3）需长期的专门训练；（4）适度的自主权力；（5）在自己专业权限范围内，从业者应对其判断及执行的后果负责；（6）强调服务的性质高于经济的利益；（7）组成自治团体；（8）遵循伦理信条。

Hall（1983）指出，专业内涵有两个层面：（1）结构层面，包括一种专任的行为、训练学校、组成专业组织、制订伦理规范等；（2）态度层面，以专业团体为主要参照点、服务大众的信念、自律的信念、献身事业、从事专业决定的自主权等。

Benveniste（1987）指出，专业的特征是：（1）有科学知识为基础的技术；（2）持续的进修和训练；（3）控制与选择专业成员；（4）有工作伦理的规范；（5）具有服务的热忱；（6）有专业的组织。

Ben（1990）指出，专业特征是：（1）有科学知识为基础知识；（2）持续的进修与训练；（3）控制和选择专业成员；（4）有工作伦理规范；（5）具有服务热忱及有专业的组织。

Rich（1992）指出，专业包括：（1）具有高度的类化和系统知识；（2）长期的专门和知能训练；（3）从事知能上的工作；（4）提供独特的社会服务；（5）资格取得经由一定的筛选标准；（6）设有专业伦理信条；（7）广泛的自主性。

2. 国内的研究

贾馥茗（1979）认为，专业是指从业者具备精湛的学识、卓越的能力与愿意服务奉献的精神。

程为山（1985）认为，专业是指从业者需要具备特殊高深的专门知识、技术、能力以及乐意服务奉献的崇高理想。

李俊湖（1992）指出，专业应是指具有专门的学识能力、能独立执行职务，且具有服务、奉献、热忱的行为。

王立行、饶见维（1992）认为专业指专门知识、特殊技能、使命感和责任感。

蔡碧琏（1993）指出，专业分为三个层面：专业知识与专业能力、专业精神及专业态度、需具有专业组织及专业规范。

李珀（1996）指出，教育专业包含了专业知能、专业自主、专业自律及专业成长四大内涵，而后才能获得专业尊重、建立专业权威。

周崇儒（1997）指出，专业应具备专门的学识能力、服务奉献的精神、高度的自主权，及职业伦理道德的规范。

孙国华（1997）指出，专业指相同领域成员发展共同价值观念与信仰，以实现领域的精致化与专门化；组织专业团体，建构专门知识与技能，获得社会认可。

刘春荣（1998）指出，专业包括专门的知识与能力；以利他服务为导向；成员不断的进修与成长；受到社会高度的认同；组成专业团体；团体订有伦理规范；具有高度的自主性。

何缊琪（1999）指出，专业包括从事某一种工作的成员；拥有某种程度的知识、技能与奉献精神；在执业时根据专门知识进行，并受到大众信赖。

白穗仪、郑长河（1999—2000）指出，专业指职前阶段经过长期的训练，将所获得的专门知识和能力发挥于工作生涯中，不断地学习进修与研究，结合相同领域的成员，发展价值观与信念，组成专业组织团体，服务社会，寻求社会的肯定与认可。

姜添辉（2000）指出，专业包括专门化的知识体系、一定期间的教育、不断的在职进修、利他导向、自主权、作为控制新成员的协会，此协会并能引进一套作为规范成员行为的专业伦理信条等要项。

韩明梅（2002）指出，专业的特征为：（1）是专门性的：专业人员经过长期的专门训练，具有外人不易习得的专门知识与能力。（2）是服务性的：专业人员具有服务与奉献的精神，以大众利益为依归，谋大众之福祉。（3）是自律性的：专业人员依据专业知识与标准组成自律的专业团体，并能遵守团体的伦理信条受其规范。（4）是自主性的：专业人员在社会中被赋予适度的自主性与独立性。（5）是再学习性的：专业人员须不断地在职进修吸取新知。

李玛莉（2002）指出，专业指个体于职前阶段经过长期的专门训练，具备专门的学识与能力、服务奉献的精神、适度的自主权利、制度化的权威与特性，并能不断研究进修、遵守职业伦理道德的规范，选择组成分子组成自治团体，以寻求社会的认可、信赖与支持的职业或行业。

陈燕娇（2006）指出，专业指工作领域需有精湛的学识和卓越的能力,才能独立自主执行其职务提供专门性的服务,执业期间成员持续地进修与训练,以建立合理、严谨的证照法令与检验标准,进而获得专业尊重并建立专业权威,圆满完成其工作。

林淑仪(2009)指出,专业指一群人具备精湛的学识与卓越的能力,在社会中具有其专业自主性,并能持续不断地在职进修以精进、提高专业能力,更能在专业团体内依循专业伦理的道德规范,进而提供专门性的服务。

方秋雅(2010)指出,专业指个体具备职前养成阶段所形成与就职后持续学习的专业知能、遵守组织规范的专业伦理、具有服务奉献的专业精神;且能获得社会肯定与尊重的专业自主权属之。

黄靖岚(2011)指出,专业指经由长期专门且有系统的培养与训练,进而获得专门的知识与技能,且能与相同领域的成员,共组一专业性团队以达成其专业化。在专业工作生涯之中,能主动学习,并积极参与各种能提升专业能力的学习活动、进修与研究。

综合上述国内外专家和学者的意见,本研究把"专业成长"定义为:指要经过长时间的、不断的学习和训练,以获得专门的知识和技能;并且能持续在职进修以精进教育和教学能力,以达致专业表现。以下继续从专业的定义出发,有助于研究者进一步探讨教师专业成长的意义。

(二) 教师专业成长的意义

联合国教育、科学及文化组织于 1966 年的 "教师地位之建议"(Recommendations the Status of Teacher) 中曾指出 "教学应视为专业"。从此以后,教师的专业地位渐渐地获得大多数人的认同,教师的专业发展,也就慢慢地成为众人所关心之议题。在进一步讨论教师专业成长的意义时候,必先要说明使用 "专业成长"(Professional growth) 一词的用意。

国外学者霍里(Holly)指出,专业发展有不同层次,首先是教师要专业发展,然后是其他教职员工要专业发展,只有全校教学人员都要专业发展的时候,任何教育改革才有可能成功。故此,他把专业成长(professional growth)、教师发展(teacher development)和专业发展(professional development),对象都为教师的三个名词交换使用。关于教师专业成长的论述较多,兹综合国内外学者和专家的观点,把教师专业成长的意义说明如下。

1. 国外研究

Phinney(1972)认为专业成长的活动结果亦即活动要成功地导向更

好的转变，并把专业成长分为五个阶段：有机会参加专业成长的活动；确实参加此项活动；在活动中确实有成长；教学行为成长的反省；教学后导致学生学习效果提高。教师要达到专业成长的目标，除了自身的改变，必须能增进学生的学习。

Good（1973）指出专业成长透过在职进修，提升教师专业知能，促进专业参与。

Dean（1974）认为教师专业成长是持续生长的历程，教师向同侪请教，相互观摩学习，以促进教师专业成长。

Burden（1980）认为专业成长是指教师在教学工作上四个阶段的转变，包括知识的增加，导致态度的转变，能力的增进，使得工作绩效提升等。

Harris（1985）认为教师专业成长指教师在个人知识、技能方面的一种更新、改进与扩展的行动。

Hungerford（1986）认为专业成长是指教师在生涯中积极的引导，使个人的职务有所增长。

Tindill & Coplin（1989）认为专业成长是教师自我选择专业成长与发展活动，以充实专业的历程。

Erffermever与Martarv（1990）把教师专业成长看成是一种透过工作表现，从事与增进有关个人专业知识及技能的自我改善及意愿。

Bell（1991）认为教师专业成长的目标在促进教师个人以及学校群体的成长。

Duke（1993）认为专业知识成长不同于教职员发展，成长意味知识的转化，成长是质的改变，导向一种了解的新层次，而且是非目前可感受到的理解。

2. 国内研究

高强华（1989）认为教师专业成长包括正式进修管道、研讨会、研习的人际交往及沟通、参加专业组织活动、阅读期刊、写作、参观访问、参与课程设计、协同研究、向师长请教及同侪活动。

吴明清（1990）认为从兼顾职务的成长及个人的成长两方面来看教师专业成长，一是经由主任到校长可视为一种专业的成长。另外，从老师的角度出发认为，在教学方法、专业知识、对学生的态度与方法，要有所成长与改进。

蔡碧琏（1993）认为教师专业成长指教师在教学生涯中，不断追求个人专业知能、技巧与态度等进步与发展的努力及意愿，涵盖正式和非正式，使教师积极成长的各种活动。

沈翠莲（1994）认为教师专业成长是指教师在教学生涯中，为提升个人的专业知识、能力、态度和技能，主动积极参与正式和非正式的学习进修活动，使得个人在教学知能、班级经营、学生辅导和人际沟通等方面，能更为成长的历程。

钟任琴（1994）认为专业成长是指教师在生涯表现上，从事有关增进个人专业知识和技能之自我改善活动的能力和意愿。

饶见维（1996）认为专业成长是指一个人历经职前师资培育阶段，到在职教师阶段，直到离开教职为止，在整个过程持续学习与研究，不断发展其专业内涵，逐渐迈向专业成熟境界。

刘世闵（1996）认为专业成长是指教师个人持续性地参与各种形式的进修活动，改进自己教学之知识与技巧，促进教师个人成长及组织整体发展的正面成长，以达成教育专业的目的。

周崇儒（1997）认为专业成长是指教师在专业领域中不断追求知识、技能与态度成长或发展的历程，以改善教学质量，提升教育的绩效。

孙国华（1997）认为教师专业成长是教师在教师工作生涯发展中，对于教学技巧、实质知识与专业态度等各个层面继续不断成长、更新的历程。

刘春荣（1998）认为教师专业成长指教师为适应教改，符合生涯发展规划，参与进修的努力，以提升个人专业知识、增进工作态度、满足心理需求。

吕锤卿（2000）认为专业成长是指教师在专业知识、技能与态度上有所改变，逐步达到自我期望的水平，而能合理地做专业判断，有效率地从事教学工作。包括教师专业知识、专业态度、自我期望与教学效能等。

王玉敏（2001）认为专业成长是指教师在教学生涯中，以正式及非正式的方式，获得专业知能、教学技巧、专业精神等持续成长，落实终身教育理念的历程。

张哲豪（2002）认为专业成长是指教师在教学生涯中，持续参与各种学习活动，经由反省思考、寻求专业知识、专业技能与专业态度成长的历程。

郭木山（2005）从学校本位专业发展出发，将教师专业成长定义为教师专业成长的空间不以上班为限，而进修时间也不限于上班、上课时间，可以随时为之。学校本位的教师专业成长强调自身需求、重视自主参与权利的再分配，也希望专家学者共同参与教师专业成长的计划，其目的在于促进教学理论与实践的结合，落实"教师即研究者"之理论。

陈燕娇（2006）认为教师专业成长乃教师经由各种管道，使自身的专业知识、专业技巧及专业态度改善或提升的过程与结果。

陈政芳（2007）认为专业成长是指教师在教学工作历程中，主动积极持续参与各种正式与非正式的学习活动，获得教师反省思考的机会，增进专业知识和专业技能，同时改善专业态度，不仅能够改变自我专业能力与表现，以符合工作上的需求与学生的需求，更能达到学校发展的目标，提升教育的质量。

洪莉欣（2007）认为教师专业发展是指教学工作中，主动的、积极的、持续参加各种正式与非正式的学习活动，以促进专业知识、专业技能、与专业态度的提升与增进。

姜礼琪（2008）认为教师专业成长具有系统性的过程，其目的在于增进教师的专业知能，借由有意义的进修，进而提升教师的教育理念与教学态度，提升其教学质量，引导学生有效地学习。

蔡义德（2010）认为教师专业成长指教师工作乃是一种专业工作，教师即是持续不断发展的个体，教师在职场生涯，应持续不断地精进探讨相关知能，进而提升专业素养及专业表现，进一步帮助学生促成个人品格、智慧发展，以达成学校教学目标，进而不断评估与改进的连续性历程。

黄靖岚（2011）认为专业成长指教师在其教学生涯中，因应时代潮流环境变迁，为了强化或提升自我的专业知能及教学质量，透过正式与非正式学校本位或校外的学习进修活动，使得个人在教师专业的知识上、态度上、及技能上有所增能成长，以促进教师自我生涯发展，达成学校目标的历程。

许凯筑（2014）认为教师专业成长是指教师在教学生涯中，会主动积极参加各种进修活动，可以参加正式或非正式的活动，增进教师专业能力。专业知能包括班级经营、教学设计、学生辅导等，同时，反思在专业成长中也占有一席之地，此行为可以促进教师内省进一步成长。

蔡芳珠（2015）认为专业成长指教师在教学生涯中，积极主动通过参加正式与非正式、学校本位或校外的学习进修活动，提升教师自我的专业知能及教学技能，使得个人在教师专业的知识、技能及态度上有增能成长，有效提升教学质量及达成学校目标的历程。

综合以上国内外学者与专家的意见，本研究把"教师专业成长"定义为：教师在教学生涯中，为了增进个人专业知识、专业技能和专业态度，不断参加各种正式与非正式的研修培训活动，通过持续学习提升教师的教育理念与教学态度，以促进教师的生涯发展，改善学生质量，达致优化学校目标的历程。

二　教师专业成长的内涵

本研究综合国内外专家对教师专业成长内涵的看法，其中既有相类似的，也有不相同的，兹将各专家学者对教师专业成长内涵的看法和定义进行整理，见表2-2-1：

表2-2-1　　　　　　　　教师专业成长内涵汇整表

	教学知能	一般知能	学科知识	学科教学知识	班级经营	教育新知	人际关系	研究能力	批判及反省能力	专业态度	行政管理	辅导知能
Phinney（1972）	※	※	※	※								
Burden（1980）	※				※		※	※		※		※
Harris（1985）	※		※									
Shlman（1987）	※	※	※	※	※	※						※
Erffmeyer & Martary（1988）	※	※			※		※					※
Moore & Looper（1997）	※	※	※	※								
吴清基（1990）	※		※	※								
李俊湖（1992）	※		※				※					
沈翠莲（1994）	※				※		※					※
蔡培元（1995）	※		※		※	※				※	※	※

续表

	教学知能	一般知能	学科知识	学科教学知识	班级经营	教育新知	人际关系	研究能力	批判及反省能力	专业态度	行政管理	辅导知能
饶见维（1996）	※	※	※							※		
孙国华（1997）	※	※	※		※	※				※	※	※
周崇儒（1999）	※				※		※					※
白穗仪（1999）	※	※					※			※		
陈静婉（2001）	※				※	※				※		
高义展（2002）	※										※	
陈思婷（2004）		※	※	※				※	※			
陈燕娇（2006）	※				※		※			※		※
吴佩珊（2006）	※				※			※		※		※
洪莉欣（2007）	※	※	※									
李嘉彰（2007）	※				※		※	※		※		※
蔡义德（2010）	※					※	※			※		※
黄靖岚（2011）	※				※					※		
许凯筑（2014）	※				※					※		

综合上述国内外专家学者对教师专业成长的内涵的探讨和分析，虽然大家对专业成长的内涵之间的划分形式各有不同，但是研究者尝试将之归纳、整理后，从三大范畴出发，分别为认知、技能、情意来涵括各个要项。

通过上述的分析和概括，本研究拟将教师专业成长的内涵划分为五大层面，包括：教学知能、班级经营、一般知能、辅导知能、专业态度。由此组成本研究"教师专业成长的内涵"之研究焦点层面。

三 教师专业成长的相关研究

近年来，由于社会发展迅速，教育政策不断地在更改浪潮中进行一连串的重大变革，教师为了本身的专业地位，他们的专业成长变得极为重要。同时，教师被视为可以永续教师事业发展的工作，所以应重视个人的专业成长。为了进一步了解教师专业成长，本研究将国内外关于教师专业成长之相关文献,叙述如下。

(一)李俊湖(1992)在其《小学教师专业成长与教师效能关系之研究》一文中,以台湾北、高两市金马地区小学教师为研究对象,并设定三个教师专业成长变项,分别为:"教学发展"、"个人发展"和"组织发展",研究发现:

1. 性别上,男性教师整体发展较高;
2. 服务年资上,年长者专业发展较高;
3. 学历上,专业成长以研究所最高,依次是师大、师专、一般大学及高中;
4. 职务上,兼任行政工作者专业成长较高;
5. 学校规模上,六班以下在教学发展上较低;
6. 任教地区并无显著差异。

(二)蔡碧琏(1993)在其《国民中学教师专业成长与其形象知觉之研究》一文中,以台湾地区初中教师为研究对象,并设定九个专业成长变项为:修习学位或学分、研究教育的新观念、发展个人教育理念、参加研讨或研习、改善教室管理技巧、改善人际沟通技巧、尝试与评估新观念、利用小区资源,研究发现:

1. 性别上,除在改善教学评量技巧上,其余并未造成两性教师差异;
2. 年龄上,不同年龄层在专业成长层面上各不相同;
3. 服务年资上,不同年资教师的专业层面各不相同;
4. 职务上,兼任行政工作者整体的专业发展较佳。

(三)沈翠莲(1994)在其《小学教师专业成长、教学承诺与教学效能关系之研究》一文中,以台湾地区小学教师为研究对象,并设定四个教师专业成长变项,分别为:教学知能、班级经营、学生辅导、人际沟通,研究发现:

1. 性别上,两性教师并无显著差异;
2. 服务年资上,年资越长者专业成长较佳;
3. 学历上,师范院校显著高于非师范校院;
4. 职务上,级任教师、兼任行政工作者显著高于科任教师;
5. 学校规模上,以13—24班显著较高;
6. 任教地区上,城市学校显著较高。

(四)孙国华(1997)在其《国民中小学教师生涯发展与专业成长之

研究》一文中，以台湾北、高两市金马地区初中和小学教师为研究对象，并设定八个教师专业成长变项，分别为：教学技术、教育新知、班级经营、学科知识、学生辅导、行政知能、一般知能、专业知能，研究发现：

1. 性别上，男教师在教育新知显著高于女教师；
2. 服务年资上，以服务 10—20 年较高；
3. 学历上，研究所和大学毕业显著高于专科学历；
4. 职务上，在教育新知上是兼任行政工作者较高，班级经营上是级任教师较佳，行政知能方面是兼任行政工作者较佳；
5. 学校规模上并无显著差异；
6. 任教地区上并无显著差异。

（五）冯莉雅（1997）在其《国中教师角色冲突、专业成长与其教师效能感关系之研究》一文中，以高雄初中教师为研究对象，设定教师专业成长变项，分别为：教学知能、教室管理、学生辅导、教学技术与态度、人际沟通，研究发现：

1. 性别上，女性教师整体的专业成长较高；
2. 婚姻状况上，已婚教师在教室管理、学生辅导、人际沟通上较优；
3. 服务年资上，5 年以下教师在教学知能较佳，在教室管理、人际沟通较差；
4. 学历上，师范校院或教育学院系毕业者较差；
5. 学校规模上，以 40 班以下的教师专业成长较佳；
6. 职务上，兼行政工作教师较佳。

（六）白穗仪（1999）在其《国民中学组织学习与教师专业成长关系之研究》一文中，以中部四县市初中教师为研究对象，并设定五个专业成长变项，分别为：学生辅导与管理知能、教学知能、教育新知、一般知能、人际关系，研究发现：

1. 性别上，并未造成显著差异；
2. 服务年资上，服务较久者专业成长较佳；
3. 学历上，不同程度并无显著差异；
4. 职务上，兼任行政工作在教育新知上较佳；
5. 学校位置上，不同地区并无显著差异；
6. 学校规模上，不同规模学校并无显著差异。

（七）任东屏（1999）在其《硕士程度的女性小学教师专业发展研

究》一文中，以小学教师为研究对象，并设定四个教师专业成长变项，研究发现：

1. 性别上，男性教师专业成长显著高于女性教师；
2. 年龄上，年纪轻者在教师通用知识上发展较佳；
3. 服务年资上，年资越久，教师专业发展越佳；
4. 婚姻状况上，无显著差异；
5. 职务上，担任行政工作者，整体教师专业发展较佳；
6. 学校规模上，6班以下教师整体专业发展较差；
7. 学校地区并无显著差异。

（八）陈静婉（2001）在其《国民小学教师在职进修与专业成长知觉之研究——以彰化县为例》一文中，以彰化县地区公立小学教师共850位为研究对象，并设定五个教师专业成长变项，分别为：教育知识、教学知能、班级辅导技能、专业态度、自我成长，研究发现：

1. 性别上，男性教师的整体专业成长和各个层面得分显著高于女性教师；
2. 年龄上，50—59岁教师在专业成长知觉之"教学知能"、"班级辅导技能"与"专业态度"明显高于20—29岁、30—39岁教师；
3. 服务年资上，21年以上教师在专业成长知觉之"教学知能"、"班级辅导技能"与"专业态度"情形比年资2—5年教师为佳；
4. 学历上，不同教师在专业成长知觉之"专业态度"有显著不同；
5. 婚姻状况上，已婚教师在专业成长之"专业态度"得分高于未婚教师；
6. 职务上，不同职务教师在专业成长知觉上无显著差异；
7. 学校规模上，不同学校规模教师在专业成长知觉上无显著差异；
8. 学校位置上，不同学校位置教师在专业成长知觉上无显著差异。

（九）韩诺萍（2002）在其《小学教师参与学士后在职进修之动机与其专业发展情形》一文中，以台东县各小学教师为研究对象，并设定五个教师专业成长变项，研究发现：

1. 性别上，男教师在"一般知能"上高于女性教师；
2. 婚姻状况上，在整体专业发展上，已婚教师显著高于未婚教师；
3. 服务年资上，年资11—15年之教师在"一般知能"、"教学知能"、"班级经营"、"专业精神"等层面中，表现均高于5年以下之教师；

4. 职务上，教师在"一般知能"层面因不同职务而有显著差异，主任者在此方面之平均数显著高于级任教师；

5. 学历上，在"班级经营"、"专业精神"两个因素中师范、师专生比师大、师院或教育系来得高；

6. 学校位置上，市区教师在"教学知能"、"班经经营"、"专业精神"三个层面上显著高于一般乡镇、山乡或特偏地区；

7. 学校规模上，不同学校规模教师之专业发展并没有一项达到显著差异；

8. 族群上，不同族群教师在专业发展上无显著差异；

9. 进修类别上，曾经参与研究所进修之教师在专业发展的五个层面"教育新知"、"一般知能"、"教学知能"、"班级经营"、"专业精神"均显著高于未曾参与研究所进修之教师，同时，在整体专业发展上曾进修者也显著高于未曾进修者。

（十）吴慧玲（2002）在其《高雄国民小学教师不同在职进修方式与其专业成长之比较分析》一文中，以高雄市立小学教师为研究对象，并设定三个教师专业成长变项，分别为：教学策略、学生辅导、人际关系，研究发现：

1. 性别上，在教师专业成长"人际沟通"层面中，男性教师的得分显著比女性教师高，即男性教师在专业成长显著高于女性教师；

2. 服务年资上，不同服务年资教师在"人际沟通"层面上的得分显著差异，服务年资在21年以上组得分显著高于1—5年组，显示服务年资在21年以上的教师其人际沟通层面比服务年资1—5年的教师较好；

3. 学历上，不同学历的小学教师，对其专业成长并无显著差异，教师专业成长不因其学历背景不同而有差异；

4. 婚姻状况上，在"人际沟通"与"整体专业成长"的得分有显著差异，已婚组显著高于未婚组，显示已婚教师其"人际沟通"得分高于未婚教师；

5. 职务上，不同职务的国民小学教师在专业成长并无显著差异，教师专业成长不因担任职务不同而有所不同；

6. 学校规模上，不同规模对教师专业成长并没有显著差异，即学校规模大小对教师专业成长并无显著影响。

（十一）陈思婷（2004）在其《三所国立师范大学科学教育研究所教

学硕士班学生在职进修动机与专业成长之研究》一文中，以三所师范大学科学教育研究所教学硕士班之毕业生为研究对象，并设定五个教师专业成长变项，分别为：一般教学知识、学科知识、学科教学知识、研究能力、批判与反省能力，研究发现：

1. 性别上，不同性别教师在专业成长总分上并无显著差异，女教师在"学科教学知识"层次之"教学时更重视学生之迷思概念"的成长较男教师好，且有显著差异；

2. 服务年资上，不同服务年资教师在专业成长上无显著差异；

3. 教师专业成长的五个层次皆彼此相关，各层次之间有相互影响关系，"学科知识"层次与其他层次之相关性很强，其中与"研究能力"层次之相关最高。

（十二）张育甄（2004）在其《花莲县国民中小学教师在职进修方式及其专业成长之研究》一文中，以莲花县各公立中小学教师为研究对象，并设定三个教师专业成长变项，分别为：教学知识、教学技能、教学情意，研究发现：初中教师在教学知识和教学技能的平均分数上都高于小学教师，但是，在各题平均数上却明显低于小学教师；而教学情意层面的平均分数和各题平均分数，小学教师都略高于初中教师。

（十三）陈燕娇（2006）在其《国民小学教师专业成长与学校效能关系之研究》一文中，以花莲小学教师为研究对象，设六个专业成长变项，分别有：教师知能、班级经营、学生辅导、专业态度、人际沟通、研究发展，研究发现：

1. 性别上，不同性别的小学教师在"研究发展"层面上有显著差异，即男性教师高于女性教师；

2. 年龄上，不同年龄国民小学教师在教师专业成长上有显著差异，41—50岁的教师在各层面上（包括"教学知能"、"班级经营"、"学生辅导"、"专业态度"、"人际沟通"、"研究发展"）平均数显著高于30岁以下的教师与30—40岁的教师，在"教学知能"、"人际沟通"上，显著高于31—40岁的教师，而31—40岁的教师在"专业态度"层面上显著高于30岁以下教师；

3. 学历上，不同教育背景的国民小学教师"研究发展"层面上，硕士学历以上的教师高于学历为师范学院（大学）的教师；

4. 服务年资上，不同任教年资的国民小学教师在"教学知能"、"班级经营"、"学生辅导"、"专业态度"、"人际沟通"等层面有差异,任教年资 25 年以上的教师在"教学知能"、"班级辅导"、"学生辅导"、"人际沟通"层面上,显著高于任教年资 5 年以下的教师,任教年资 16—25 年的教师在"班级经营"上显著高于任教年资 5 年以上的教师;

5. 职务上,不同职务的教师在"专业态度"与"人际沟通"上无显著差异;

6. 婚姻状况上,不同婚姻状况之国民小学教师在"教学知能"、"班级经营"、"专业态度"、"人际沟通"层面上有显著差异,且已婚教师高于未婚教师;

7. 学校规模上,学校规模 12 班以下的教师在"教学知能"层面上高于 13—24 班的教师,在"学生辅导"层面上显著高于 25 班以上的教师,这表示不同学校规模国民小学教师在"教学知能"、"学生辅导"、"人际沟通"层面上有显著差异。

(十四)姜礼琪(2008)在其《国民小学教师知识分享与教师专业成长之相关研究——以桃园县为例》一文中,研究发现:

1. 性别上,不同性别之教师在"班级经营"有显著差异,女教师在"班级经营"平均数高于男教师,而在整体专业成长上,不同性别教师并无显著差异;

2. 年龄上,不同年龄之教师在整体专业成长和各层面上并无显著差异;

3. 学历上,不同学历之教师在整体专业成长和各层面上并无显著差异;

4. 服务年资上,不同服务年资之教师在整体专业成长和各层面上并无显著差异;

5. 职务上,不同职务之教师在整体专业成长和各层面上并无显著差异;

6. 学校规模上,不同学校规模之教师在整体专业成长和各层面上并无显著差异;

7. 学校位置上,不同学校位置之教师在整体专业成长和各层面上并无显著差异。

(十五)廖金贵(2014)在其《澎湖县幼儿园教师专业成长现况与需求之调查研究》一文中,以澎湖县幼儿园教师为研究对象,并设定五个教师专业成长变项，分别为：普通素养、教保专业知能、班级经营、行政管理、研究发展，研究发现：

1. 年龄上，不同年龄的幼儿教师，在专业成长需求之"班级经营"上有显著差异；

2. 婚姻状况上，不同婚姻的幼儿教师在专业成长需求各层面上无显著差异；

3. 服务年资上，不同服务年资的幼儿教师在专业成长需求各层面上并无显著差异；

4. 职务上，不同职务在专业成长需求的"研究发展"上有显著差异；

5. 最高教育程度上，不同教育程度的幼儿教师在专业成长需求各层面上并无显著差异。

（十六）蔡芳珠（2015）在其《花莲县国民小学教师专业成长与幸福感之研究》一文中，以花莲县小学教师为研究对象，并设定六个专业成长变项分别为：教学知能、专业态度、班级经营、人际沟通、研究发展、辅导技能，研究发现：

1. 性别上，不同性别教师对专业成长量表的各层面均没有显著差异；

2. 年龄上，不同年龄教师对专业成长中"教学知能"有显著差异，51岁以上教师显著优于41—50岁之教师；

3. 婚姻状况上，不同教师不会因为婚姻状况的不同，而在知觉专业成长层面及整体上产生显著差异；

4. 学校规模上，不同学校规模之教师对专业成长量表中"教学知能"有显著差异，学校班级数25班以上的教师之专业知能显著优于学校班级数7—12班之教师；

5. 服务年资上，不同服务年资教师对专业成长量表之"教学知能"、"班级经营"及总层面都有显著差异，教师对专业成长量表之"教学知能"、"班级经营"与总层面都是教学年资31年以上的教师在"教学知能"、"班级经营"与总层面上，皆显著优于教学年资5年（含）以下之教师；

6. 学历上，不同学历教师对专业成长方面，不同学历的高低并无显著差异；

7. 职务上，不同职务教师对专业成长量表之"专业态度"、"人际关系"、"研究发展"、"辅导技能"及总层面结果显示都有显著差异。教师对专业成长量表之"人际关系"显示，担任主任的教师在专业态度上显著优于担任级任导师之教师。在"专业态度"上，担任主任的教师显著优于担任组长、科任老师、级任导师。教师对专业成长量表之"研究发展"上，显示担任主任的教师在专业态度上显著优于担任级任导师之教师。在"辅导技能"上，显示担任主任的教师在专业态度上显著优于担任组长之教师。总层面在事后比较中得知，显示教师在专业成长态度上因职务不同而产生显著差异。

从上述学者的研究中，可以得知，与教师专业成长相关的文献积累不少研究成果，不同学者各自从不同角度出发，有的从教师专业成长与教学效能来论述（李俊湖，1992；沈翠莲，1994；冯莉雅，1997），有的从教师专业成长与在职进修动机取向来论述（韩诺萍，2002；陈思婷，2004；吴慧玲，2002；陈静婉，2001；张育甄，2004；蔡碧琏，1993），有的从教师专业成长与生涯发展来论述（孙国华，1997），有的从教师的专业成长和发展现况和需求来论述（任东屏，1999；廖金贵，2014）。可见，随着教育教学的不断改革和创新，要求提升教学效学，以提升教师的专业地位，让教师的专业成长受到广泛关注和重视。

直到现阶段来看，比较多的学者是倾向采用"教师专业成长的程度如何？"、"教师专业成长受到哪些因素影响？影响程度如何？"这种方式。同时，这类研究把教师专业成长视为研究的依变项，重视量化研究，利用自变项与依变项之间的关系与统计来推断和测试教师专业成长状况。

综上，可以发现，大多数学者在研究教师专业成长的时候，都采用第二类的研究方法。因此，本研究将采用质性与量性研究相结合，以找出教师专业成长的影响因素进行研究。

四 影响教师专业成长之背景变项

从各专家学者的研究结果可知，影响教师专业成长的因素较为复杂多变，不同背景的教师在专业成长的需求上不尽相同。本研究依照文献的分析结果，了解到不同教师的变项在专业成长上，都没有统一性的结果，现将各专家学者所研究的影响教师专业成长的主要因素，分别整理如下。

（一）性别与专业成长

兹将上述专家和学者对于性别影响教师专业成长的研究结果，归纳如表2-2-2：

表2-2-2　　　性别变项对教师专业成长的研究结果一览表

差异情形		研究者
显著差异	男高于女	李俊湖（1992）、蔡碧琏（1993）、任东屏（1999）陈静婉（2001）、韩诺萍（2002）、吴慧玲（2002）陈燕娇（2006）
	女高于男	冯莉雅（1997）、姜礼琪（2008）
没有显著差异		沈翠莲（1994）、白穗仪（1997）、蔡芳珠（2015）

由以上的文献结果分析来看，发现不同性别对教师专业成长的影响，并无一致的答案，有部分学者发现性别和专业成长之间有显著差异，当中有些差异是男教师高于女教师；有些是女教师高于男教师；有部分学者发现性别和专业成长之间没有显著差异。故此，本研究将进一步探讨性别与教师专业成长之间的关系。

（二）年龄与专业成长

兹将上述专家和学者对于年龄影响教师专业成长的研究结果，归纳如表2-2-3：

表2-2-3　　　年龄变项对教师专业成长的研究结果一览表

差异情形	研究者
显著差异	蔡碧琏（1993）、任屏东（1993）、陈静婉（2001）陈燕娇（2006）、廖金贵（2014）、蔡芳珠（2015）
没有显著差异	姜礼琪（2008）

由以上的文献结果分析来看，发现不同年龄对教师专业成长的影响，并无一致的答案，有大部分学者发现年龄和专业成长之间有显著差异；有小部分学者发现年龄和专业成长之间没有显著差异。故此，本研究将进一步探讨年龄与专业成长之间的关系。

（三）婚姻状况与专业成长

兹将上述专家对于婚姻状况影响教师专业成长的研究结果，归纳如表2-2-4：

表 2-2-4　婚姻状况变项对教师专业成长的研究结果一览表

差异情形	研究者
显著差异	冯莉雅（1997）、陈静婉（2001）、韩诺萍（2002） 吴慧玲（2002）、陈燕娇（2006）、蔡芳珠（2015）
没有显著差异	任屏东（1997）、廖金贵（2014）

由以上的文献结果分析来看，发现不同婚姻状况对教师专业成长的影响，并无一致的答案，有大部分学者发现婚姻状况和专业成长之间有显著差异；有小部分学者发现婚姻状况和专业成长之间没有显著差异。故此，本研究将进一步探讨婚姻状况与教师专业成长之间的关系。

（四）服务年资与专业成长

兹将上述专家和学者对于服务年资影响教师专业成长的研究结果，进行整理归纳如表 2-2-5：

表 2-2-5　服务年资变项对教师专业成长的研究结果一览表

差异情形		研究者
显著差异	资深教师高于资浅教师	李俊湖（1992）、沈翠莲（1994）、白穗仪（1999） 任东屏（1999）、陈静婉（2001）、韩诺萍（2002） 陈燕娇（2006）、蔡芳珠（2015）
	资浅教师高于资深教师	冯莉雅（1997）
没有显著差异		蔡碧琏（1993）、孙国华（1997）、陈思婷（2004） 姜礼琪（2008）、廖金贵（2014）

由以上的文献结果分析来看，发现不同服务年资对教师专业成长的影响，并无一致的答案，有部分学者发现服务年资和专业成长之间有显著差异，当中发现年资深教师专业成长高于资浅教师，也有资浅教师专业成长高于资深教师；有部分学者发现服务年资和专业成长之间没有显著差异。故此，本研究将进一步探讨服务年资与教师专业成长之间的关系。

（五）学历与专业成长

兹将上述专家和学者对于学历影响教师专业成长的研究结果，归纳如表 2-2-6：

表 2-2-6　　　　学历变项对教师专业成长的研究结果一览表

差异情形	研究者
显著差异	李俊湖（1992）、沈翠莲（1994）、孙国华（1997） 冯莉雅（1997）、陈静婉（2001）、韩诺萍（2002）
没有显著差异	白穗仪（1999）、吴慧玲（2002）、廖金贵（2014） 姜礼琪（2008）

由以上的文献结果分析来看，发现不同学历对教师专业成长的影响，并无一致的答案，有部分学者发现学历和专业成长之间有显著差异；有部分学者发现学历和专业成长之间没有显著差异。故此，本研究将进一步探讨学历与教师专业成长之间的关系。

（六）职务与专业成长

兹将上述专家对于职务影响教师专业成长的研究结果，归纳如表2-2-7：

表 2-2-7　　　　职务变项对教师专业成长的研究结果一览表

差异情形	研究者
显著差异	李俊湖（1992）、蔡碧琏（1993）、沈翠莲（1994） 孙国华（1997）、冯莉雅（1997）、白穗仪（1997） 任东屏（1999）、韩诺萍（2002）、廖金贵（2014） 蔡芳珠（2015）
没有显著差异	陈静婉（2001）、吴慧玲（2002）、陈燕娇（2006） 姜礼琪（2008）

由以上的文献结果分析来看，发现不同职务对教师专业成长的影响，并无一致的答案，有部分学者发现职务和专业成长之间有显著差异；有部分学者发现职务和专业成长之间没有显著差异。故此，本研究将进一步探讨职务与教师专业成长之间的关系。

（七）学校规模与专业成长

兹将上述专家对于学校规模影响教师专业成长的研究结果，归纳如表2-2-8：

表2-2-8　学校规模变项对教师专业成长的研究结果一览表

差异情形	研究者
显著差异	李俊湖（1992）、沈翠莲（1994）、冯莉雅（1997） 任东屏（1999）、陈燕娇（2006）、蔡芳珠（2015）
没有显著差异	孙国华（1997）、陈静婉（2001）、韩诺萍（2002） 吴慧玲（2002）、姜礼琪（2008）

由以上的文献结果分析来看，发现不同学校规模对教师专业成长的影响，并无一致的答案，有部分学者发现学校规模和专业成长之间有显著差异；有部分学者发现学校规模和专业成长之间没有显著差异。故此，本研究将进一步探讨学校规模与教师专业成长之间的关系。

（八）进修类别与专业成长

兹将上述专家对于进修类别影响教师专业成长的研究结果，归纳如表2-2-9：

表2-2-9　进修类别变项对教师专业成长的研究结果一览表

差异情形	研究者
显著差异	韩诺萍（2002）
没有显著差异	

由以上的文献结果分析来看，发现不同进修类别对教师专业成长的影响，只有一致的答案，有部分学者发现进修类别和专业成长之间有显著差异。故此，本研究将进一步探讨进修类别与教师专业成长之间的关系。

综合上述的文献探讨，影响教师专业成长的因素有性别、年龄、婚姻状况、服务年资、学历、职务、学校规模、进修类别八大变项，这些变项对教师专业成长的影响并没有一致的结论。有见及此，本研究也将从这些变项中找出影响教师专业成长的差异情形，进一步加以研究。

五　教师专业成长的相关理论

专业成长是教师终身教育得以落实的方法，作为教师既是一位教育工作者，又是一位学习接收者。本研究希望通过一些基本理论，如教师生涯发展理论和教师专业发展理论等探讨,以作为了解教师专业成长活动之参考。兹将教师专业成长的相关理论分别叙述如下。

(一) 教师生涯发展理论

生涯发展是指个人因心理、社会、教育、体育、经济和机会等因素相互影响,而综合形成终其一生发展性的生涯历程,与个人的心理及行为发展息息相关。学者经常将生涯发展分为多个阶段,每一个阶段有不同的特点,不同的关注重点,不同的专业表现。

教师生涯发展是指教师在所从事的专业工作历程中,在个人能力、特质及理想与教师制度和学校环境交互影响之下,随时间流逝而在专业绩效逐渐成长和改变的历程。国内外有许多学者提出关于教师生涯发展的阶段理论,而且不同阶段有不同特点和特色,同时关注的重心各有不同。因此,教师在成长过程中会形成不同专业表现。以下分别列举多位国内外学者关于教师生涯阶段的理论进行探究,叙述如下。

1. 关注"三阶段论"

此理论研究的鼻祖是美国学者福勒(Fuller,1969),他提出的教师生涯发展理论三阶段论为:第一,关注生存阶段;第二,关注教学阶段;第三,关注学生阶段。

后来,福勒通过对教师问题研究,提出教师专业成长的四阶段模式:第一阶段,任教前关注阶段;第二阶段,早期求生存阶段;第三阶段,关注教学情境阶段;第四阶段,关注学生阶段。

2. 教师职业生命周期阶段论

教师职业生命周期阶段论是以人的生命自然的衰老过程与周期来看待教师的职业发展过程与周期,其阶段的划分以生命变化周期为标准。主要的代表学者有伯顿(Burden,1982)、费斯勒(Fessler,1992)、休伯曼等人,划分发展阶段如下。

(1) 三阶段论(Burden,1982)[①]

第一阶段,求生阶段:教师任教第一年,对教学活动及环境只有非常有限的认识、缺乏信心,不愿尝试新方法;

[①] P. R. Burden, "Teacher Development". In W. R. Houston (ED.), *Handbook of Research on Teacher Education: A Project of the Association of Teacher Educators*, New York: Macmillan, 1990, pp. 311–328.

第二阶段，调整阶段：任教二至四年，教师大量学习（关于规划与组织、学生、课程、方法），并开始看待学生的复杂性，寻求新的教学技巧，以更符合更广泛学生需求；

第三阶段，成熟阶段：任教五年以后，教师感觉自己能充分掌握教学活动与环境，觉得自己更有信心、更安全，愿意尝试新的教学方法。

（2）八阶段论（Fessler 与 Christensen，1992）

第一阶段，前备阶段：是指从进入师范学院或大学接受培养开始到初入新岗位时的再培训，该阶段是教师角色的储备阶段。

第二阶段，导入阶段：指教师进入新环境或熟悉角色的适应阶段。此阶段教师努力寻求学生、教师同侪、校长的认可与接纳，他们企图在学校班级问题的解决和事情的处理上达到一个具有安全感的水平。

第三阶段，能力建立阶段：教师积极地参加培训计划和各种交流，积极接受各种新的教育观念，以获得专业发展阶段。

第四阶段，热心与成长阶段：教师们对教育这份工作充满信心与热忱，此时已具备极高的工作效能，能胜任职务并处理教学上的难题。

第五阶段，生涯挫折阶段：在此阶段上，教师的职业满意度开始下降，体验到的是挫折和倦怠。此阶段多数发生在职业生涯的中期。

第六阶段，停滞阶段：教师被动行事，只愿做分内的工作，对于校内无关于己的事物则一概不闻不问，同时也不会主动追求卓越的工作表现以及专业成长。

第七阶段，生涯低落阶段：此阶段教师正在准备离开专业生涯的时期，他们以积极的态度面对生涯的改变或退休。

第八阶段，生涯结束阶段：是教师离开工作岗位及离开后的阶段，既包括退休教师的离开，也包括因各种原因被迫或自愿地中止工作。

基于以上理论，Fessler 与 Christensen（1992）指出，教师职业生涯周期受外部环境因素的影响，这些因素既来源于个人环境，也来源于外在环境，如学校、教育当局和社会等。教师生涯随着环境的变化而变化，经历不同的时期，因此提出教师职业生涯周期的动态特征，如图 2-2-1 所示：

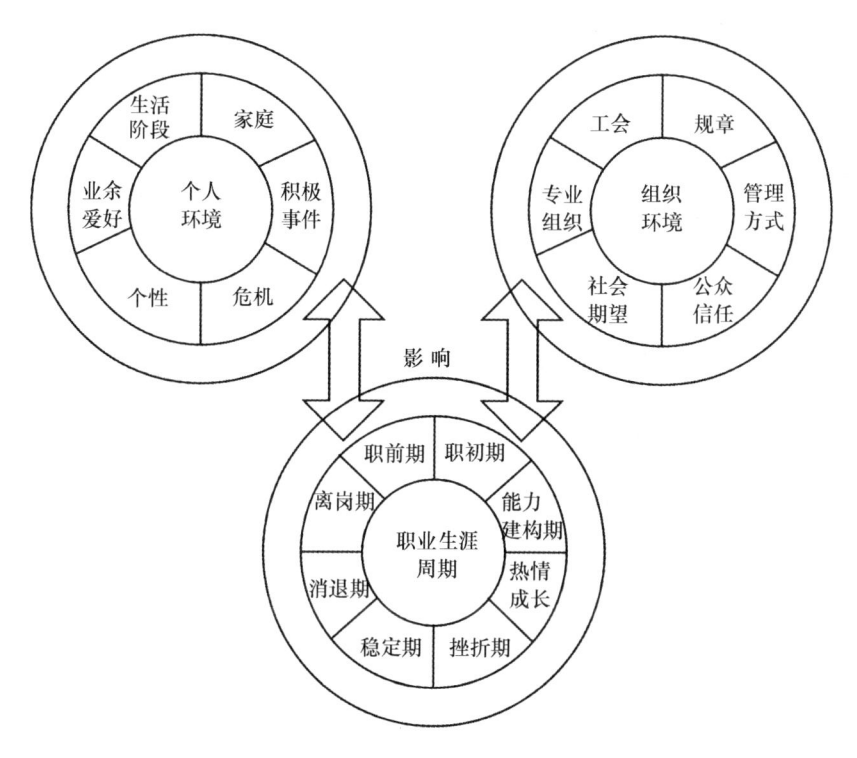

图 2-2-1 教师职业生涯周期的动态特征

资料来源：Fessler & Christensen, *The Teacher Career Cycle: Understanding and Guiding the Professional Development of Teachers*, Boston: Allyn and Bacon, 1992。

（二）教师专业发展理论

长期以来，教师是一般普通职业，还是专业人员，国内外学者不断进行讨论。联合国教育、科学及文化组织（UNESCO）在 1966 年于法国巴黎召开"教师地位之政府间特别会议"，该会决议"教学应视为专业"，因为教学具有专业服务、专业智能、专业训练等特征，并应具有专业伦理要素（黄坤锦，1991）。这是第一次经由国际教育学者与政府共同讨论后的"教师专业"共识，愈来愈多人开始认同教师是一种专业。

1. 教师专业发展的定义

这些年来，"教师专业化"成为大众与教师共同期望，教师本身所具备的专业条件与专业素养，是教育专业化的必要条件。所谓的"专业化"（Professionalization）就专业程度而言，是一个动态的概念，也是一个历程的概念。专业人员必须要不断地进行在职进修，以获得专业的发展与成长

(孙国华，1997)，此乃教师专业化的过程。

"教师专业发展"是教师专业化发展的简称，与此意义相近的名词有"教师专业成长"、"教师发展"等。当中以"教师专业发展"与"教师专业成长"两个名词较多为专家学者们所采用。对于这两个名词所代表的意涵，各有不同的表达方式。欧用生（1996）认为"专业发展"一般都与专业成长（professional growth）、教师发展（teacher development）和教职员发展（staff development）等名词交互使用。饶见维（1996）认为"专业发展"与"专业成长"为同义，毕竟这两者的意义和范围有相当大的重叠，不需要做严格的区分与界定。

由上所述，教师"专业发展"（professional development）与"专业成长"（professional growth）多数时候可以作为同义语，在相关文献中常交替使用。然而，从字面意义来说，"发展"表示持续成长、不断学习以提升自我的历程，具有较积极的意义。

韦登（Widdeen，1987）从专业发展出发，相信教师是教学改革的中心，要以教师的工作、教师对改革的看法为起点，简单地说，就是要重视教师与学校之间的差异，强调学校本位对教师专业发展的影响，他认为教师专业发展有五种含义：（1）协助教师改进教学技巧的训练活动；（2）学校改革的活动，以促进个人最大成长，营造良好的气氛，提高效率；（3）一种成人教育，要依据教育原理，增进教师对其工作和活动的了解，不仅是提高教学成果而已；（4）利用最新的教学成效的研究以改进学校教育的一种手段；（5）专业发展本身就是目的，协助教师在受尊敬的、受支持的、积极的气氛中，促成个人的、专业的成长。

威廉（Williams，1985）指出，教师专业发展应包括职前引导及在职的发展，两者的目的皆是着眼于教师教学能力的提升。因此，专业发展应是指增进教师教学才能，拓展其兴趣，改进其教学能力，教学专业的角色及个人成长的活动。

Burke（1987）对专业发展这个概念的内涵则有深入的论述。他强调，专业发展是连续的，包括四部分：（1）基本的学术和教育学的准备期；（2）成功地导入（induction）教师的地位和工作；（3）对知识和技能的个人和专业上的更新（renewal）；（4）因应变动社会的课题和技巧的精致（redirection）。

Holly & Mcloughlin（1989）指出，专业发展包括职前和在职教育，然而在职训练已渐为专业成长所取代，因为训练是基于补足未充分准备教师的不足之处，发展则是表示教师生涯和终身学习的持续特质。

Guskey（2000）把专业发展定义为：设计增进教育人员专业知识、技能和态度的一连串过程与活动。专业发展有三个特征：（1）它是一个有目标的过程；（2）它是一个持续在进行的过程；（3）它是一个有系统的过程。

李俊湖（1992）认为专业发展蕴含了自我反思的意味。其以为专业发展不仅是指事实知识的获得，它是一种动态的学习历程，其中能对新的事物有所了解或熟悉；还能增进对教育工作环境的了解，透过了解来对措施加以反省。

罗清水（1998）认为教师专业发展为提升专业水平、专业表现而经自我抉择所进行的各项活动与学习的历程，以促进教师改进教学效果，提升学习效能。

林进材（1999）认为，教师专业发展包括：教学的技术、教育的基本知识、学科知识、教室管理与学生辅导的技巧，以及服务热忱和不断自我成长与进修。

吕锤卿（2000）认为，教师专业发展是指教师在专业工作场所期间，经由主动、积极参加各种提升专业的学习活动和反省思考的过程，以在专业知识、技能及态度上达到符合教师专业成长指标的标准，而表现有效率教学行为，做出合理的专业判断。

叶木水（2003）指出教师专业发展在于整合师资培育与在职进修内涵，透过持续学习与研究学习概念，增进教师教学知识、教学能力与专业态度，迈向学校整体教学质量的提升。

饶见维（2005）认为教师专业发展的观念是传统"师范教育"与"教师在职进修"的整合与延伸，包含：把教师视为专业人员，把教师视为发展中的个体，把教师视为学习者与研究者。

张夏平（2008）认为，教师专业发展可视为教师对教育专业的自我期许与要求，透过各种形式与管道，增进专业知能、专业精神，并以自我更新取向的专业成长与发展，提升教师专业水平及教育质量的动态历程。

黎礼智（2010）认为，教师专业发展系指在职教师，能透过教育现场知觉体察，将教育问题化为思考，进而行动，并透过反省，以及解决问题的过程，透过同侪的专业对话，提升教师专业发展的整体效能。

朱芳仪（2011）认为，教师专业发展系指将教师视为一专业性工作，而教师在教学工作历程中，以主动、积极且持续的态度参与各种正式或非正式的学习活动，以提升教师本身之专业知识、专业态度，其目的在促进个人自我实现，并提升学校教师质量。

吴雪华（2012）认为，教师专业发展系指教师在其专业领域中，任何时期自主性参与各种提升专业知能的相关课程与研习，借此提升教学质量以达成自我实现与学校教育目标之历程。

归纳上述各位专家学者的个人看法和定义，得出教师专业发展的一些特性：

第一，目的性：教师专业发展的目的在于教师个人的自我完善的发展，同时，提升学校组织的向上发展，以提高学生的学习成绩，提升学校的教育水平。

第二，多样性：教师专业发展的活动和内容具有多样性和多元化，其中包括各种进修管道，有正式的和非正式的活动形态，内容不但有教育领域的专业知能的课程，而且也有一些人际关系、情意态度等的进修项目，通过进修，使教师专业成长。

第三，持续性：教师专业发展是一种持续学习进修的历程，这种过程可以使教师产生改变，有助于提升教学及学生的学习。教师要不断自我反省、自我批评和自我提高，要持续提升教师的学术知识、专业表现，迈向更高境界。

第四，阶段性：教师自职前教育阶段，到新入职阶段、成熟阶段等，在每一个阶段，教师都有其发展专业的特色和任务，教师专业发展是一连串的、有着不同要求的生涯学习的组成，教师在这些阶段中，通过不断的自我增值，达到自我完善，不同阶段能提升专业水平。

2. 教师专业发展的内涵

教师专业发展的内涵是指一个教师必须具备各种内在知能条件。教师无论参与何种类型的进修活动，最终的目的还是在于要提升教师工作的专业素养。同时，我们究竟要培养怎样的专业素养教师？教师的知识、技能与情感究竟要达到怎样的程度？以上的问题有待我们进行深入探讨。以下主要根据专家学者对教师专业发展的内涵项目所提出的看法，分析他们对教师专业发展的划分方式。

(1) 美国教育学会的教师专业发展内涵

美国教育学会（National Education Association）所订的八项教育人员专业标准（professional criteria）（引自何福田、罗瑞玉，1992）明确规定专业教师所应具有的专业内涵。这八项标准属通用标准，任何层面的教育人员均适用，叙述如下：第一，应属高级的心智活动；第二，应具有专门的知识领域；第三，应有长期的专业；第四，应须不断的在职进修；第五，应为永久的终身事业；第六，应定义应有的专业规范；第七，应以服务为目的；第八，应有健全的专业组织。

(2) 饶见维（1996）的教师专业发展内涵体系

饶见维（1996）把国内外学者做过教师专业内涵研究做一个综合分析和整理，结果发现不同的学者对教师专业发展内涵之划分方式具有"同中有异，异中有同"的特点。故此，他从相关的研究中搜集分析关于教师专业发展之项目，选择过滤出重要的教师专业内涵。他将教师的专业发展内涵划分为：(A) 教师通用知能；(B) 学科知能；(C) 教育专业知能；(D) 教育专业精神等层次（见图2-2-2）。叙述如下。

(A) 教师通用知能

所谓"通用知能"是指适用于各种情况的一般性知识与能力。通用知能对教师的专业有相当影响，而且通用知能可以持续发展（加深加广），更能适用于各种教学情境。这个类别可细分为"通用知识"与"通用能力"两大类。第一，通用知识：可泛指为大众所熟悉的"通识教育"。其目的在扩充教师个人的视野，进而能认识、欣赏各层面的文化。小学教师所扮演的角色必须是"通才"，如果教师具有通识教育的基础，才能引导学生触类旁通，使课程更为丰富。第二，通用能力：指教师能应用在各种实务情境的一般性能力。饶见维将之归纳出四种最重要的教师通用能力：人际关系与沟通表达能力、问题解决及个案研究能力、创造思考能力和批判思考能力。

人际关系与沟通表达能力：一位教师经常要与他人建立某种关系或各种形式的沟通，所谓"他人"特别指学童、同事、主任、校长、家长、小区人士等。如果沟通与表达能力强有助于教师解决许多教学上的问题，并能促进与同事之间的协调合作，在班级及教学活动的表现上也会更好。

问题解决及个案研究能力：教师面对复杂、变化的教学环境，要能进行独立思考、判断，并寻找最适当的协助与资源来解决面对的问题。也就是说教师要具备省思、探究的能力，以应付多样化的工作挑战。

创造思考能力：当既有的知识无法解决新的困境时，就必须将既有的知识加以改变，而找出新的问题解决办法。而这种改变知识的历程就是一种创造性思考的历程。教师必须展现高度应变能力、适应能力，因时、因地、因人灵活地变通教学方法，创造独特的解决方案或教学策略。

批判思考能力：就是对各种言论主张、事件或人物进行价值判断，并进行优劣抉择或提出改善的意见。例如教师要选择教材，选择教学方法，评量学生的学习成效、行为表现、言论表达等。教师还要评判学校教育现况是否适宜，作为改进学校教育之参考。

（B）学科知能

所谓学科知能就是任教某一学科时，对该学科内容所具备的知识与技能。包括教材的选择、如何诠释教材、采用什么教学法及如何使学生清楚掌握书中的主旨等。

（C）教育专业知能

教育专业知能是中、小学教师特别需要强调的一项专业内涵。教师的专业领域除了任教学科外，还包括辅导及行政乃至于与教育有关的活动。同时，饶见维（1996）经过各方资料搜集整理及个人见解，将教育专业知能分为五个细目：（a）教育目标与教育价值的知识；（b）课程与教学知能；（c）心理辅导知能；（d）班级经营知能；（e）教育环境脉络的知识。

（D）教育专业精神

教育专业精神是指教师对教育工作产生认同与承诺之后，在工作中表现出认真敬业、主动负责、热爱服务、精进研究的精神。教师对自身的职业有高度的认同感及使命感，对学生有着深切的关怀与爱心。

综观以上内容，可以看出，各位专家学者对教师专业发展内涵的大同小异。虽然彼此之间划分方法不尽相同，有的看法较广，有的想法较细，但是教师专业发展内涵基本上可以从三大范畴去概括，分别为专业知识、专业技能和专业情意（或态度）。但是，当中各专家学者们所归纳的关于教师专业发展内涵的重点、标准和架构并非一成不变的，而是随着时代的变化，教师专业发展也会不断改变，不断持续发展，教师专业发展内涵的水平呈现向上发展。由于教师工作的复习性和多变性，相对来说，需要经

```
┌─ 教师通用知能 ─┬─ 1.通用知识
│                └─ 2.通用能力 ─┬─ (1)人际关系与沟通表达能力
│                                ├─ (2)问题解决与个案研究能力
│                                ├─ (3)创造思考能力
│                                └─ (4)批判思考能力
├─ 学科知能
│
├─ 教育专业知能 ─┬─ 1.教育目标与教育价值的知识
│                ├─ 2.课程与教学知能 ─┬─ (1)一般课程知能 ─┬─ a.教学的理念取向
│                │                    ├─ (2)一般教学知能    ├─ b.教学的原理原则
│                │                    └─ (3)学科教学知能    ├─ c.教学的方法与策略
│                ├─ 3.心理辅导知能                          ├─ d.教学的技巧
│                ├─ 4.班级经营知能                          ├─ e.教学资源知能
│                └─ 5.教育环境脉络的知识                    ├─ f.教学评量知能
│                                                           ├─ g.教学设计能力
└─ 教育专业精神                                             └─ h.教学实施能力
```

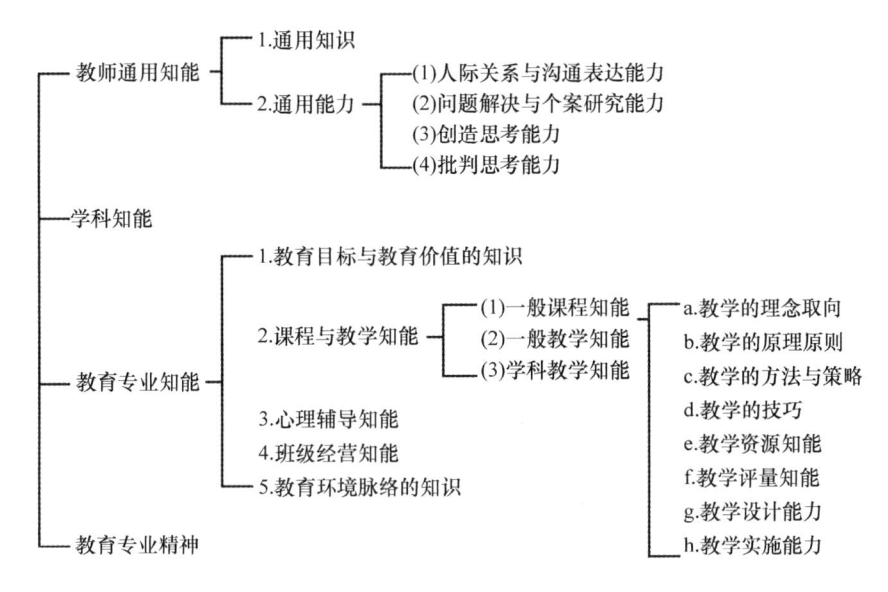

图 2-2-2　教师专业发展内涵体系

资料来源：饶见维（1996），第 173 页。

常提升教师专业的发展，教师要了解自己的专业发展需求，在教学中能做到解决实际问题，这就是教师专业发展的最终目标。换言之，教师专业发展的目的其实是让每位新入职教师透过持续学习和研究，不断丰富和完善自身的专业内涵，向成熟教师的目标出发。

3. 教师专业发展的模式

教师专业发展可透过各种模式来了解其在不同阶段、时期的发展历程，这样有助于规划、制定教师专业发展方向，以下介绍蔡碧琏（1993）的教师专业成长模式。

蔡碧琏（1993）提及有效的专业成长模式，认为教师对成长活动要认同，并且感受到其重要性，同时，教师能够对活动之实施有所反应。因此，要能够达成教师专业成长，还要有赖相关方面的合作，学校的校长与教职员之间的互动，对于专业成长的有效达成，有相当程度的影响。在确认教师专业成长需求，获得充分合作以后，应采取行动计划，以达成专业成长的目标。

行动计划之安排应尊重教师个人意愿和需求，包括各种活动及内涵，而且可以采用团体共同决定的方式，对于所订的计划应经常不断地追踪和评鉴。而且专业成长的目的除了能使个人在教学历程中，不断自我改善与更新成长外，还应兼顾整个组织（即学校）的发展，以创造有助于实现教育理想的环境。蔡碧琏的教师成长模式如图 2-2-3 所示。

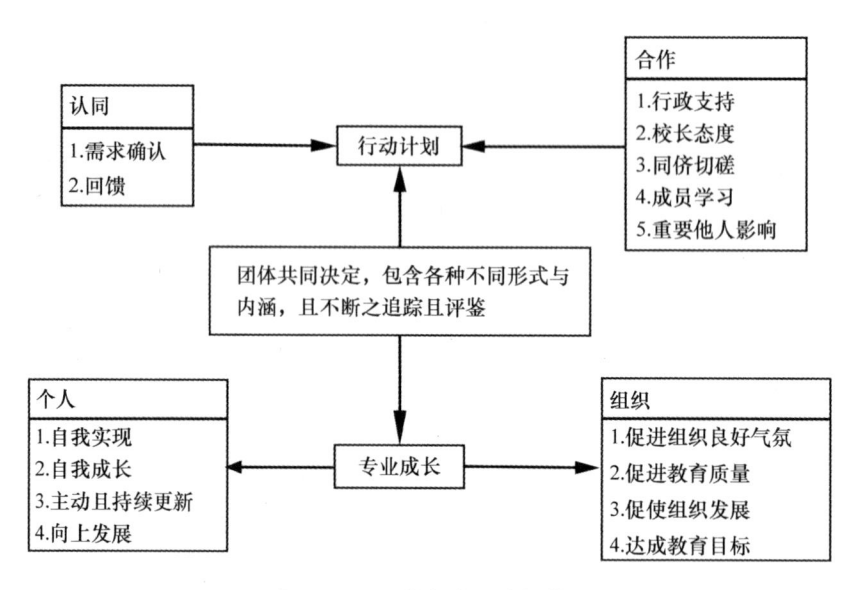

```
认同                    行动计划              合作
1.需求确认                                    1.行政支持
2.回馈                                        2.校长态度
                                              3.同侪切磋
                                              4.成员学习
                                              5.重要他人影响

        团体共同决定，包含各种不同形式与
        内涵，且不断之追踪且评鉴

个人                    专业成长              组织
1.自我实现                                    1.促进组织良好气氛
2.自我成长                                    2.促进教育质量
3.主动且持续更新                              3.促使组织发展
4.向上发展                                    4.达成教育目标
```

图 2-2-3　教师专业成长模式

资料来源：蔡碧琏（1993），第 50 页。

综合专家学者的意见，教师专业发展存在不同模式，各有优点和缺点，也有各自研究的对象和环境。但是有一点可以肯定，不同的教师专业发展模式，能促进教师的专业发展与成长。教师专业发展有共同的基本条件，就是教师要发现自我需求，与教学人员合作，以及获得专家学者的协助，共同构建出教师自身专业成长的方案和措施。而且要明确工作执行、实施、追踪和评鉴、相互监督和自我实现，期望能够真正获得教师自我发展和自我成长，与学校组织目标相一致的发展愿景。

第三节　教师在职进修动机与专业成长的相关研究

教师在职进修动机与专业成长两者之间究竟存在怎样的关系，正是本研究要探讨的重点内容之一。在职进修不但向教师提供进修学习的机会，而且帮助教师走向专业成长之道路。因此，在职进修被视为是维系与持续教师专业系统化成长之重要来源（叶郁菁，1997）。教师教育是一门专业的工作，包括教育知识、教学知能、班级辅导技能、专业态度与自我成长等方面。随着教育理论的发展，教育专业化的要求也向前迈开一大步。教学不再是闭关自守的工作，而是充满新奇、挑战的专业。特别是随着科学技术的高速增长，教师已无法用旧有的、一成不变的方法去教育学生。因此，教师要时刻参与在职进修，学习新的教育理念和方法，要学会时刻自我反省、自我检讨和自我学习等，增进教师专业成长效能。

研究者在网络上查询台湾博硕士论文知识加值系统数据，然后，研究者亲自到台湾师范大学图书馆以及台湾"国家"图书馆等地方，找寻与本研究相关的论文，搜集到从教师在职进修动机的角度来探讨教师专业成长的研究资料。目前，以研究者所收集的相关资料所知，单独探讨有关教师在职进修动机和单独探讨教师专业成长的研究数量比较多。然而，针对中、小学教师在职进修动机和专业成长的研究数量不多。因此，研究者根据近年来有关中小学教师参与在职进修动机及专业成长相关文献，加以整理、归纳和分析如下。

一、王志鸿（2001）在其《国民小学教师参与在职进修动机取向与其创新接受度相关之研究》中，用问卷调查方法，以云嘉地区 810 位小学教师为研究对象，研究结果如下。

（一）小学教师参与在职进修动机呈多元且相关。

（二）小学教师参与在职进修的六个动机取向中，"认知兴趣"、"社交关系"、"职业进展"及"转变单调生活"和创新接受度之间达显著正相关。

（三）小学教师参与在职进修动机取向对创新接受度的预测中，以"认知兴趣"最具预测力。

二、陈静婉（2001）在其《国民小学教师在职进修与专业成长知觉之研究》中，用问卷调查方法，以彰化县公立小学教师共 850 位为研究对象，结果如下。

（一）教师正规进修与专业成长知觉各层面和整体专业成长有正相关。

（二）教师非正规进修与专业成长知觉各层面和整体专业成长有低度正相关。

（三）教师非正式进修与专业成长知觉各层面和整体专业成长有中度正相关。

（四）教师在职进修之"非正式进修"，可以解释教师专业成长是否良好。

三、张志鹏（2001）在其《小学教师在职进修动机取向与教师效能感之研究》中，用问卷调查方法，以高屏地区53所学校439位小学教师为研究对象，研究结果如下。

（一）曾参与进修的教师具有较高的教师效能感。

（二）进修动机取向可以有效预测教师效能感，且以"求知兴趣"具有预测力。

（三）资浅教师具有强烈的在职进修动机，而其教师效能感却比资深教师低。

四、韩诺萍（2002）在其《小学教师参与学士后在职进修之动机与其专业发展情形之研究》中，用问卷调查、访谈法，以台东县45所小学共274位教师为研究对象，研究结果如下。

（一）小学教师对参与在职硕士学位班进修之意愿十分高昂，但目前进修教师人数比例仍然不高，不过有逐年增加之趋势。

（二）小学教师参与研究所进修的主要动机为充实教育专业知能，其次为生涯规划及个人理想完成。

（三）小学已婚、资深教师、职务为校长或主任之教师，其进修动机受到"顺应潮流、时势所趋"的影响很大。

（四）小学女性教师与研究进修的动机，比男性教师重视"生涯规划及个人理想完成"；而男性教师则较为偏重"晋级叙薪"实质报酬。

（五）小学教师整体专业进修发展良好，在"专业发展"层面表现最佳，"教学知能"层面较感不足。

（六）小学已婚、服务年资11—15年、任教于市区的教师有较高专业发展。

（七）资浅的教师（尤其年资五年以下之教师）进修意愿强烈，然而，在专业发展上却较资深教师低。

（八）曾经参与研究所就读之教师在专业发展的各个层面及整体表现上均高于未曾参与研究所进修之教师。

五、陈思婷（2004）在其《三所国立师范大学科学教育研究所教学硕士班学生在职进修动机与专业成长研究》中，用问卷调查方法，对三所师范大学科学教育研究所教学硕士班之毕业生共151人进行研究，研究结果如下。

（一）教师在职进修动机与专业成长亦彼此呈显著正相关，显示教师若在职进修动机越强，专业成长则越好。

（二）教师最强之在职进修动机层次为"求知兴趣"，与专业成长各层次皆呈显著正相关。显示教师若有较强的"求知兴趣"动机，教师之专业成长越好。

（三）教师之"职业进展"、"社会服务"、"社交关系"层次之动机与专业成长各层次也有显著正相关。

（四）"社会服务"层次与专业成长之相关性最高，与"一般教学知识"、"学科教学知识"层次之成长相关性也很高。

（五）教师于"逃避/刺激"、"外界影响"层次之动机与专业成长相关性较低，与"一般教学知识"、"批判与思考能力"层次之成长无显著相关。

六、林敬祥（2010）在其《教师参与在职进修动机与学习成效关系研究——以台北市研习中心为例》中，用问卷调查法，以台北市高级中等学校之正式教师共 105 位为研究对象，研究结果如下。

（一）教学进修动机愈高的教师，其教师效能感愈高。

（二）对教师学习成效各面向最具预测力者为"社交关系"自变项。

七、陈秀琪（2012）在其《宜兰县国民小教师在职进修动机与教学效能关系之研究》中，用问卷调查法，以宜兰县小学教师共 408 位为对象，结果如下：教师参与在职进修的专业发展、认知与成就、他人影响及逃避或刺激（依序）动机越强，则影响教师在教学中的教学计划与准备、学习气氛营造、学生学习表现、善用教学评量及多元教学技巧（依序）的效能越高。

由上述研究结果可知，教师在职进修动机与专业成长均存在着正相关，当教师的在职进修动机愈强，则其专业成长愈佳，可见，在职进修动机的确对专业成长影响较大。同时，有关教师在职进修动机与专业成长关系的研究，相关的文献数量并不多。但是，研究者在参考众多论文的过程中发现，教师参加在职进修后，能促进专业成长、教学效能、教师效能和学习成效的增长。

饶见维（1996）指出一个教师可以有意识地进行教学活动，但是不见得会有意识地省思自己的教学行动之基本假设，以及自己的教学行动之深层意义。换句话说，教师的"成效"，不应仅限于教学技术的精熟，最主要的是应该要有学习、反省与批判的能力。一个教师于平时教育活动时，能时时审视自己的经验，从经验中得到下次行动的原则。

从詹焜能（2001）《合作开发九年一贯生活课程教师专业成长之研究》中发现：促进教师专业成长的条件归纳为教师内在条件与专业成长环境两类。教师内在的条件方面，包括教师的知识、信念、能力，教师的动机，教师的行动，以及教师的反思。刘世闵（1996）针对一所小学的个案研究，分析出影响教师参与在职进修的因素，可分为个人因素与环境因素两部分。

由此可见，不同的在职进修动机对教师专业成长的影响造成有所差异，本研究欲探讨澳门私立中学教师在职进修动机与专业成长之相关性，尝试以不同的变项探讨教师在职进修动机与专业成长之间差异情况和预测力，这是本研究欲作进一步探讨的目的之一。

第三章 研究方法与实施

本研究旨在了解澳门私立中学教师在职进修动机与专业成长之关系，研究方法以文献分析法、问卷调查法和深度访谈法为主。并按照"教师参与在职进修动机"与"教师专业成长"之相关文献进行探讨，利用文献探讨与实证研究结果建立研究架构，以此编制研究问卷。同时，通过对部分教师进行深入访谈，不同教师个案的剖析，再利用统计分析处理数据，最终提出研究结果。

第一节 研究架构

本研究以文献搜集、分析，探讨教师在职进修动机与专业成长的意义与内涵，初步形成研究架构，发展出预试问卷，接着进行预试分析。而且利用深度访谈的方式，充分了解教师在职进修动机与专业成长的现况、相互关系，以及教师在职进修动机对专业成长的预测力。同时，再依据研究动机、目的、问题、假设，以获得研究结果，并提出以下研究架构（如图3-1-1），从而形成正式问卷进行研究。

一 本研究变项之关系

A：表示不同背景变项教师，其在职进修动机之差异情况；
B：表示不同背景变项教师，其专业成长之差异情况；
C：分析教师在职进修动机与专业成长之间的相关性；
D：分析教师在职进修动机对专业成长的预测力。

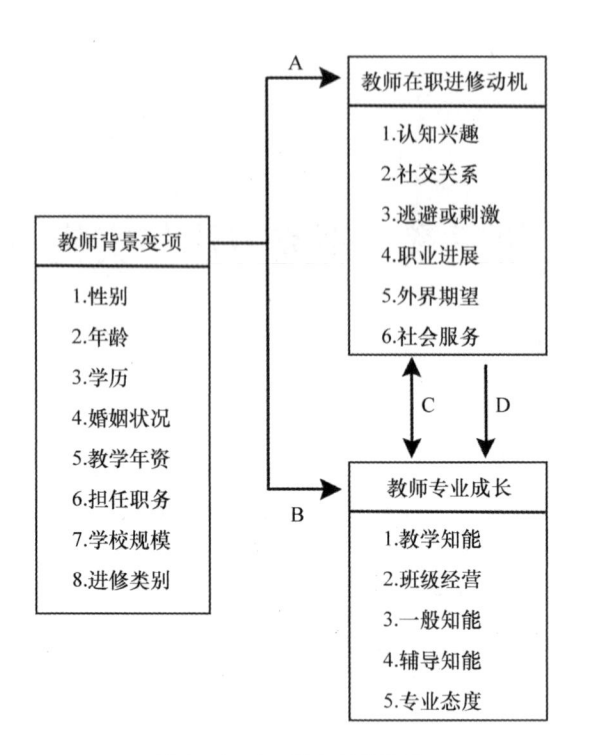

```
                    A ┌─────────────┐
                  ┌──→│教师在职进修动机│
                  │   │ 1.认知兴趣   │
                  │   │ 2.社交关系   │
┌─────────────┐   │   │ 3.逃避或刺激 │
│ 教师背景变项 │───┤   │ 4.职业进展   │
│  1.性别     │   │   │ 5.外界期望   │
│  2.年龄     │   │   │ 6.社会服务   │
│  3.学历     │   │   └──┬───▲──────┘
│  4.婚姻状况 │   │      │ C │ D
│  5.教学年资 │   │   ┌──▼───┴──────┐
│  6.担任职务 │   │   │ 教师专业成长 │
│  7.学校规模 │   │   │ 1.教学知能   │
│  8.进修类别 │   │   │ 2.班级经营   │
└─────────────┘   │   │ 3.一般知能   │
                  └──→│ 4.辅导知能   │
                    B │ 5.专业态度   │
                      └─────────────┘
```

图 3-1-1　研究架构概念

二　研究设计

由研究架构概念图 3-1-1 可知，本研究包含教师个人变项（性别、年龄、学历、婚姻状况、职务、教学年资、学校规模、进修类别）为自变项，教师在职进修动机（认知兴趣、社交关系、逃避或刺激、职业进展、外界期望和社会服务）为依变项，教师专业成长（教学知能、班级经营、一般知能、辅导知能和专业态度）为依变项。再根据编制问卷，抽样进行调查，配以深度个人访谈，把所得资料以 SPSS16.0 中文版统计软件进行统计分析，得出适当的结论和建议，供有关当局作为参考依据。

第二节　研究对象

本研究的对象以澳门私立中学教师（包括校长、主任、科组长、级组长、班主任和科任老师）为研究之母群体，但不包括三类中学教师，分别为官立中学、夜间中学和国际学校。本研究问卷抽样方式以分层随机抽样方式，依照学校规模比例，进行研究对象的抽样。而且分两个阶段发放问卷，第一阶段为预试问卷，再通过深度访谈教师，以修改正式问卷。第二阶段为正式问卷，问卷发放后，研究者亲自收回。

一 预试问卷的研究对象

为了更好地了解本研究"澳门私立中学教师在职进修动机与专业成长之关系研究调查问卷"的适用性，本研究的预试问卷以澳门潮州同乡会主办的培华中学教师（2015年度）为母群体，选取了32名教师进行预试问卷调查，发出32份问卷，回收30份有效问卷，回收率为93.8%，可用率为100%，预试问卷样本数及回收情形统计表如表3-2-1：

表3-2-1　　　　预试问卷样本数及回收情形统计表

学校名称	发出份数	回收份数	可用份数
培华中学	32	30	30
合计	32	30	30
		回收率：93.8%	可用率：100%

二 正式问卷的研究对象

本研究的预试问卷完成调查后，修改预试问卷来编制正式问卷。研究者随即把研究者的简历、恳请协助调查函以及正式问卷发送至私立中学的网址。同时，通过登门拜访或电话联系，恳请校长和主任予以帮忙，收集问卷资料，以作为学术研究之用。

（一）正式问卷的学校性质和规模

本研究以2015年度澳门14所私立中学教师为研究对象，包括社团学校、私人学校、教会学校（包括天主教和基督教）。2015年度澳门私立中学共有42所（资料来源于2015/2016学年教育暨青年局学校资料统计表），本研究的中学数目占全澳私立中学数目的33.3%。兹将这些学校的性质、规模分布统计如表3-2-2：

表 3-2-2　　　　　正式问卷学校性质与规模分布一览表

学校性质 \ 学校规模	20 班以下	20—30 班	30 班以上
私人学校	东南学校	广大中学	濠江中学
教会学校		海星中学 圣若瑟教区中学第二三校	粤华中学（男校） 培正中学
社团学校	澳门工联职业技术学校 氹仔坊众学校 新华学校	培华中学	澳门坊众学校 劳工子弟学校 菜农子弟学校
总数	4	4	6

由表 3-2-2 可知，本研究问卷的学校性质和规模如下。

1. 学校性质

本研究所选取的学校性质分为三类。

第一类：私人学校，即由私人所创办的学校；第二类：教会学校，即由不同宗教团体，如天主教、基督教等所创办的学校，同时教会学校又包括男女校；第三类：社团学校，即由不同的社团，如澳门潮州同乡会、澳门工联联合总会等所创办的学校。

2. 学校规模

本研究所选取的学校规模分为三类。

第一类：20 班以下的学校，共有 4 所学校，分别为东南学校、澳门工联职业技术学校、氹仔坊众学校、新华学校；第二类：20—30 班的学校，共有 4 所学校，分别为广大中学、海星中学、培华中学和圣若瑟教区中学第二三校；第三类：30 班以上的学校，共有 6 所学校，分别为濠江中学、粤华中学（男校）、培正中学、澳门坊众学校、劳工子弟学校和菜农子弟学校。

（二）正式问卷的教师样本数目

本研究依据 2015 年度澳门私立中学教师进行抽样，总共发出 436 份问卷，回收问卷 427 份，剔除填答时漏项、资料填写不齐全者，可用问卷共 424 份，问卷有效回收率 99.1%。2015 年度澳门私立中学教师总人数为 3254 位（资料来源于 2015/2016 学年教育暨青年局澳门教学人员资料统计表），本研究的教师总数约占全澳私立中学教师总数的13%。详细问卷发放情形见表3-2-3所示：

表3-2-3　　　　正式问卷测试学校教师人数比例一览表

编号	学校名称	发出份数	回收份数	可用份数
1	培华中学	26	26	26
2	广大中学	33	33	33
3	新华学校	28	28	28
4	劳工子弟学校	55	52	50
5	海星中学	45	45	45
6	粤华中学（男校）	15	14	15
7	氹仔坊众学校	31	31	14
8	澳门工联职业技术学校	43	42	31
9	菜农子弟学校	12	12	42
10	培正中学	55	54	12
11	濠江中学	27	25	52
12	东南学校	31	31	25
13	澳门坊众学校	20	20	31
14	圣若瑟教区中学第二三校			20
合计	—	436	428	424
回收率	—	—	98.2%	—
有效率	—	—	—	99.1%

（三）正式问卷的有效样本之分布情况

本研究之有效样本之背景变项分布情形如表3-2-4：

表3-2-4　　　有效样本之背景变项分布情形（N=424）

类别	组别	人数	百分比（%）
性别	（1）男	142	33.5
	（2）女	282	66.5

续表

类别	组别	人数	百分比（%）
年龄	（1）25 岁以下	18	4.3
	（2）25—35 岁	200	47.2
	（3）36—45 岁	151	35.6
	（4）46—55 岁	40	9.4
	（5）55 岁以上	15	3.5
学历	（1）大专	34	8.0
	（2）本科	283	66.8
	（3）硕士或博士	104	24.5
	（4）其他	3	0.7
婚姻状况	（1）已婚	270	63.7
	（2）未婚	151	35.6
	（3）其他	3	0.7
职务	（1）校长及主任	27	6.4
	（2）科组长/级组长	75	17.7
	（3）班主任	136	32.0
	（4）科任老师	186	43.9
教学年资	（1）1—5 年	83	19.6
	（2）6—10 年	116	27.3
	（3）11—20 年	170	40.1
	（4）20 年以上	55	13.0
学校规模	（1）20 班以下	130	30.7
	（2）20—30 班	93	21.9
	（3）30 班以上	201	47.4
进修类别	（1）正规进修	104	24.5
	（2）非正规进修	128	30.2
	（3）非正式进修	31	7.3
	（4）正规与非正规进修	42	9.9
	（5）正规与非正式进修	7	1.7
	（6）非正规进修与非正式进修	69	16.3
	（7）正规进修、非正规进修和非正式进修	43	10.1

三 深度访谈的研究对象

本研究依据 2015 年度澳门私立中学教师进行抽样调查,选取了本地区 7 所私立中学,21 位教师进行深度访谈(详细内容参见第五章)。

第三节 研究方法与程序

本研究旨在探讨澳门私立中学教师在职进修动机与专业成长的现况,分析二者之间的相关性,并且探讨教师在职进修动机对专业成长的预测力情形。本研究主要采用质性研究和量化研究,包括文献研究法、问卷调查法和深度访谈法等多种方法,运用 SPSS16.0 统计软件对资料进行统计与分析。

一 研究方法

(一) 文献研究法

本研究通过查阅和搜集相关文献资料,了解国内外关于教师在职进修动机与专业成长的研究现状、趋势及存在问题,以确定本研究方向,有利于拟定研究问题、研究目标和研究计划。

(二) 问卷调查法

本研究利用问卷调查方法来了解私立中学教师在职进修动机及专业成长的现况,而且通过分析不同背景变项教师,探讨教师在职进修动机与专业成长的情形是否存在差异,探讨教师在职进修动机与专业成长的关系,以及教师在职进修动机与不同背景变项对专业成长的预测力。

(三) 访谈法

为了更好地了解教师的教学工作,本研究将采用访谈法,在各所私立中学选取有代表性的教师开展访谈。访谈方式以面谈为主,若受访教师同意研究者录音,则将录音资料转译成文字稿,以便研究者收集资料,作进一步研究分析。若受访者不同意录音,则由研究者以笔记方式纪录。访谈后,研究者把原始资料内容再作整理、归纳和分析(详细内容参见第五章)。

二 实施步骤

本研究的实施过程，共分为七个步骤，兹说明如下。

（一）文献综述

在大量收集文献基础上，对文献进行综述，并进而对文献进行评价。当前已经收集大量文献。此项工作在 2015 年 10 月完成。

（二）设计问卷初稿

根据文献综述结果，提出教师在职进修动机与专业成长的结构模型，并根据结构进行分解，从而设计问卷初稿题目。此项工作在 2016 年 3 月底完成。

（三）实施预测

在澳门培华中学抽取 32 位教师进行预测，并对预测结果进行项目分析，对问卷进行修改，以形成正式问卷。此项工作在 2016 年 4 月底完成。

（四）正式测试

采用正式问卷继续在私立中学进行测试，选取不同性质的学校，使研究对象具有代表性，如教会学校（包括天主教学校、基督教学校）、个人学校、社团学校等，共 14 所私立中学。并且每校抽取不同人数填写问卷。此项工作在 2016 年 6 月前完成。

（五）问卷结果分析

正式问卷回收后，经由人工进行选取有效问卷，并进行有效问卷及整理编码，再输入 SPSS16.0 版计算机统计软件，对正式测试问卷结果进行前述资料统计与分析。此项工作在 2016 年 7 月前完成。

（六）深度访谈

按照研究设计的内容抽取 7 所典型学校，再选取部分老师就问卷研究的结果进行深度访谈。此项工作在 2016 年 6 月前完成。

（七）撰写论文

经过资料分析与结果探讨，综合归纳研究成果，并与先前的相关研究进行比较分析，提出研究主题的具体结论与建议，并完成研究论文撰写。此项工作在 2016 年 9—10 月完成。

三 技术路线图分析

本研究采用的主要技术路线如下：文献综述→构建理论与方法→调查研究→编制问卷初稿→实施问卷预测→预测结果分析→实施正式问卷测量→结果分析→深度访谈→提出结论与对策，如下图 3-3-1 所示：

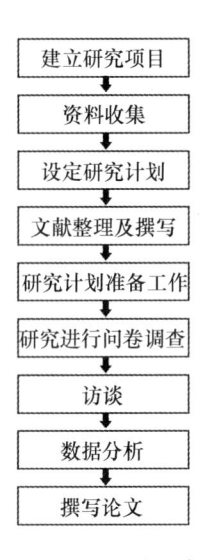

```
建立研究项目
    ↓
  资料收集
    ↓
 设定研究计划
    ↓
文献整理及撰写
    ↓
研究计划准备工作
    ↓
研究进行问卷调查
    ↓
    访谈
    ↓
   数据分析
    ↓
   撰写论文
```

图 3-3-1 研究方法与流程

第四节 研究工具

为了探讨澳门私立中学教师在职进修动机与专业成长之关系情况，本研究以文献探讨为基础，参考相关研究工具自行编制"澳门私立中学教师在职进修动机与专业成长之关系调查问卷"，以进行资料搜集。

本研究问卷内容主要分为四部分，第一部分为"受试者个人基本资料"，第二部分为"教师在职进修动机"，第三部分为"教师专业成长"，第四部分为"访谈提纲"，兹将本研究问卷的编制、计分方法以及信度和效度分析等说明如下。

一　编制问卷与内容

（一）预试问卷内容

本研究问卷所使用的工具包括"受试者个人基本资料"、"教师在职进修动机"、"教师专业成长"三部分。

1. 受试者个人基本资料

根据澳门的实际情况以及本研究需要，将受试者的个人基本资料界定为：性别、年龄、学历、婚姻状况、职务、教学年资、学校规模、进修类别等，兹说明如下。

（1）性别：分为男、女二项。

（2）年龄：分为25岁以下、25—35岁、36—45岁、46—55岁、55岁以上五项。

（3）学历：分为大专、本科、硕士或博士、其他四项。

（4）婚姻状况：分为已婚、未婚、其他三项。

（5）职务：分为校长及主任、科组长/级组长、班主任、科任老师四项。

（6）教学年资：分为1—5年、6—10年、11—20年、20年以上四个阶段。

（7）学校规模：分为20班以下、20—30班、30班以上三类学校。

（8）进修类别：分为正规进修、非正规进修、非正式进修、正规进修和非正规进修、正规进修和非正式进修、非正规进修和非正式进修、三者结合七项。

2. 教师在职进修动机

本量表为"澳门私立中学教师在职进修动机与专业成长之关系调查问卷"第二部分，其目的在于了解教师在职进修动机的现况。本研究根据相关文献探讨，把教师在职进修动机分为"认知兴趣"、"社交关系"、"逃避或刺激"、"职业进展"、"外界期望"和"社会服务"六个层面，量表的内容安排如下。

（1）"认知兴趣"的题目共6题，分别为1、2、6、13、16、27。

（2）"社交关系"的题目共6题，分别为11、18、20、21、23、33。

（3）"逃避或刺激"的题目共6题，分别为3、25、26、29、34、36。

（4）"职业进展"的题目共6题，分别为7、9、10、15、22、28。

（5）"外界期望"的题目共 6 题，分别为 4、5、17、24、30、31。

（6）"社会服务"的题目共 6 题，分别为 8、12、14、19、32、35。

3. 教师专业成长

本量表为"澳门私立中学教师在职进修动机与专业成长之关系调查问卷"第三部分，其目的在于了解教师专业成长的现况。本研究根据相关文献探讨，把教师专业成长分为"教学知能"、"班级经营"、"一般知能"、"辅导知能"和"专业态度"六个层面，量表的内容分别安排如下。

（1）"教学知能"的题目共 6 题，分别为 40、43、48、52、60、63。

（2）"班级经营"的题目共 7 题，分别为 37、38、53、55、56、58、65。

（3）"一般知能"的题目共 6 题，分别为 41、46、50、59、61、66。

（4）"辅导知能"的题目共 5 题，分别为 42、45、49、62、64。

（5）"专业态度"的题目共 6 题，分别为 39、44、47、51、54、57。

（二）填答及计分方法

1. 受试者个人基本资料

教师要按照个人的真实情况，在题目的后面选取合适的项目作答。

2. 教师在职进修动机问卷

本量表采用李克特氏（Likert）五点量表（five point scale）方式作答，选项分别为"完全符合"、"非常符合"、"大多符合"、"不大符合"和"完全不符合"五个选项，受试者要根据自己的真实情况，在五个选项中勾选合适的项目。记量方法以"完全符合"得 5 分、"非常符合"得 4 分、"大多符合"得 3 分、"不大符合"得 2 分、"完全不符合"得 1 分，得分愈高表示其参与在职进修动机之程度愈高。

3. 教师专业成长问卷

本量表采用李克特氏（Likert）五点量表（five point scale）方式作答，选项分别为"完全符合"、"非常符合"、"大多符合"、"不大符合"和"完全不符合"五个选项，受试者要根据自己的真实情况，在五个选项中勾选合适的项目。记量方法以"完全符合"得 5 分、"非常符合"得 4 分、"大多符合"得 3 分、"不大符合"得 2 分、"完全不符合"得 1 分，得分愈高表示影响其专业成长之程度愈高。

(三) 访谈部分

本研究之访谈内容,目的在于搜集无法以问卷调查获得的更多信息,并为修正与完善正式问卷,做好准备工作(详细访谈内容请参见第五章)。

二 预试结果分析

预试问卷回收后,要进行资料处理与统计分析,以下就项目分析、因素分析及信度分析,最后呈现预试问卷结果及修订成正式预测问卷之过程。本研究之预试问卷分析过程叙述如下:

(一) 项目分析

1. 关于"教师在职进修动机"部分

本问卷进行预试后,先计算受试者在此题目的总分,以得分高低人数各27%,将填答者分为高分组及低分组,进行高低分组平均数差异的独立样本 t 检定,本研究预试问卷之教师在职进修动机量表项目分析结果整理见表3-4-1:

表3-4-1 "教师在职进修动机调查问卷"项目分析摘要表

层面	预试题号	决断值(CR 值)	与量表总分之相关	项目去除之 α 值	备注
认知兴趣	2	5.167***	.730***	.801	保留
	9	11.129***	.835***	.767	保留
	11	5.745***	.722***	.798	保留
	13	4.472***	.780***	.787	保留
	25	4.550***	.699***	.808	保留
	28	3.591***	.635***	.825	保留
社交关系	8	5.167***	.767***	.902	保留
	15	8.473***	.808***	.899	保留
	17	3.211***	.670***	.913	保留
	18	9.000***	.933***	.868	保留
	20	8.497***	.900***	.875	保留
	35	7.666***	.876***	.880	保留

续表

层面	预试题号	决断值（CR 值）	与量表总分之相关	项目去除之 α 值	备注
逃避或刺激	7	4.591***	.750***	.770	保留
	22	3.442***	.710***	.777	保留
	23	4.445***	.872***	.722	保留
	24	4.399***	.767***	.761	保留
	26	3.202***	.613***	.804	保留
	32	3.226***	.595**	.817	保留
职业进展	3	2.959***	.440*	.752	保留
	5	3.765***	.757***	.656	保留
	6	7.610***	.745***	.671	保留
	19	5.096***	.733***	.669	保留
	27	5.096***	.798***	.637	保留
	29	1.655	.360***	.760	保留
外界期望	1	3.627***	.194	.741	保留
	14	6.565***	.788***	.542	保留
	21	1.204	.302***	.717	保留
	30	6.565***	.814***	.515	保留
	31	2.482	.753***	.554	保留
	33	4.858***	.701***	.585	保留
社会服务	4	4.640***	.714***	.841	保留
	10	4.860***	.770***	.831	保留
	12	5.528***	.742***	.832	保留
	16	5.948***	.764***	.830	保留
	34	5.179***	.839***	.909	保留
	36	5.028***	.735***	.835	保留
判断标准		≥3.0	≥.30	≤.940	

总量表内部一致性 Cronbach α 系数为 .940

从教师在职进修动机量表项目分析摘要表可知，教师在职进修动机量表共有 36 题，在进行项目分析后，第 21、29、31 题 CR 值未达 3.0，但是它们与总分相关皆达到显著水平，故予以保留。另外，第 1 题与量表总分相关未达 .30，但是它的 CR 值达到 3.0，故予以保留。因此，除了这 4

题以外，其余题目在决断值、与总分相关皆达显著水平，同构型检验校正题目与总分的相关在.30以上，题项删除后的α系数皆未增加，故予以保留。

2. 关于"教师专业成长"部分

本研究预试问卷之教师专业成长量表项目分析结果整理见表3-4-2：

表3-4-2 "教师专业成长调查问卷"项目分析摘要表

层面	预试题号	决断值（CR值）	与量表总分之相关	项目去除之α值	备注
教学知能	1	5.904***	.767***	.775	保留
	8	3.796***	.762***	.7773	保留
	12	3.039***	.697***	.817	保留
	13	7.247***	.806***	.764	保留
	23	3.452***	.707***	.791	保留
	26	5.904***	.641***	.810	保留
班级经营	14	4.005***	.755***	.909	保留
	16	4.554***	.824***	.902	保留
	17	4.522***	.793***	.905	保留
	19	10.586***	.831***	.900	保留
	20	7.205***	.843***	.903	保留
	28	7.794***	.880***	.893	保留
	30	5.918***	.818***	.904	保留
一般知能	2	6.345***	.833***	.842	保留
	6	3.836***	.714***	.866	保留
	10	4.563***	.731***	.860	保留
	21	8.126***	.826***	.841	保留
	22	6.128***	.780***	.850	保留
	24	4.771***	.824***	.845	保留
辅导知能	3	4.688***	.708***	.855	保留
	5	3.792***	.807***	.818	保留
	9	4.306***	.779***	.830	保留
	25	6.784***	.845***	.807	保留
	27	8.382***	.836***	.810	保留

续表

层面	预试题号	决断值（CR值）	与量表总分之相关	项目去除之α值	备注
专业态度	4	4.158***	.798***	.897	保留
	7	5.421***	.893***	.879	保留
	11	7.761***	.864***	.887	保留
	15	5.657***	.871***	.884	保留
	18	5.735***	.731***	.860	保留
	29	4.619***	.778***	.903	保留
判断标准		≧3.0	≧.30	≦.972	

总量表内部一致性 Cronbach α 系数为 .972

从教师专业成长量表项目分析摘要表可知，教师专业成长量表共有30题，在进行项目分析后，结果显示30题的CR值均达显著（P≦.05），表示预试问卷30条题目均具有鉴别度，所有题目均能鉴别出不同受试者的反应程度；且题目与量表总分相等皆达显著水平，同构型检验校正题目与总分的相关在.30以上，题项删除后的α系数皆未增加，故皆予以保留。

（二）因素分析

1. 关于"教师在职进修动机"部分

在"教师在职进修动机预试问卷"上，以澳门私立中学教师为受试者，测量其对全部题目的反应，采取主成分分析因素，再以最大变异法进行直交转轴，以六个因子加以萃取。而且舍弃.30以下的绝对值，经因素分析后，根据特征值、解释变异量、因素负荷量，统整如表3-4-3。

表3-4-3 "教师在职进修动机调查问卷"因素分析摘要表

层面	预试问卷题号	正式问卷题号	因素负荷量	特征值	解释变异量%	累积总变异量%	备注
认知兴趣	2	6	.467				保留
	9	2	.640				保留
	11	13	.654	3.264	34.31	34.31	保留
	13	16	.551				保留
	25	1	.619				保留
	28	27	.502				保留

续表

层面	预试问卷题号	正式问卷题号	因素负荷量	特征值	解释变异量%	累积总变异量%	备注
社交关系	8	11	.750				保留
	15	18	.641				保留
	17	20	.725	4.142	6.59	40.9	保留
	18	21	.844				保留
	20	23	.684				保留
	35	33	.709				保留
逃避或刺激	7	29	.617				保留
	22	36	.791				保留
	23	3	.365	3.163	4.17	45.07	保留
	24	25	.477				保留
	26	26	.743				保留
	32	34	.327				保留
职业进展	3	7	.615				保留
	5	9	.618				保留
	6	10	.740	2.644	12.74	57.81	保留
	19	22	.648				保留
	27	15	.586				保留
	29	28	.648				保留
外界期望	1	5	.516				保留
	14	17	.635				保留
	21	24	.758	2.480	7.67	65.48	保留
	30	30	.661				保留
	31	31	.638				保留
	33	4	.656				保留
社会服务	4	8	.576				保留
	10	12	.754				保留
	12	14	.529	3.486	16.75	82.23	保留
	16	19	.541				保留
	34	32	.668				保留
	36	35	.551				保留

本研究预试问卷经过因素分析结果，保留因素负荷量.30以上的题目，故全部予以保留36题为正式问卷的题目。预试题目所抽取的六个因素解释变易量分别为4.17%、6.59%、7.67%、12.74%、16.75%、34.31%，累积总变异量为82.23%，特征值在.327—.844之间，显示本量表具有良好效度。

2. 关于"教师专业成长"部分

在"教师专业成长预试问卷"上，以澳门私立中学教师为受试者，测量其对全部题目的反应，采主成分分析因素，再以最大变异法进行直交转轴，以六个因子加以萃取。而且舍弃.30以下的绝对值，经因素分析后，根据特征值、解释变异量、因素负荷量，统整如表3-4-4。

表3-4-4 "教师专业成长调查问卷"因素分析摘要表

层面	预试问卷题号	正式问卷题号	因素负荷量	特征值	解释变异量%	累积总变异量%	备注
教学知能	1	40	.721				保留
	8	48	.806				保留
	12	52	.502	3.227	9.79	9.79	保留
	13	43	.764				保留
	23	60	.656				保留
	26	63	.638				保留
班级经营	14	37	.691				保留
	16	55	.738				保留
	17	56	.796				保留
	19	38	.806	4.728	32.7	42.49	保留
	20	58	.788				保留
	28	65	.903				保留
	30	53	.802				保留
一般知能	2	41	.779				保留
	6	46	.581				保留
	10	50	.780	3.714	16.94	59.43	保留
	21	66	.826				保留
	22	59	.705				保留
	24	61	.730				保留

续表

层面	预试问卷题号	正式问卷题号	因素负荷量	特征值	解释变异量%	累积总变异量%	备注
辅导知能	3	42	.607	3.176	6.45	65.88	保留
	5	45	.710				保留
	9	49	.729				保留
	25	62	.829				保留
	27	64	.835				保留
专业态度	4	44	.660	4.164	15.49	81.37	保留
	7	47	.840				保留
	11	51	.834				保留
	15	54	.816				保留
	18	57	.849				保留
	29	39	.648				保留

本研究预试问卷经过因素分析结果，保留因素负荷量.30以上的题目，故全部予以保留30题为正式问卷的题目。预试题目所抽取的六个因素解释变异量分别为6.45%、9.79%、15.49%、16.94%、32.7%，累积总变异量为81.37%，特征值在.502—.903之间，显示本量表具有良好效度。

三　信度分析

本研究的预试问卷经过项目分析和因素分析建构效度之后，要采用信度分析，进一步了解问卷的可靠性与有效性，以求得Cronbach α系数。信度是指测验工具所得之结果的一致性与稳定性，量表的信度愈大，则其测量标准误差愈小，总量表的信度系数最好在.80以上，如果在.70—.80之间，还算是可以接受的范围，分量表的信度系数最好在.70以上，如果是在.60—.70之间，还可以接受使用（吴明隆，2008）。本研究为使研究工具符合一致性与稳定性之标准，问卷之信度即采用Cronbach α系数，系数来考验测试其信度与衡量各分量表之一致性，Cronbach α系数愈大，则题目的一致性愈高，表示问卷的信度愈高。

以下分别就预试问卷和正式问卷的"教师在职进修动机量表"与"教师专业成长量表"的信度分析结果，整理如表3-4-5、表3-4-6、

表3-4-7、表3-4-8所示：

(一) 关于预试问卷的"教师在职进修动机量表"

表3-4-5　预试问卷"教师在职进修动机量表"之信度分析摘要表（N=30）

层面名称	内含题目（预试题号）	Cronbach α 系数
认知兴趣	2、9、11、13、25、28	.826
社交关系	8、15、17、18、20、35	.907
逃避或刺激	7、22、23、24、26、32	.807
职业进展	3、5、6、19、27、29	.735
外界期望	1、14、21、30、31、33	.667
社会服务	4、10、12、16、34、36	.854
总量表	共36题	.940

由上表可知，"教师在职进修动机量表"分为六大层面，共有36题，各分量表之Cronbach α系数分别如下："认知兴趣"为.826、"社交关系"为.907、"逃避或刺激"为.807、"职业进展"为.735、"外界期望"为.667、"社会服务"为.854，总量表则为.940。从这六大分量表来看，仅有"外界期望"和"职业进展"分量表的α系数的值在.667—.735之间。相反，其他各大层面都有较好信度。特别是总量表的α系数的值为.940，显示本量表题目的内部一致性佳，具有较高信度。

(二) 关于预试问卷的"教师专业成长量表"

表3-4-6　预试问卷"教师专业成长量表"之信度分析摘要表（N=30）

层面名称	内含题目（预试题号）	Cronbach α 系数
教学知能	1、8、12、13、23、26	.818
班级经营	14、16、17、19、20、28、30	.915
一般知能	2、6、10、21、22、24	.873
辅导知能	3、5、9、25、27	.854
专业态度	4、7、11、15、18、29	.909

续表

层面名称	内含题目（预试题号）	Cronbach α 系数
总量表	共 30 题	.972

由上表可知，"教师专业成长量表"分为五大层面，共有30题，各分量表之Cronbach α系数分别如下："教学知能"为.818、"班级经营"为.915、"一般知能"为.873、"辅导知能"为.854、"专业态度"为.909，总量表则为.972。

从这五大分量表来看，它们的α系数的值在.818—.915之间，其他各大层面都有较好信度。特别是总量表的α系数的值为.972，显示本量表题目的内部一致性极佳，本问卷的信度十分高。

（三）关于正式问卷的"教师在职进修动机量表"

表3-4-7　正式问卷"教师在职进修动机量表"之信度分析摘要表（N=424）

层面名称	内含题目（正式题号）	Cronbach α 系数
认知兴趣	1、2、6、13、16、27	.861
社交关系	11、18、20、21、23、33	.759
逃避或刺激	3、25、26、29、34、36	.682
职业进展	7、9、10、15、22、28	.550
外界期望	4、5、17、24、30、31	.455
社会服务	8、12、14、19、32、35	.798
总量表	共 36 题	.914

由上表可知，"教师在职进修动机量表"分为六大层面，共有36题，各分量表之Cronbach α系数分别如下："认知兴趣"为.861、"社交关系"为.759、"逃避或刺激"为.682、"职业进展"为.550、"外界期望"为.455、"社会服务"为.798，总量表则为.914。

从这六大分量表来看，仅有"职业进展"和"外界期望"分量表的α系数的值低于.60以下，究其原因，可能是问卷题数不多。相反，其他各大层面都有较好信度。特别是总量表的α系数的值为.914，显示本量表题目的内部一致性佳,具有甚高信度。

(四)关于正式问卷的"教师专业成长量表"

表3-4-8　　　　正式问卷"教师专业成长量表"之信度分析
摘要表(N=424)

层面名称	内含题目(正式题号)	Cronbach α 系数
教学知能	40、43、48、52、60、63	.789
班级经营	37、38、53、55、56、58、65	.767
一般知能	41、46、50、59、61、66	.865
辅导知能	42、45、49、62、64	.853
专业态度	39、44、47、51、54、57	.719
总量表	共30题	.945

由上表可知,"教师专业成长量表"分为五大层面,共有30题,各分量表之Cronbach α系数分别如下:"教学知能"为.789、"班级经营"为.767、"一般知能"为.865、"辅导知能"为.853、"专业态度"为.719,总量表则为.945。

从这五大分量表来看,它们的α系数的值在.719—.865之间,其他各大层面都有较好信度。特别是总量表的α系数的值为.945,显示本量表题目的内部一致性极佳,本问卷的信度十分高。

第五节　资料处理与统计分析

本研究之调查问卷回收后,进行资料处理,并以问卷调查所得资料,相继以SPSS16.0中文版计算机统计软件来进行各项分析,以解答本研究探讨之问题。兹把本研究所使用资料处理的方式及统计分析如下。

一　资料处理

(一)剔除无效问卷

当正式问卷回收之后,要检查每份问卷的真实回答情形和正确性,针对基本资料不完整,问卷内文填写出现漏项等现象,将予以剔除。

（二）资料输入

剔除无效问卷之后，把每一份有效问卷依先后次序编号，并把其问卷资料逐步输入计算机，以建立计算机档案，使问卷调查资料成为统计资料。

（三）资料核查

资料建文件完成之后，把所输入的资料打印出来，并检视资料是否有未输入值或未设定安排之数值，如有错误予以修正，使资料完全正确后，再统计分析。

二 统计分析方法

（一）预试问卷

回收预试问卷后，以计算机统计软件 SPSS for Windows16.0 中文版，进行资料处理与统计分析，本研究预试问卷所采用的统计方法如下。

1. 项目分析

通过项目分析对预试问卷个别题目作适当检核，找出每条题目的决断值（即 CR 值），以及题目与总分相关，以删除未达显著水平之题目。

2. 因素分析

项目分析之后，接下来便是进行因素分析，求出预试问卷各量表之建构效度，找出量表的潜在结构因素。

3. 信度分析

因素分析之后，再利用信度分析来考验总量表与各分量表的一致性，从而落实本研究的正式研究问卷。

（二）正式问卷

回收正式问卷之后，以计算机统计软件 SPSS for Windows16.0 中文版，进行资料处理与统计分析，本研究正式问卷所采用的统计方法如下。

1. 描述性统计分析

本研究运用次数分配表、百分比、平均数与标准偏差等做叙述统计，以说明教师背景变项、教师在职进修动机与专业成长之现况。

2. 平均独立样本 t 检定

以受试者的性别为自变项，"教师在职进修动机调查问卷"与"教师专业成长调查问卷"之各向度与总量表为依变项，使用 t 考验不同性别之教师于"教师在职进修动机调查问卷"与"教师专业成长调查问卷"各向度及总量表的比较。

3. 单因子变异数分析

以教师的背景变项（年龄、学历、婚姻状况、职务、教学年资、学校规模和进修类别）为自变项，"教师在职进修动机调查问卷"与"教师专业成长调查问卷"之各向度与总量表为依变项，进行单因子变异数分析，考验不同之教师于"教师在职进修动机调查问卷"与"教师专业成长调查问卷"各向度及总量表的差异情形。若单因子变异数分析达到显著差异，则以薛费法（Scheffe method）进行事后比较，考验各组间平均数之间的差异。

4. 皮尔逊积差相关

本研究探讨教师在职进修动机与专业成长在各层面及整体上的相关程度。

5. 多元逐步回归分析

本研究以教师参与在职进修动机各层面为预测变项，教师专业成长整体及各层面为依变项，求其多元逐步回归分析，以说明教师参与在职进修动机，对教师专业成长整体及其各层面之解释力。

三 访谈资料分析

根据正式问卷统计分析之结果，进行教师个别深度访谈，进行访谈资料整理与分析（详细请参看第五章）。

第四章 澳门私立中学教师在职进修动机与专业成长的量化研究

本研究旨在依据调查问卷所得资料,进行处理与分析统计,目的是了解澳门私立中学教师在职进修动机与专业成长的现况、差异、相关和预测力等情况。

第一节 澳门私立中学教师在职进修动机与专业成长之现况分析

本节主要是了解澳门私立中学教师在职进修动机与专业成长之强弱实际程度。按照受试者在本研究"澳门私立中学教师在职进修动机与专业成长之关系研究问卷"的答案结果,受访教师在"在职进修动机"与"专业成长"各个层面和整体层面的反应,以求得全部受试者的平均数与标准差。以下分别探讨教师在职进修动机与专业成长之现况,以及各个层面和整体层面之情况。

一 澳门私立中学教师在职进修动机之现况分析

本研究之教师在职进修动机有六大层面,包括"认知兴趣"、"社交关系"、"逃避或刺激"、"职业进展"、"外界期望"和"社会服务"。当中"认知兴趣"是指教师追求知识而参与培训;"社交关系"是指教师改进和扩展社交生活而参与培训;"逃避或刺激"是指教师为了逃避或追求生活刺激而参与进修;"职业进展"是指教师为了取得更高学历、文凭、资格而参与进修;"外界期望"是指教师因为外界人士的力量而参与进修;"社会服务"是指教师基于社会问题而参与进修。

本研究分析受试者的分数之后,将教师在职进修动机各个层面与整体现况之分布情况整理如表4-1-1所示。

表4-1-1　受试者在各种在职进修动机的平均数与标准差（N=424）

层面名称	平均数（M）	标准差（SD）	在职进修动机强度排列
认知兴趣	3.90	.63	1
社交关系	2.96	.62	5
逃避或刺激	2.94	.64	6
职业进展	3.34	.51	3
外界期望	3.06	.51	4
社会服务	3.45	.61	2
整体在职进修动机	3.28	.47	—

由表4-1-1可以归纳出以下两点。

（一）就整体层面而言

教师在职进修动机整体层面的平均分为3.28分（最高分数为5），反映教师在职进修动机在中等分数以上（平均数在3.00—4.00之间）。

研究结果显示，教师参与在职进修动机的情况大致良好，教师在职进修动机偏向较正向的程度。

（二）就分层面而言

就澳门私立中学教师在职进修动机各层面来看，有四个层面都处于中等分数以上（平均数在3.00—4.00之间），其中以"认知兴趣"（M=3.90）的程度最强，排在首位。其次以"社会服务"（M=3.45）排在第二位；次者以"职业进展"（M=3.34）排在第三位；再次者以"外界期望"（M=3.06）排在第四位。只有"社交关系"（M=2.96）、"逃避或刺激"（M=2.94）排在第五和第六位，略低于中等分数以下，且"逃避或刺激"所获得的分数最低。

研究结果显示，从教师在职进修动机的六个分层面来看，教师参与在职进修动机以"认知兴趣"层面为最高，高于其他五个分层面，而且在教师参与在职进修动机的整体层面和各层面皆属于较正向的程度。

二 澳门私立中学教师专业成长之现况分析

本研究之澳门私立中学教师专业成长共分五大层面,包括"教学知能"、"班级经营"、"一般知能"、"辅导知能"和"专业态度"。当中"教学知能"是指在教学过程中,教师必须要具备一定程度的学科知识和教学技能;"班级经营"是指教师对教室的管理、学生秩序的维持及行为偏差学生的辅导;"一般知能"是指应用于解决一般问题的实际能力;"辅导知能"是指教师了解学生心理和生理的发展特点,以及在学校和班级中,人与人之间的关系发展;"专业态度"是指教师为解决教学中遇到的困难,能够自我反思、自我检讨、自我认同,以及增进专业知能的方法。

本研究分析受试者的分数之后,将教师专业成长各个层面与整体现况之分布情况整理如表4-1-2所示。

表4-1-2 受试者在各种专业成长的平均数与标准差（N=424）

层面名称	平均数（M）	标准差（SD）	专业成长强度排列
教学知能	3.50	.47	4
班级经营	3.67	.60	1
一般知能	3.66	.56	2
辅导知能	3.49	.57	5
专业态度	3.52	.52	3
整体专业成长	3.61	.50	—

由表4-1-2可以归纳出以下两点。

（一）就整体层面而言

教师专业成长整体层面的平均分为3.61分（最高分数为5），反映教师专业成长在中等分数以上（平均数在3.00—4.00之间）。

研究结果显示,教师专业成长的情况大致良好,教师专业成长偏向正向程度。

（二）就分层面而言

就教师专业成长各层面来看,每一个层面都处于中等分数以上（平均数在 3.00—4.00 之间），其中以"班级经营"（M = 3.67）的程度最强，排在首位。其次以"一般知能"（M = 3.66）排在第二位；次者以"专业态度"（M = 3.52）排在第三位；再次者以"教学知能"（M = 3.50）排在第四位；而"辅导知能"（M = 3.49）所获得的分数最低。

研究结果显示，从教师专业成长的五个分层面来看，教师的专业成长以"班级经营"层面为最高，高于其他四个分层面，而且在澳门私立中学教师专业成长的整体层面和各层面皆属于较高正向的程度。

第二节 澳门私立中学教师在职进修动机之差异分析

本节主要探讨不同背景变项之澳门私立中学教师在职进修动机的差异情形。首先，以性别与是否曾参与在职进修动机进行独立样本 t 考验（t test）。同时，再以其他不同背景变项，包括年龄、学历、婚姻状况、职务、教学年资、进修类别等，对参与在职进修动机则进行单因子变异数分析（One Way ANOVA）。假若 t 考验、单因子变异数分析达显著水平（P < .05），则以薛费法（Scheffe method）进行事后比较，考验各组间平均数之间的差异。

一 不同性别的教师参与在职进修动机之差异分析

本研究以 t 考验来探讨不同性别的教师参与在职进修动机各层面上的差异分析，其分析结果如表 4 - 2 - 1 所示。

表 4 - 2 - 1　　不同性别的教师参与在职进修动机差异摘要表

层面名称	性别	人数	平均数	标准差	t 值	P 值	差异
认知兴趣	（1）男	142	3.89	.62	- .80	.936	
	（2）女	282	3.90	.63			
社交关系	（1）男	142	3.07	.59	2.638	.009	
	（2）女	282	2.91	.62			
逃避或刺激	（1）男	142	2.98	.60	.860	.390	
	（2）女	282	2.92	.66			

续表

层面名称	性别	人数	平均数	标准差	t值	P值	差异
职业进展	(1) 男	142	3.36	.54	.484	.629	
	(2) 女	282	3.33	.53			
外界期望	(1) 男	142	3.08	.51	.372	.711	1>2
	(2) 女	282	3.06	.52			
社会服务	(1) 男	142	3.52	.59	1.465	.144	
	(2) 女	282	3.42	.63			
整体层面	(1) 男	142	3.32	.46	1.238	.897	
	(2) 女	282	3.26	.47			

由表4-2-1可以归纳出以下两点。

（一）就整体层面而言

不同性别之教师于"在职进修动机"的整体层面，经过t考验分析后的结果显示，男性教师（M=3.32，SD=.46），女性教师（M=3.26，SD=.47），其差异均没有达显著水平（t=.897，p>.05），即不同性别教师在"在职进修动机"的整体层面得分上并没有显著差异。

（二）就分层面而言

不同性别之教师于"在职进修动机"的各分层面，经过t考验分析后的结果显示，"外界期望"层面达到显著水平。其中"外界期望"（t=.372，p<.05）层面上的得分均达到显著差异，即男性教师在"外界期望"显著高于女性教师。然而，在"认知兴趣"、"社交关系"、"逃避或刺激"、"职业进展"和"社会服务"五个层面均没有达到显著差异，即男女教师在"认知兴趣"、"社交关系"、"逃避或刺激"、"职业进展"和"社会服务"的得分上并没有显著差异。

二 不同年龄的教师参与在职进修动机之差异分析

本研究以单因子变异数分析来探讨不同年龄之教师参与在职进修动机各层面上的差异，其分析结果如表4-2-2所示。

表4-2-2　不同年龄的教师参与在职进修动机之单因子变异数摘要表

层面名称	年龄	人数	平均数	标准差	F值	P值	事后比较
认知兴趣	(1) 25岁以下	18	3.91	.73	1.211	.306	
	(2) 25—35岁	200	3.84	.61			
	(3) 36—45岁	151	3.93	.62			
	(4) 46—55岁	40	4.01	.60			
	(5) 55岁以上	15	4.08	.79			
社交关系	(1) 25岁以下	18	3.18	.71	1.141	.337	
	(2) 25—35岁	200	2.97	.60			
	(3) 36—45岁	151	2.96	.61			
	(4) 46—55岁	40	2.88	.61			
	(5) 55岁以上	15	2.76	.82			
逃避或刺激	(1) 25岁以下	18	3.01	.90	.288	.886	
	(2) 25—35岁	200	3.35	.62			
	(3) 36—45岁	151	3.33	.63			
	(4) 46—55岁	40	3.37	.70			
	(5) 55岁以上	15	3.23	.61			
职业进展	(1) 25岁以下	18	3.38	.69	.243	.914	
	(2) 25—35岁	200	3.35	.48			
	(3) 36—45岁	151	3.33	.53			
	(4) 46—55岁	40	3.37	.62			
	(5) 55岁以上	15	3.23	.71			
外界期望	(1) 25岁以下	18	3.10	.74	.644	.632	
	(2) 25—35岁	200	3.09	.47			
	(3) 36—45岁	151	3.02	.53			
	(4) 46—55岁	40	3.11	.54			
	(5) 55岁以上	15	2.96	.62			
社会服务	(1) 25岁以下	18	3.37	.83	2.539	.039	3>2
	(2) 25—35岁	200	3.36	.57			
	(3) 36—45岁	151	3.56	.61			
	(4) 46—55岁	40	3.51	.60			
	(5) 55岁以上	15	3.53	.82			

续表

层面名称	年龄	人数	平均数	标准差	F 值	P 值	事后比较
整体层面	(1) 25 岁以下	18	3.32	.69	.187	.945	
	(2) 25—35 岁	200	3.26	.43			
	(3) 36—45 岁	151	3.29	.47			
	(4) 46—55 岁	40	3.30	.46			
	(5) 55 岁以上	15	3.23	.62			

由表 4-2-2 可以归纳出以下两点。

（一）就整体层面而言

不同年龄之教师于"在职进修动机"的整体层面，经过单因子变异数分析后的结果显示，F 值未达到 .05 显著水平，表示不同年龄之澳门私立中学教师参与在职进修动机整体层面的得分上并没有显著差异。

（二）就分层面而言

由各层面 F 值可知，不同年龄之教师于"在职进修动机"的各分层面，在"社会服务"之单因子变异数分析分别达到显著水平，随即采用薛费法（Scheffe method）进行事后比较和进一步分析，结果发现：

1. 在"社会服务"层面上，不同年龄的教师"36—45 岁"教师显著高于"25—35 岁"教师。

2. 换言之，"认知兴趣"、"逃避或刺激"、"社交关系"、"职业进展"、与"外界期望"层面均没有达到显著差异。

三 不同学历的教师参与在职进修动机之差异分析

本研究以单因子变异数分析来探讨不同学历之教师参与在职进修动机各层面上的差异，其分析结果如表 4-2-3 所示。

表4-2-3 不同学历的教师参与在职进修动机之单因子变异数摘要表

层面名称	学历	人数	平均数	标准差	F值	P值	事后比较
认知兴趣	(1) 大专	34	3.87	.67	2.152	.093	
	(2) 本科	283	3.85	.64			
	(3) 硕士或博士	104	4.04	.56			
	(4) 其他	3	3.83	.29			
社交关系	(1) 大专	34	3.12	.51	1.659	.175	
	(2) 本科	283	2.92	.66			
	(3) 硕士或博士	104	3.01	.51			
	(4) 其他	3	3.28	.10			
逃避或刺激	(1) 大专	34	3.06	.63	2.670	.047	
	(2) 本科	283	2.88	.67			
	(3) 硕士或博士	104	3.06	.56			
	(4) 其他	3	3.28	.67			
职业进展	(1) 大专	34	3.35	.50	3.756	.011	3>2
	(2) 本科	283	3.29	.54			
	(3) 硕士或博士	104	3.47	.49			
	(4) 其他	3	3.72	.10			
外界期望	(1) 大专	34	3.18	.59	1.054	.368	
	(2) 本科	283	3.04	.54			
	(3) 硕士或博士	104	3.07	.41			
	(4) 其他	3	3.33	.17			
社会服务	(1) 大专	34	3.32	.59	3.569	.014	3>2
	(2) 本科	283	3.41	.64			
	(3) 硕士或博士	104	3.62	.54			
	(4) 其他	3	3.50	.44			
整体层面	(1) 大专	34	3.32	.48	2.831	.038	
	(2) 本科	283	3.23	.49			
	(3) 硕士或博士	104	3.38	.37			
	(4) 其他	3	3.49	.10			

由表4-2-3可以归纳出以下两点。

(一) 就整体层面而言

不同学历之澳门私立中学教师于"在职进修动机"的整体层面,经过单因子变异数分析后的结果显示,F 值达到 .05 显著水平,表示不同学历之澳门私立中学教师参与在职进修动机整体层面的得分上达到显著差异,随即采用薛费法(Scheffe method)进行事后比较和进一步分析,结果发现,男女教师在整体在职进修动机层面并没有显著差异。

(二) 就分层面而言

由各层面 F 值可知,不同学历之澳门私立中学教师于"在职进修动机"的各分层面,在"逃避或刺激"、"职业进展"与"社会服务"之单因子变异数分析分别达到显著水平,随即采用薛费法(Scheffe method)进行事后比较和进一步分析,结果发现:

1. 在"职业进展"层面上,不同学历的教师,"硕士或博士"教师显著高于"本科"教师。
2. 在"社会服务"层面上,不同学历的教师,"硕士或博士"教师显著高于"本科"教师。
3. 在"逃避或刺激"层面经过事后比较的结果并没有显著差异。
4. 换言之,"认知兴趣"、"外界期望"与"社交关系"层面均没有显著差异。

四 不同婚姻状况的教师参与在职进修动机之差异分析

本研究以单因子变异数分析来探讨不同婚姻状况之教师参与在职进修动机各层面上的差异,其分析结果如表 4-2-4 所示。

表 4-2-4　不同婚姻状况的教师参与在职进修动机之单因子
变异数摘要表

层面名称	婚姻状况	人数	平均数	标准差	F 值	P 值	事后比较
认知兴趣	(1) 已婚	270	3.92	.61	1.109	.331	
	(2) 未婚	151	3.86	.66			
	(3) 其他	3	4.33	.44			

续表

层面名称	婚姻状况	人数	平均数	标准差	F 值	P 值	事后比较
社交关系	(1) 已婚	270	2.97	.61	.182	.833	
	(2) 未婚	151	2.94	.63			
	(3) 其他	3	3.11	.19			
逃避或刺激	(1) 已婚	270	2.90	.60	1.254	.286	
	(2) 未婚	151	3.00	.70			
	(3) 其他	3	3.00	.76			
职业进展	(1) 已婚	270	3.33	.54	2.351	.097	
	(2) 未婚	151	3.34	.50			
	(3) 其他	3	4.00	.33			
外界期望	(1) 已婚	270	3.03	.50	1.978	.140	
	(2) 未婚	151	3.12	.53			
	(3) 其他	3	3.28	.84			
社会服务	(1) 已婚	270	3.50	.59	2.480	.085	
	(2) 未婚	151	3.37	.65			
	(3) 其他	3	3.61	.59			
整体层面	(1) 已婚	270	3.28	.45	.538	.584	
	(2) 未婚	151	3.27	.50			
	(3) 其他	3	3.56	.45			

由表 4-2-4 可以归纳出以下两点。

(一) 就整体层面而言

不同婚姻状况之教师于"在职进修动机"的整体层面，经过单因子变异数分析后的结果显示，F 值未达到 .05 显著水平，表示不同婚姻状况之教师参与在职进修动机整体层面的得分上并没有显著差异。

(二) 就分层面而言

由各层面 F 值可知，不同婚姻状况之教师于"在职进修动机"的各分层面，在"认知兴趣"、"社交关系"、"逃避或刺激"、"职业进展"、"外界期望"与"社会服务"之单因子变异数分析，均没有达到显著差异。

五　不同职务的教师参与在职进修动机之差异分析

本研究以单因子变异数分析来探讨不同职务之教师参与在职进修动机各层面上的差异，其分析结果如表4-2-5所示。

表4-2-5　不同职务的教师参与在职进修动机之单因子变异数摘要表

层面名称	职务	人数	平均数	标准差	F值	P值	事后比较
认知兴趣	(1) 校长及主任	27	4.12	.57	1.883	.132	
	(2) 科组长/级组长	75	3.98	.60			
	(3) 班主任	136	3.87	.65			
	(4) 科任老师	186	3.86	.63			
社交关系	(1) 校长及主任	27	3.15	.68	1.138	.333	
	(2) 科组长/级组长	75	3.00	.58			
	(3) 班主任	136	2.95	.60			
	(4) 科任老师	186	2.93	.63			
逃避或刺激	(1) 校长及主任	27	3.10	.76	.822	.482	
	(2) 科组长/级组长	75	2.94	.58			
	(3) 班主任	136	2.96	.66			
	(4) 科任老师	186	2.91	.63			
职业进展	(1) 校长及主任	27	3.48	.60	1.849	.138	
	(2) 科组长/级组长	75	3.39	.48			
	(3) 班主任	136	3.37	.57			
	(4) 科任老师	186	3.28	.50			
外界期望	(1) 校长及主任	27	3.22	.53	1.170	.321	
	(2) 科组长/级组长	75	3.05	.49			
	(3) 班主任	136	3.08	.53			
	(4) 科任老师	186	3.03	.51			
社会服务	(1) 校长及主任	27	3.73	.71	4.147	.007	1＞4
	(2) 科组长/级组长	75	3.57	.57			
	(3) 班主任	136	3.46	.61			
	(4) 科任老师	186	3.37	.60			

续表

层面名称	职务	人数	平均数	标准差	F值	P值	事后比较
整体层面	(1) 校长及主任	27	3.47	.56	2.488	.060	
	(2) 科组长/级组长	75	3.32	.43			
	(3) 班主任	136	3.28	.48			
	(4) 科任老师	186	3.28	.45			

由表 4-2-5 可以归纳出以下两点。

(一) 就整体层面而言

不同职务之教师于"在职进修动机"的整体层面，经过单因子变异数分析后的结果显示，F值未达到.05显著水平，表示不同职务之教师参与在职进修动机整体层面的得分上并没有显著差异。

(二) 就分层面而言

由各层面F值可知，不同职务之教师于"在职进修动机"的各分层面，在"社会服务"之单因子变异数分析分别达到显著水平，随即采用薛费法（Scheffe method）进行事后比较和进一步分析，结果发现：

1. 在"社会服务"层面上，不同职务的教师，"校长及主任"教师显著高于"科任老师"教师。

2. 换言之，"认知兴趣"、"社交关系"、"逃避或刺激"、"职业进展"与"外界期望"层面均没有达到显著差异。

六 不同教学年资的教师参与在职进修动机之差异分析

本研究以单因子变异数分析来探讨不同教学年资之教师参与在职进修动机各层面上的差异，其分析结果如表 4-2-6 所示。

表4-2-6 不同教学年资的教师参与在职进修动机之单因子变异数摘要表

层面名称	教学年资	人数	平均数	标准差	F值	P值	事后比较
认知兴趣	(1) 1—5年	83	3.90	.64	2.726	.044	
	(2) 6—10年	116	3.78	.58			
	(3) 11—20年	170	3.93	.65			
	(4) 20年以上	55	4.06	.62			
社交关系	(1) 1—5年	83	3.09	.63	2.203	.087	
	(2) 6—10年	116	2.93	.56			
	(3) 11—20年	170	2.97	.63			
	(4) 20年以上	55	2.83	.66			
逃避或刺激	(1) 1—5年	83	3.01	.70	.866	.459	
	(2) 6—10年	116	2.93	.57			
	(3) 11—20年	170	2.95	.68			
	(4) 20年以上	55	2.83	.59			
职业进展	(1) 1—5年	83	3.42	.52	1.009	.389	
	(2) 6—10年	116	3.30	.47			
	(3) 11—20年	170	3.35	.55			
	(4) 20年以上	55	3.29	.58			
外界期望	(1) 1—5年	83	3.13	.55	.663	.575	
	(2) 6—10年	116	3.04	.43			
	(3) 11—20年	170	3.05	.54			
	(4) 20年以上	55	3.04	.52			
社会服务	(1) 1—5年	83	3.39	.58	3.314	.020	3>2
	(2) 6—10年	116	3.34	.54			
	(3) 11—20年	170	3.56	.67			
	(4) 20年以上	55	3.46	.58			
整体层面	(1) 1—5年	83	3.32	.49	1.043	.373	
	(2) 6—10年	116	3.32	.39			
	(3) 11—20年	170	3.30	.50			
	(4) 20年以上	55	3.25	.46			

由表4-2-6可以归纳出以下两点。

（一）就整体层面而言

不同教学年资之教师于"在职进修动机"的整体层面，经过单因子变异数分析后的结果显示，F值未达到.05显著水平，表示不同教学年资之教师参与在职进修动机整体层面的得分上并没有显著差异。

（二）就分层面而言

由各层面F值可知，不同教学年资之教师于"在职进修动机"的各分层面，在"认知兴趣"与"社会服务"之单因子变异数分析分别达到显著水平，随即采用薛费法（Scheffe method）进行事后比较和进一步分析，结果发现：

1. 在"社会服务"层面上，不同教学年资的教师，"11—20年"教师显著高于"6—10年"教师。
2. 在"认知兴趣"层面经过事后比较的结果并没有显著差异。
3. 换言之，"社交关系"、"逃避或刺激"、"职业进展"与"外界期望"层面均没有达到显著差异。

七 不同学校规模的教师参与在职进修动机之差异分析

本研究以单因子变异数分析来探讨不同学校规模之教师参与在职进修动机各层面上的差异，其分析结果如表4-2-7所示。

表4-2-7 不同学校规模的教师参与在职进修动机之单因子变异数摘要表

层面名称	学校规模	人数	平均数	标准差	F值	P值	事后比较
认知兴趣	（1）20班以下	130	3.79	.65	5.994	.003	2>1
	（2）20—30班	93	4.08	.58			
	（3）30班以上	201	3.89	.62			
社交关系	（1）20班以下	130	2.95	.62	.114	.892	
	（2）20—30班	93	2.94	.66			
	（3）30班以上	201	2.98	.60			
逃避或刺激	（1）20班以下	130	2.90	.61	.301	.741	
	（2）20—30班	93	2.97	.64			
	（3）30班以上	201	2.95	.66			

续表

层面名称	学校规模	人数	平均数	标准差	F值	P值	事后比较
职业进展	(1) 20班以下	130	3.25	.49	3.621	.028	2>1
	(2) 20—30班	93	3.43	.51			
	(3) 30班以上	201	3.36	.55			
外界期望	(1) 20班以下	130	3.01	.52	1.006	.336	
	(2) 20—30班	93	3.06	.46			
	(3) 30班以上	201	3.09	.54			
社会服务	(1) 20班以下	130	3.37	.66	4.757	.009	2>1
	(2) 20—30班	93	3.62	.62			
	(3) 30班以上	201	3.43	.57			
整体层面	(1) 20班以下	130	3.21	.47	2.434	.089	
	(2) 20—30班	93	3.35	.45			
	(3) 30班以上	201	3.28	.47			

由表4-2-7可以归纳出以下两点。

（一）就整体层面而言

不同学校规模之教师于"在职进修动机"的整体层面，经过单因子变异数分析后的结果显示，F值未达到.05显著水平，表示不同学校规模之教师参与在职进修动机整体层面的得分上并没有显著差异。

（二）就分层面而言

由各层面F值可知，不同学校规模之教师于"在职进修动机"的各分层面，在"认知兴趣"与"社会服务"之单因子变异数分析分别达到显著水平，随即采用薛费法（Scheffe method）进行事后比较和进一步分析，结果发现：

1. 在"认知兴趣"层面上，不同学校规模的教师，"20—30班"教师显著高于"20班以下"教师。

2. 在"职业进展"层面上，不同学校规模的教师，"20—30班"教师显著高于"20班以下"教师。

3. 在"社会服务"层面上，不同学校规模的教师，"20—30班"教师显著高于"20班以下"教师。

4. 换言之，"社交关系"、"逃避或刺激"与"外界期望"层面均没有达到显著差异。

八 不同进修类别的教师参与在职进修动机之差异分析

本研究以单因子变异数分析来探讨不同进修类别之教师参与在职进修动机各层面上的差异，其分析结果如表4-2-8所示。

表4-2-8 不同进修类别的教师参与在职进修动机之单因子变异数摘要表

层面名称	进修类别	人数	平均数	标准差	F值	P值	事后比较
认知兴趣	（1）正规进修	104	3.88	.59	1.321	.247	
	（2）非正规进修	128	3.84	.66			
	（3）非正式进修	31	3.78	.59			
	（4）正规与非正规进修	42	3.92	.65			
	（5）正规与非正式进修	7	3.95	.62			
	（6）非正规与非正式进修	39	3.96	.56			
	（7）三者进修结合	43	4.11	.71			
社交关系	（1）正规进修	104	3.06	.56	6.669	.000	1＞2 4＞2 7＞2 7＞3
	（2）非正规进修	128	2.76	.57			
	（3）非正式进修	31	2.79	.57			
	（4）正规与非正规进修	42	3.18	.73			
	（5）正规与非正式进修	7	2.76	.63			
	（6）非正规与非正式进修	39	2.94	.56			
	（7）三者进修结合	43	3.29	.65			
逃避或刺激	（1）正规进修	104	3.03	.60	3.016	.007	
	（2）非正规进修	128	2.77	.61			
	（3）非正式进修	31	2.97	.56			
	（4）正规与非正规进修	42	3.12	.75			
	（5）正规与非正式进修	7	3.24	.73			
	（6）非正规与非正式进修	39	2.90	.67			
	（7）三者进修结合	43	3.06	.61			

续表

层面名称	进修类别	人数	平均数	标准差	F值	P值	事后比较
职业进展	（1）正规进修	104	3.37	.48	3.448	.002	7＞2
	（2）非正规进修	128	3.22	.47			
	（3）非正式进修	31	3.23	.56			
	（4）正规与非正规进修	42	3.47	.62			
	（5）正规与非正式进修	7	3.21	.54			
	（6）非正规与非正式进修	39	3.36	.52			
	（7）三者进修结合	43	3.58	.61			
外界期望	（1）正规进修	104	3.08	.48	2.759	.012	4＞2
	（2）非正规进修	128	2.95	.46			
	（3）非正式进修	31	3.01	.43			
	（4）正规与非正规进修	42	3.29	.61			
	（5）正规与非正式进修	7	3.29	.65			
	（6）非正规与非正式进修	39	3.10	.53			
	（7）三者进修结合	43	3.06	.57			
社会服务	（1）正规进修	104	3.45	.58	4.540	.000	7＞2
	（2）非正规进修	128	3.31	.57			
	（3）非正式进修	31	3.28	.57			
	（4）正规与非正规进修	42	3.62	.71			
	（5）正规与非正式进修	7	3.38	.47			
	（6）非正规与非正式进修	39	3.52	.55			
	（7）三者进修结合	43	3.78	.71			
整体层面	（1）正规进修	104	3.31	.42	4.514	.000	4＞2 7＞2
	（2）非正规进修	128	3.14	.43			
	（3）非正式进修	31	3.18	.43			
	（4）正规与非正规进修	42	3.43	.58			
	（5）正规与非正式进修	7	3.30	.44			
	（6）非正规与非正式进修	39	3.30	.43			
	（7）三者进修结合	43	3.48	.53			

由表4-2-8可以归纳出以下两点。

(一) 就整体层面而言

不同进修类别之教师于"在职进修动机"的整体层面，经过单因子变异数分析后的结果显示，F 值达到 .05 显著水平，表示不同进修类别之教师参与在职进修动机整体层面的得分上达到显著差异，随即采用薛费法（Scheffe method）进行事后比较和进一步分析，结果发现，"正规与非正规进修"教师显著高于"非正规进修"教师，以及"三者进修结合"教师显著高于"非正规进修"教师。

(二) 就分层面而言

由各层面 F 值可知，不同进修类别之教师于"在职进修动机"的各分层面，在"社会服务"之单因子变异数分析分别达到显著水平，随即采用薛费法（Scheffe method）进行事后比较和进一步分析，结果发现：

1. 在"社交关系"层面上，不同进修类别的教师，"正规进修"教师显著高于"非正规进修"教师；而"正规与非正规进修"教师显著高于"非正规进修"；"三者进修结合"教师显著高于"非正规进修"、"非正式进修"教师。

2. 在"职业进展"层面上，不同进修类别的教师，"三者进修结合"教师显著高于"非正规进修"教师。

3. 在"外界期望"层面上，不同进修类别的教师，"正规与非正规进修"教师显著高于"非正规进修"教师。

4. 在"社会服务"层面上，不同进修类别的教师，"三者进修结合"教师显著高于"非正规进修"教师。

5. 在"逃避或刺激"层面经过事后比较的结果并没有显著差异。

6. 换言之，"认知兴趣"层面没有达到显著差异。

第三节 澳门私立中学教师专业成长之差异分析

本研究以 t 考验来探讨不同性别的教师专业成长各层面上的差异，其分析结果如表 4-3-1 所示。

一　不同性别的教师专业成长之差异分析

表4-3-1　　　　　　　不同性别的教师专业成长差异摘要表

层面名称	性别	人数	平均数	标准差	t 值	P 值	差异
教学知能	(1) 男	142	3.48	.46	-7.14	.476	
	(2) 女	282	3.51	.47			
班级经营	(1) 男	142	3.66	.67	-.182	.855	
	(2) 女	282	3.68	.56			
一般知能	(1) 男	142	3.72	.59	1.043	.298	1>2
	(2) 女	282	3.65	.55			
辅导知能	(1) 男	142	3.72	.55	.534	.594	
	(2) 女	282	3.65	.58			
专业态度	(1) 男	142	3.54	.51	.795	.427	
	(2) 女	282	3.50	.52			
整体层面	(1) 男	142	3.61	.51	.129	.897	
	(2) 女	282	3.60	.49			

由表4-3-1可以归纳出以下两点。

(一) 就整体层面而言

不同性别之澳门私立中学教师于"专业成长"的整体层面，经过 t 考验分析后的结果显示，男性教师（M=3.61，SD=.51），女性教师（M=3.60，SD=.49），其差异均没有达显著水平（t=.129，p>.05），即不同性别教师在"专业成长"的整体层面得分上并没有显著差异。

(二) 就分层面而言

不同性别之澳门私立中学教师于"专业成长"的各分层面，经过 t 考验分析后的结果显示，"一般知能"层面达到显著水平。其中"一般知能"（t=1.043，p<.05）层面上的得分均达到显著差异，即男性教师在"一般知能"显著高于女性教师。然而，在"教学知能"、"班级经营"、"辅导知能"和"专业态度"四个层面均没有达到显著差异，也就是说，男女教师在"教学知能"、"班级经营"、"辅导知能"和"专业态度"得

分上没有显著差异。

二 不同年龄的教师专业成长之差异分析

本研究以单因子变异数分析来探讨不同年龄之教师专业成长各层面上的差异，其分析结果如表4-3-2所示。

表4-3-2　不同年龄的教师专业成长之单因子变异数摘要表

层面名称	年龄	人数	平均数	标准差	F值	P值	事后比较
教学知能	(1) 25岁以下	18	3.55	.62	3.289	.011	4>2
	(2) 25—35岁	200	3.43	.43			
	(3) 36—45岁	151	3.55	.49			
	(4) 46—55岁	40	3.69	.48			
	(5) 55岁以上	15	3.41	.53			
班级经营	(1) 25岁以下	18	3.63	.78	2.323	.056	
	(2) 25—35岁	200	3.60	.58			
	(3) 36—45岁	151	3.69	.59			
	(4) 46—55岁	40	3.88	.53			
	(5) 55岁以上	15	3.87	.69			
一般知能	(1) 25岁以下	18	3.56	.76	4.506	.001	4>2
	(2) 25—35岁	200	3.58	.52			
	(3) 36—45岁	151	3.72	.56			
	(4) 46—55岁	40	3.93	.56			
	(5) 55岁以上	15	3.89	.66			
辅导知能	(1) 25岁以下	18	3.37	.76	4.861	.001	4>2
	(2) 25—35岁	200	3.41	.55			
	(3) 36—45岁	151	3.51	.52			
	(4) 46—55岁	40	3.76	.59			
	(5) 55岁以上	15	3.77	.60			

续表

层面名称	年龄	人数	平均数	标准差	F 值	P 值	事后比较
专业态度	(1) 25 岁以下	18	3.56	.62	4.941	.001	4>2
	(2) 25—35 岁	200	3.42	.49			
	(3) 36—45 岁	151	3.54	.52			
	(4) 46—55 岁	40	3.48	.50			
	(5) 55 岁以上	15	3.71	.41			
整体层面	(1) 25 岁以下	18	3.56	.69	4.271	.002	4>2
	(2) 25—35 岁	200	3.52	.46			
	(3) 36—45 岁	151	3.64	.51			
	(4) 46—55 岁	40	3.85	.46			
	(5) 55 岁以上	15	3.75	.56			

由表 4-3-2 可以归纳出以下两点。

(一) 就整体层面而言

不同年龄之澳门私立中学教师"专业成长"的整体层面，经过单因子变异数分析后的结果显示，F 值达到 .05 显著水平，表示不同年龄之澳门私立中学教师"专业成长"整体层面的得分上达到显著差异，随即采用薛费法（Scheffe method）进行事后比较和进一步分析，结果发现，"46—55 岁"教师显著高于"25—35 岁"教师。

(二) 就分层面而言

由各层面 F 值可知，不同年龄之澳门私立中学教师"专业成长"的各分层面，在"教学知能"、"一般知能"、"辅导知能"与"专业态度"之单因子变异数分析分别达到显著水平，随即采用薛费法（Scheffe method）进行事后比较和进一步分析，结果发现：

1. 在"教学知能"层面上，不同年龄的澳门私立中学教师，"46—55 岁"教师显著高于"25—35 岁"教师。

2. 在"一般知能"层面上，不同年龄的澳门私立中学教师，"46—55 岁"教师显著高于"25—35 岁"教师。

3. 在"辅导知能"层面上，不同年龄的澳门私立中学教师，"46—55 岁"教师高于"25—35 岁"教师。

4. 在"专业态度"层面上,不同年龄的澳门私立中学教师,"46—55岁"教师高于"25—35岁"教师。

5. 换言之,只有"班级经营"层面没有达到显著差异。

三 不同学历的教师专业成长之差异分析

本研究以单因子变异数分析来探讨不同学历之教师专业成长各层面上的差异,其分析结果如表4-3-3所示。

表4-3-3 不同学历的教师专业成长之单因子变异数摘要表

层面名称	学历	人数	平均数	标准差	F值	P值	事后比较
教学知能	(1) 大专	34	3.44	.40	3.597	.014	3＞2
	(2) 本科	283	3.46	.48			
	(3) 硕士或博士	104	3.63	.47			
	(4) 其他	3	3.72	.42			
班级经营	(1) 大专	34	3.54	.48	2.685	.046	
	(2) 本科	283	3.64	.57			
	(3) 硕士或博士	104	3.79	.69			
	(4) 其他	3	4.14	.51			
一般知能	(1) 大专	34	3.65	.45	4.640	.003	3＞2
	(2) 本科	283	3.61	.58			
	(3) 硕士或博士	104	3.83	.53			
	(4) 其他	3	4.17	.67			
辅导知能	(1) 大专	34	3.39	.54	3.240	.022	
	(2) 本科	283	3.45	.57			
	(3) 硕士或博士	104	3.59	.53			
	(4) 其他	3	4.13	.42			
专业态度	(1) 大专	34	3.41	.39	3.161	.025	
	(2) 本科	283	3.48	.52			
	(3) 硕士或博士	104	3.63	.53			
	(4) 其他	3	3.83	.29			

续表

层面名称	学历	人数	平均数	标准差	F值	P值	事后比较
整体层面	(1) 大专	34	3.52	.41	3.887	.009	3>2
	(2) 本科	283	3.57	.50			
	(3) 硕士或博士	104	3.73	.49			
	(4) 其他	3	4.03	.46			

由表4-3-3可以归纳出以下两点。

(一) 就整体层面而言

不同学历之澳门私立中学教师于"专业成长"的整体层面，经过单因子变异数分析后的结果显示，F值达到.05显著水平，表示不同学历之澳门私立中学教师"专业成长"整体层面的得分上达到显著差异，随即采用薛费法（Scheffe method）进行事后比较和进一步分析，结果发现，"硕士或博士"教师显著高于"本科"教师。

(二) 就分层面而言

由各层面F值可知，不同学历之澳门私立中学教师"专业成长"的各分层面，在"教学知能"、"班级经营"、"一般知能"、"辅导知能"与"专业态度"之单因子变异数分析分别达到显著水平，随即采用薛费法（Scheffe method）进行事后比较和进一步分析，结果发现：

1. 在"教学知能"层面上，不同学历的澳门私立中学教师，"硕士或博士"教师显著高于"本科"教师。

2. 在"一般知能"层面上，不同学历的澳门私立中学教师，"硕士或博士"教师显著高于"本科"教师。

3. 在"班级经营"、"辅导知能"与"专业态度"各层面经过事后比较均没有显著差异。

四 不同婚姻状况的教师专业成长之差异分析

本研究以单因子变异数分析来探讨不同婚姻状况之教师专业成长各层面上的差异，其分析结果如表4-3-4所示。

表4-3-4　不同婚姻状况的教师专业成长之单因子变异数摘要表

层面名称	婚姻状况	人数	平均数	标准差	F值	P值	事后比较
教学知能	(1) 已婚	270	3.53	.46	1.775	.171	
	(2) 未婚	151	3.45	.49			
	(3) 其他	3	3.72	.25			
班级经营	(1) 已婚	270	3.72	.56	2.404	.092	
	(2) 未婚	151	3.59	.66			
	(3) 其他	3	3.90	.44			
一般知能	(1) 已婚	270	3.73	.55	3.835	.022	1>2
	(2) 未婚	151	3.58	.59			
	(3) 其他	3	4.00	.17			
辅导知能	(1) 已婚	270	3.52	.54	2.488	.084	
	(2) 未婚	151	3.42	.60			
	(3) 其他	3	3.93	.70			
专业态度	(1) 已婚	270	3.57	.50	4.341	.014	1>2
	(2) 未婚	151	3.42	.54			
	(3) 其他	3	3.72	.19			
整体层面	(1) 已婚	270	3.65	.48	4.001	.019	1>2
	(2) 未婚	151	3.52	.52			
	(3) 其他	3	3.84	.33			

由表4-3-4可以归纳出以下两点。

(一) 就整体层面而言

不同婚姻状况之澳门私立中学教师"专业成长"的整体层面，经过单因子变异数分析后的结果显示，F值达到.05显著水平，表示不同婚姻状况之澳门私立中学教师"专业成长"整体层面的得分上达到显著差异，随即采用薛费法（Scheffe method）进行事后比较和进一步分析，结果发现，"已婚"教师显著高于"未婚"教师。

(二) 就分层面而言

由各层面F值可知，不同婚姻状况之澳门私立中学教师"专业成长"的各分层面，在"一般知能"与"专业态度"之单因子变异数分析分别达到显著水平，随即采用薛费法（Scheffe method）进行事后比较和进一步分析，结果发现：

1. 在"一般知能"层面上，不同婚姻状况的澳门私立中学教师，"已婚"教师显著高于"未婚"教师。

2. 在"专业态度"层面上，不同婚姻状况的澳门私立中学教师，"已婚"教师显著高于"未婚"教师。

3. 换言之，"教学知能"、"班级经营"与"辅导知能"层面均没有达到显著差异。

五 不同职务的教师专业成长之差异分析

本研究以单因子变异数分析来探讨不同职务之教师专业成长各层面上的差异，其分析结果如表4-3-5所示。

表4-3-5　不同职务的教师专业成长之单因子变异数摘要表

层面名称	职务	人数	平均数	标准差	F值	P值	事后比较
教学知能	(1) 校长及主任	27	3.66	.46	2.610	.051	
	(2) 科组长/级组长	75	3.58	.48			
	(3) 班主任	136	3.51	.49			
	(4) 科任老师	186	3.44	.46			
班级经营	(1) 校长及主任	27	3.92	.63	4.201	.006	1>4
	(2) 科组长/级组长	75	3.74	.56			
	(3) 班主任	136	3.72	.66			
	(4) 科任老师	186	3.57	.55			
一般知能	(1) 校长及主任	27	3.98	.49	5.375	.001	1>3
	(2) 科组长/级组长	75	3.80	.55			1>4
	(3) 班主任	136	3.64	.56			2>4
	(4) 科任老师	186	3.60	3.60			
辅导知能	(1) 校长及主任	27	3.77	.50	4.445	.004	1>4
	(2) 科组长/级组长	75	3.57	.54			
	(3) 班主任	136	3.50	.58			
	(4) 科任老师	186	3.40	.56			

续表

层面名称	职务	人数	平均数	标准差	F值	P值	事后比较
专业态度	(1) 校长及主任	27	3.80	.42	5.523	.001	1>4
	(2) 科组长/级组长	75	3.63	.52			
	(3) 班主任	136	3.51	.50			
	(4) 科任老师	186	3.43	.52			
整体层面	(1) 校长及主任	27	3.87	.45	5.526	.001	1>4
	(2) 科组长/级组长	75	3.71	.49			
	(3) 班主任	136	3.62	.51			
	(4) 科任老师	186	3.52	.49			

由表4-3-5可以归纳出以下两点。

(一) 就整体层面而言

不同职务之澳门私立中学教师"专业成长"的整体层面，经过单因子变异数分析后的结果显示，F值达到.05显著水平，表示不同职务之澳门私立中学教师"专业成长"整体层面的得分上达到显著差异，随即采用薛费法（Scheffe method）进行事后比较和进一步分析，结果发现，"校长及主任"显著高于"科任老师"。

(二) 就分层面而言

由各层面F值可知，不同职务之澳门私立中学教师"专业成长"的各分层面，在"班级经营"、"一般知能"、"辅导知能"与"专业态度"之单因子变异数分析分别达到显著水平，随即采用薛费法（Scheffe method）进行事后比较和进一步分析，结果发现：

1. 在"班级经营"层面上，不同职务的澳门私立中学教师，"校长及主任"显著高于"科任老师"。

2. 在"一般知能"层面上，不同职务的澳门私立中学教师，"校长及主任"显著高于"班主任"、"科任老师"。而"科组长/级组长"显著高于"科任老师"。

3. 在"辅导知能"层面上，不同职务的澳门私立中学教师，"校长及主任"显著高于"科任老师"。

4. 在"专业态度"层面上，不同职务的澳门私立中学教师，"校长及主任"显著高于"科任老师"。

5. 换言之，只有"教学知能"层面教师没有达到显著差异。

六 不同教学年资的教师专业成长之差异分析

本研究以单因子变异数分析来探讨不同教学年资之教师专业成长各层面上的差异，其分析结果如表4-3-6所示。

表4-3-6 不同教学年资的教师专业成长之单因子变异数摘要表

层面名称	教学年资	人数	平均数	标准差	F值	P值	事后比较
教学知能	(1) 1—5年	83	3.46	.47	3.261	.021	4>2
	(2) 6—10年	116	3.43	.42			
	(3) 11—20年	170	3.53	.49			
	(4) 20年以上	55	3.65	.50			
班级经营	(1) 1—5年	83	3.58	.55	3.398	.018	4>2
	(2) 6—10年	116	3.60	.62			
	(3) 11—20年	170	3.70	.61			
	(4) 20年以上	55	3.87	.56			
一般知能	(1) 1—5年	83	3.59	.56	6.348	.000	4>1
	(2) 6—10年	116	3.57	.50			4>2
	(3) 11—20年	170	3.70	.59			
	(4) 20年以上	55	3.94	.53			
辅导知能	(1) 1—5年	83	3.38	.58	4.798	.003	4>1
	(2) 6—10年	116	3.42	.51			4>2
	(3) 11—20年	170	3.52	.58			
	(4) 20年以上	55	3.71	.55			
专业态度	(1) 1—5年	83	3.48	.54	6.883	.000	4>1
	(2) 6—10年	116	3.40	.46			4>2
	(3) 11—20年	170	3.53	.54			4>3
	(4) 20年以上	55	3.77	.45			

续表

层面名称	教学年资	人数	平均数	标准差	F值	P值	事后比较
整体层面	(1) 1—5年	83	3.53	.51	5.913	.001	4 > 1
	(2) 6—10年	116	3.51	.44			4 > 2
	(3) 11—20年	170	3.63	.53			
	(4) 20年以上	55	3.83	.46			

由表4-3-6可以归纳出以下两点。

（一）就整体层面而言

不同教学年资之澳门私立中学教师"专业成长"的整体层面，经过单因子变异数分析后的结果显示，F值达到.05显著水平，表示不同教学年资之澳门私立中学教师"专业成长"整体层面的得分上达到显著差异，随即采用薛费法（Scheffe method）进行事后比较和进一步分析，结果发现，"20年以上"教师显著高于"1—5年"与"6—10年"教师。

（二）就分层面而言

由各层面F值可知，不同教学年资之澳门私立中学教师"专业成长"的各分层面，在"教学知能"、"班级经营"、"一般知能"、"辅导知能"与"专业态度"之单因子变异数分析分别达到显著水平，随即采用薛费法（Scheffe method）进行事后比较和进一步分析，结果发现：

1. 在"教学知能"层面上，不同教学年资的澳门私立中学教师，"20年以上"教师显著高于"6—10年"教师。

2. 在"班级经营"层面上，不同教学年资的澳门私立中学教师，"20年以上"教师显著高于"6—10年"教师。

3. 在"一般知能"层面上，不同教学年资的澳门私立中学教师，"20年以上"教师显著高于"1—5年"、"6—10年"教师。

4. 在"辅导知能"层面上，不同教学年资的澳门私立中学教师，"20年以上"教师显著高于"1—5年"、"6—10年"教师。

5. 在"专业态度"层面上，不同教学年资的澳门私立中学教师，"20年以上"教师显著高于"1—5年"、"6—10年"与"11—20年"教师。

七 不同学校规模的教师专业成长之差异分析

本研究以单因子变异数分析来探讨不同学校规模之教师专业成长各层

面上的差异，其分析结果如表4-3-7所示。

表4-3-7 不同学校规模的教师专业成长之单因子变异数摘要表

层面名称	学校规模	人数	平均数	标准差	F值	P值	事后比较
教学知能	（1）20班以下	130	3.43	.46	2.267	.105	
	（2）20—30班	93	3.55	.45			
	（3）30班以上	201	3.53	.49			
班级经营	（1）20班以下	130	3.58	.55	3.095	.046	2>1
	（2）20—30班	93	3.77	.57			
	（3）30班以上	201	3.69	.64			
一般知能	（1）20班以下	130	3.62	.57	1.083	.340	
	（2）20—30班	93	3.73	.55			
	（3）30班以上	201	3.68	.57			
辅导知能	（1）20班以下	130	3.42	.54	2.998	.049	2>1
	（2）20—30班	93	3.60	.55			
	（3）30班以上	201	3.48	.59			
专业态度	（1）20班以下	130	3.45	.50	2.462	.087	
	（2）20—30班	93	3.61	.48			
	（3）30班以上	201	3.51	.54			
整体层面	（1）20班以下	130	3.54	.49	2.461	.087	
	（2）20—30班	93	3.68	.47			
	（3）30班以上	201	3.62	.51			

由表4-3-7可以归纳出以下两点。

（一）就整体层面而言

不同学校规模之澳门私立中学教师"专业成长"的整体层面，经过单因子变异数分析后的结果显示，F值达到.05显著水平，表示不同学校规模之澳门私立中学教师"专业成长"整体层面的得分上并没有达到显著差异。

（二）就分层面而言

由各层面F值可知，不同学校规模之澳门私立中学教师"专业成长"的各分层面，在"班级经营"、"辅导知能"之单因子变异数分析分别达

到显著水平,随即采用薛费法(Scheffe method)进行事后比较和进一步分析,结果发现:

1. 在"班级经营"层面上,不同学校规模的澳门私立中学教师,"20—30班"教师显著高于"20班以下"教师。
2. 在"辅导知能"层面上,不同学校规模的澳门私立中学教师,"20—30班"教师显著高于"20班以下"教师。
3. 换言之,"教学知能"、"一般知能"与"专业态度"层面均没有显著差异。

八 不同进修类别的教师专业成长之差异分析

本研究以单因子变异数分析来探讨不同进修类别之教师专业成长各层面上的差异,其分析结果如表4-3-8所示。

表4-3-8 不同进修类别的教师专业成长之单因子变异数摘要表

层面名称	进修类别	人数	平均数	标准差	F值	P值	事后比较
教学知能	(1)正规进修	104	3.52	.42	1.754	.107	
	(2)非正规进修	128	3.42	.49			
	(3)非正式进修	31	3.50	.44			
	(4)正规与非正规进修	42	3.57	.50			
	(5)正规与非正式进修	7	3.43	.43			
	(6)非正规与非正式进修	39	3.49	.48			
	(7)三者进修结合	43	3.67	.49			
班级经营	(1)正规进修	104	3.66	.51	1.943	.073	
	(2)非正规进修	128	3.56	.56			
	(3)非正式进修	31	3.63	.65			
	(4)正规与非正规进修	42	3.79	.65			
	(5)正规与非正式进修	7	3.57	.35			
	(6)非正规与非正式进修	39	3.74	.71			
	(7)三者进修结合	43	3.85	.64			

续表

层面名称	进修类别	人数	平均数	标准差	F值	P值	事后比较
一般知能	（1）正规进修	104	3.70	.50	2.543	.020	7＞2
	（2）非正规进修	128	3.54	.55			
	（3）非正式进修	31	3.69	.56			
	（4）正规与非正规进修	42	3.79	.64			
	（5）正规与非正式进修	7	3.57	.49			
	（6）非正规与非正式进修	39	3.70	.51			
	（7）三者进修结合	43	3.87	.69			
辅导知能	（1）正规进修	104	3.48	.54	2.011	.063	
	（2）非正规进修	128	3.37	.55			
	（3）非正式进修	31	3.53	.53			
	（4）正规与非正规进修	42	3.65	.70			
	（5）正规与非正式进修	7	3.43	.39			
	（6）非正规与非正式进修	39	3.52	.53			
	（7）三者进修结合	43	3.62	.59			
专业态度	（1）正规进修	104	3.52	.49	1.195	.308	
	（2）非正规进修	128	3.45	.48			
	（3）非正式进修	31	3.60	.50			
	（4）正规与非正规进修	42	3.54	.59			
	（5）正规与非正式进修	7	3.57	.47			
	（6）非正规与非正式进修	39	3.48	.55			
	（7）三者进修结合	43	3.66	.56			
整体层面	（1）正规进修	104	3.61	.45	2.029	.061	
	（2）非正规进修	128	3.50	.49			
	（3）非正式进修	31	3.62	.51			
	（4）正规与非正规进修	42	3.70	.58			
	（5）正规与非正式进修	7	3.56	.38			
	（6）非正规与非正式进修	39	3.62	.47			
	（7）三者进修结合	43	3.78	.58			

由表4-3-8可以归纳出以下两点。

（一）就整体层面而言

不同进修类别之澳门私立中学教师于"专业成长"的整体层面，经过单因子变异数分析后的结果显示，F值未达到.05显著水平，表示不同进修类别之澳门私立中学教师专业成长整体层面的得分上并没有显著差异。

（二）就分层面而言

由各层面F值可知，不同进修类别之澳门私立中学教师"专业成长"的各分层面，在"教学知能"与"一般知能"之单因子变异数分析分别达到显著水平，随即采用薛费法（Scheffe method）进行事后比较和进一步分析，结果发现：

1. 在"一般知能"层面上，不同进修类别的澳门私立中学教师，"三者进修结合"教师显著高于"非正规进修"教师。

2. 换言之，"教学知能"、"班级经营"、"辅导知能"、与"专业态度"层面均没有达到显著差异。

第四节　澳门私立中学教师在职进修动机与专业成长之相关分析

本研究为了探讨澳门私立中学教师在职进修动机与专业成长是否具有显著相关，以皮尔逊（Pearson）积差相关考验两者之间的相关情形。教师在职进修动机包括"认知兴趣"、"社交关系"、"逃避或刺激"、"职业进展"、"外界期望"，以及"社会服务"六个层面。教师专业成长包括"教学知能"、"班级经营"、"一般知能"、"辅导知能"，以及"专业态度"五个层面，兹将教师在职进修动机与专业成长之积差相关叙述如表4-4-1所示。

表4-4-1　教师在职进修动机与专业成长之积差相关摘要表（N=424）

量表层面	教学知能	班级经营	一般知能	辅导知能	专业态度	整体专业成长
认知兴趣	.601***	.548***	.581***	.560***	.569***	.599***
社交关系	.398***	.323***	.359***	.353***	.321***	.370***
逃避或刺激	.409***	.341***	.332***	.420***	.335***	.375***

续表

量表层面	教学知能	班级经营	一般知能	辅导知能	专业态度	整体专业成长
职业进展	.490***	.460***	.482***	.470***	.436***	.501***
外界期望	.379***	.308***	.317***	.464***	.303**	.348***
社会服务	.580***	.555***	.571***	.552***	.523***	.607***
整体在职进修动机	.606***	.538***	.560***	.595***	.529***	.599***

说明：*** $p<.001$。

一 教师在职进修动机整体及各层面与专业成长整体之相关

由表 4-4-1 可知，教师在职进修动机整体与专业成长整体之间均呈现正相关，且达到显著水平（$r=.599$，$p<.001$），属于中度正相关。

在职进修动机的"认知兴趣"层面与专业成长整体具有显著中度正相关（$r=.599$，$p<.001$）；在职进修动机的"社交关系"层面与专业成长具有显著低度正相关（$r=.370$，$p<.001$）；在职进修动机的"逃避或刺激"层面与专业成长具有显著低度正相关（$r=.375$，$p<.001$）；在职进修动机的"职业进展"层面与专业成长具有显著中度正相关（$r=.501$，$p<.001$）；在职进修动机的"外界期望"层面与专业成长具有显著低度正相关（$r=.348$，$p<.001$）；在职进修动机的"社会服务"层面与专业成长具有显著中度正相关（$r=.607$，$p<.001$）。其中以"社会服务"与专业成长整体相关程度最高。

二 教师在职进修动机整体及各层面与专业成长的"教学知能"层面之相关

由表 4-4-1 可知，教师在职进修动机整体与专业成长的"教学知能"之间均呈现正相关，且达到显著水平（$r=.606$，$p<.001$），属于中度正相关。

在职进修动机的"认知兴趣"层面与专业成长的"教学知能"具有显著中度正相关（$r=.601$，$p<.001$）；在职进修动机的"社交关系"层面与专业成长的"教学知能"具有显著低度正相关（$r=.398$，$p<.001$）；在职进修动机的"逃避或刺激"层面与专业成长的"教学知能"具有显著中度正相关（$r=.409$，$p<.001$）；在职进修动机的"职业进

展"层面与专业成长的"教学知能"具有显著中度正相关（r=.490，p<.001）；在职进修动机的"外界期望"层面与专业成长的"教学知能"具有显著低度正相关（r=.379，p<.001）；在职进修动机的"社会服务"层面与专业成长的"教学知能"具有显著中度正相关（r=.580，p<.001）。其中以"认知兴趣"与专业成长的"教学知能"相关程度最高。

三　教师在职进修动机整体及各层面与专业成长的"班级经营"层面之相关

由表4-4-1可知，教师在职进修动机整体与专业成长的"班级经营"之间均呈现正相关，且达到显著水平（r=.538，p<.001），属于中度正相关。

在职进修动机的"认知兴趣"层面与专业成长的"班级经营"具有显著中度正相关（r=.548，p<.001）；在职进修动机的"社交关系"层面与专业成长的"班级经营"具有显著低度正相关（r=.323，p<.001）；在职进修动机的"逃避或刺激"层面与专业成长的"班级经营"具有显著低度正相关（r=.341，p<.001）；在职进修动机的"职业进展"层面与专业成长的"班级经营"具有显著中度正相关（r=.460，p<.001）；在职进修动机的"外界期望"层面与专业成长的"班级经营"具有显著低度正相关（r=.308，p<.001）；在职进修动机的"社会服务"层面与专业成长的"班级经营"具有显著中度正相关（r=.555，p<.001）。其中以"社会服务"与专业成长的"班级经营"相关程度最高。

四　教师在职进修动机整体及各层面与专业成长的"一般知能"层面之相关

由表4-4-1可知，教师在职进修动机整体与专业成长的"一般知能"之间均呈现正相关，且达到显著水平（r=.560，p<.001），属于中度正相关。

在职进修动机的"认知兴趣"层面与专业成长的"一般知能"具有显著中度正相关（r=.581，p<.001）；在职进修动机的"社交关系"层面与专业成长的"一般知能"具有显著低度正相关（r=.359，p<

.001);在职进修动机的"逃避或刺激"层面与专业成长的"一般知能"具有显著低度正相关（r=.332，p<.001）；在职进修动机的"职业进展"层面与专业成长的"一般知能"具有显著中度正相关（r=.482，p<.001）；在职进修动机的"外界期望"层面与专业成长的"一般知能"具有显著低度正相关（r=.317，p<.001）；在职进修动机的"社会服务"层面与专业成长的"一般知能"具有显著中度正相关（r=.571，p<.001）。其中以"认知兴趣"与专业成长的"一般知能"相关程度最高。

五 教师在职进修动机整体及各层面与专业成长的"辅导知能"层面之相关

由表4-4-1可知，教师在职进修动机整体与专业成长的"辅导知能"之间均呈现正相关，且达到显著水平（r=.595，p<.001），属于中度正相关。

在职进修动机的"认知兴趣"层面与专业成长的"辅导知能"具有显著中度正相关（r=.560，p<.001）；在职进修动机的"社交关系"层面与专业成长的"辅导知能"具有显著低度正相关（r=.353，p<.001）；在职进修动机的"逃避或刺激"层面与专业成长的"辅导知能"具有显著中度正相关（r=.420，p<.001）；在职进修动机的"职业进展"层面与专业成长的"辅导知能"具有显著中度正相关（r=.470，p<.001）；在职进修动机的"外界期望"层面与专业成长的"辅导知能"具有显著中度正相关（r=.464，p<.001）；在职进修动机的"社会服务"层面与专业成长的"辅导知能"具有显著中度正相关（r=.552，p<.001）。其中以"认知兴趣"与专业成长的"辅导知能"相关程度最高。

六 教师在职进修动机整体及各层面与专业成长的"专业态度"层面之相关

由表4-4-1可知，教师在职进修动机整体与专业成长的"专业态度"之间均呈现正相关，且达到显著水平（r=.529，p<.001），属于中度正相关。

在职进修动机的"认知兴趣"层面与专业成长的"专业态度"具有

显著中度正相关（r=.569，p<.001）；在职进修动机的"社交关系"层面与专业成长的"专业态度"具有显著低度正相关（r=.321，p<.001）；在职进修动机的"逃避或刺激"层面与专业成长的"专业态度"具有显著低度正相关（r=.335，p<.001）；在职进修动机的"职业进展"层面与专业成长的"专业态度"具有显著中度正相关（r=.436，p<.001）；在职进修动机的"外界期望"层面与专业成长的"专业态度"具有显著低度正相关（r=.303，p<.001）；在职进修动机的"社会服务"层面与专业成长的"专业态度"具有显著中度正相关（r=.523，p<.001）。其中以"认知兴趣"与专业成长的"专业态度"相关程度最高。

第五节　澳门私立中学教师在职进修动机对专业成长之预测分析

本研究将分析教师参与在职进修动机对专业成长预测情形。因此，把教师参与在职进修动机六个层面（认知兴趣、社交关系、逃避或刺激、职业进展、外界期望和社会服务）作为预测变项，并以教师专业成长整体及五个层面（教学知能、班级经营、一般知能、辅导知能、专业态度）作为效标变项，以进行多元逐步回归分析，了解教师进修动机各层面对专业成长的整体与各层面的联合预测力。

在采用多元回归分析时，要进行共线性之检定，以避免自变项之间的相关太高，对回归分析造成情境影响。自变项之间的共线性问题，要从三个数据判定，分别是容忍度（tolerance）、变异数膨胀度因素（VIF, variance inflation factor）、条件指数（CI, condition index）。判别的条件指容忍度值大于.10，VIF值小于10，条件指数值小于30，则预测变项间多元共线性问题就不存在（吴明隆，2009）。兹根据上述条件，进行回归分析说明。

一　教师在职进修动机各层面对整体专业成长之回归分析

教师在职进修动机各层面对整体专业成长之多元逐步回归分析结果如下。

表4-5-1 教师在职进修动机各层面预测整体专业成长之多元回归分析表

预测变项	多元相关系数（R）	决定系数（R^2）	增加解释量（ΔR^2）	模式F值	原始回归系数（β）	标准回归系数（β）	容忍度	变异数膨胀度因素（VIF）	条件指标（CI）
认知兴趣	.618	.382	.381	261.363	.492	.330	.442	2.264	15.580
社会服务	.664	.441	.438	165.731	.246	.303	.463	2.161	19.183
职业进展	.670	.449	.445	114.134	.115	.122	.580	1.725	22.435

由表4-5-1可知，在教师在职进修动机各层面中，进入回归方程式的显著变项有三个，排序为"认知兴趣"、"社会服务"与"职业进展"，其多元相关系数为.670，联合解释量为.449，说明这三个层面能联合预测整体专业成长44.9%的变异量。

就分层面的解释量来看，以"职业进展"的预测力最强，其解释量为44.5%，回归模式均达到显著水平（p<.001）。教师在职进修动机三个层面β值均为正数值，说明"认知兴趣"、"社会服务"与"职业进展"之在职进修动机愈高，则整体专业成长也愈高。

二 教师在职进修动机各层面对专业成长的"教学知能"层面之回归分析

表4-5-2 教师在职进修动机各层面预测"教学知能"之多元回归分析表

预测变项	多元相关系数（R）	决定系数（R^2）	增加解释量（ΔR^2）	模式F值	原始回归系数（β）	标准回归系数（β）	容忍度	变异数膨胀度因素（VIF）	条件指标（CI）
认知兴趣	.601	.361	.359	238.61	.249	.330	.442	2.264	15.580
社会服务	.640	.409	.406	145.688	.208	.271	.463	2.161	19.183
职业进展	.647	.419	.415	100.840	.115	.129	.480	1.725	22.435

由表4-5-2可知，在教师在职进修动机各层面中，进入回归方程式

的显著变项有三个,排序为"认知兴趣"、"社会服务"与"职业进展",其多元相关系数为.647,联合解释量为.419,说明这三个层面能联合预测"教学知能"41.9%的变异量。

就分层面的解释量来看,以"职业进展"的预测力最强,其解释量为41.5%,回归模式均达到显著水平（p<.001）。教师在职进修动机三个层面β值均为正数值,说明"认知兴趣"、"社会服务"与"职业进展"之进修动机愈高,则"教学知能"专业成长也愈高。

三 教师在职进修动机各层面对专业成长的"班级经营"层面之回归分析

表4-5-3 教师在职进修动机各层面预测"班级经营"之多元回归分析表

预测变项	多元相关系数（R）	决定系数（R^2）	增加解释量（ΔR^2）	模式F值	原始回归系数（β）	标准回归系数（β）	容忍度	变异数膨胀度因素（VIF）	条件指标（CI）
社会服务	.555	.307	.306	187.385	.287	.294	.463	2.161	15.580
认知兴趣	.597	.356	.353	116.557	.251	.262	.442	2.264	19.183
职业进展	.605	.366	.361	80.765	.145	.128	.580	1.725	22.435

由表4-5-3可知,在教师在职进修动机各层面中,进入回归方程式的显著变项有三个,排序为"社会服务"、"认知兴趣"与"职业进展",其多元相关系数为.605,联合解释量为.366,说明这三个层面能联合预测"班级经营"36.6%的变异量。

就分层面的解释量来看,以"职业进展"的预测力最强,其解释量为36.1%,回归模式均达到显著水平（p<.001）。教师在职进修动机三个层面β值均为正数值,说明"社会服务"、"认知兴趣"与"职业进展"之在职进修动机愈高,则"班级经营"专业成长也愈高。

四 教师在职进修动机各层面对专业成长的"一般知能"层面之回归分析

表4-5-4 教师在职进修动机各层面预测"一般知能"之多元回归分析表

预测变项	多元相关系数（R）	决定系数（R^2）	增加解释量（ΔR^2）	模式F值	原始回归系数（β）	标准回归系数（β）	容忍度	变异数膨胀度因素（VIF）	条件指标（CI）
认知兴趣	.581	.337	.336	214.911	.271	.302	.442	2.264	15.580
社会服务	.624	.389	.386	133.995	.257	.280	.463	2.161	19.183
职业进展	.632	.399	.395	93.060	.142	.134	.580	1.725	22.435

由表4-5-4可知，在教师在职进修动机各层面中，进入回归方程式的显著变项有三个，排序为"认知兴趣"、"社会服务"与"职业进展"，其多元相关系数为.632，联合解释量为.399，说明这三个层面能联合预测"一般知能"39.9%的变异量。

就分层面的解释量来看，以"职业进展"的预测力最强，其解释量为39.5%，回归模式均达到显著水平（p<.001）。教师在职进修动机三个层面β值均为正数值，说明"认知兴趣"、"社会服务"与"职业进展"之动机愈高，则"一般知能"专业成长也愈高。

五 教师在职进修动机各层面对专业成长的"辅导知能"层面之回归分析

表4-5-5 教师在职进修动机各层面预测"辅导知能"之多元回归分析表

预测变项	多元相关系数（R）	决定系数（R^2）	增加解释量（ΔR^2）	模式F值	原始回归系数（β）	标准回归系数（β）	容忍度	变异数膨胀度因素（VIF）	条件指标（CI）
认知兴趣	.560	.313	.312	192.643	.254	.282	.477	2.095	14.791
外界期望	.605	.366	.363	121.727	.237	.215	.746	1.341	16.898
社会服务	.630	.397	.392	90.053	.232	.252	.476	2.100	22.282

由表4-5-5可知，在教师在职进修动机各层面中，进入回归方程式的显著变项有三个，排序为"认知兴趣"、"外界期望"与"社会服务"，其多元相关系数为.630，联合解释量为.397，说明这三个层面能联合预测"辅导知能"39.7%的变异量。

就分层面的解释量来看，以"社会服务"的预测力最强，其解释量为39.2%，回归模式均达到显著水平（p<.001）。教师在职进修动机三个层面β值均为正数值，说明"认知兴趣"、"外界期望"与"社会服务"之在职进修动机愈高，则"辅导知能"专业成长也愈高。

六 教师在职进修动机各层面对专业成长的"专业态度"层面之回归分析

表4-5-6 教师在职进修动机各层面预测"专业态度"之多元回归分析表

预测变项	多元相关系数（R）	决定系数（R^2）	增加解释量（ΔR^2）	模式F值	原始回归系数（β）	标准回归系数（β）	容忍度	变异数膨胀度因素（VIF）	条件指标（CI）
认知兴趣	.569	.324	.322	202.121	.328	.399	.501	1.998	13.505
社会服务	.594	.353	.350	114.800	.202	.241	.501	1.998	19.313

由表4-5-6可知，在教师在职进修动机各层面中，进入回归方程式的显著变项有二个，排序为"认知兴趣"与"社会服务"，其多元相关系数为.594，联合解释量为.353，说明这二个层面能联合预测"专业态度"35.3%的变异量。

就分层面的解释量来看，以"社会服务"的预测力最强，其解释量为35.0%，回归模式均达到显著水平（p<.001）。教师在职进修动机二个层面β值均为正数值，说明"认知兴趣"与"社会服务"之在职进修动机愈高，则"专业态度"专业成长也愈高。

第六节　综合讨论

兹将对各节统计研究结果的讨论综合分析如下。

一　教师在职进修动机与专业成长之现况

本研究根据研究结果，并配合相关文献与研究进行综合讨论，兹对教师在职进修动机与专业成长现况讨论分析如表4-6-1所示。

表4-6-1　教师在职进修动机与专业成长现况综合汇整表

量表	层面名称	题数	每题平均数	排列
在职进修动机	认知兴趣	6	3.90	1
	社会服务	6	3.45	2
	职业进展	6	3.34	3
	外界期望	6	3.06	4
	社交关系	6	2.96	5
	逃避或刺激	6	2.94	6
	整体在职进修动机	36	3.28	—
专业成长	班级经营	5	3.67	1
	一般知能	6	3.66	2
	专业态度	6	3.52	3
	教学知能	7	3.50	4
	辅导知能	6	3.49	5
	整体专业成长	30	3.61	—

（一）教师在职进修动机之现况讨论

根据教师在职进修动机现况分析，将本研究结果讨论如下。

1. 教师在职进修动机的整体状况良好

由表4-6-1可知，以教师在职进修动机而言，每题的平均分为3.28，介于"基本符合"与"完全符合"之间的程度，教师在职进修动机量表的整体得分偏高。可见，澳门私立中学教师在职进修动机倾向中等程度，也就是说，教师参与在职进修动机的程度表现较佳。

本研究的结果基本上与 Branscum（1987）、林如萍（1991）、王志鸿（2000）、张志鹏（2001）、陈静婉（2001）、黄惠玲（2004）、蔡春绸（2004）、陈思婷（2004）、古馨颖（2008）、杨正德（2011）、徐世宗（2012）、陈秀琪（2012）的研究结果相符。

因此，可以推断，澳门私立中学教师参与在职进修的意愿较高。教育开始受到重视，放在较高的战略地位，而且教师意识到要提升专业水平，唯一方法就是要不断进修，汲取新的教育观念，更新教学方法，提升自我的教学效能，以响应社会对教师的要求。换言之，社会对教师的期望愈高，他们愈要积极参与在职进修。

2. 教师在职进修动机各层面的状况良好

以教师在职进修动机的各个层面而言，有四个层面其得分介于"基本符合"与"完全符合"之间的程度，说明教师在职进修动机的各层面表现良好，通过不断学习和更新知识和能力，以提升专业发展。其中以"认知兴趣"层面的平均数最高，得分为 3.9，其次是"社会服务"、"职业进展"、"外界期望"、"社交关系"与"逃避或刺激"各层面，得分为 3.45、3.34、3.06、2.96、2.94。最后，以"逃避或刺激"层面的得分最低，这说明教师是基于"认知兴趣"参与在职进修，而不是为了"逃避或刺激"而参与在职进修。

本研究的结果与黄富顺（1985）、林如萍（1991）、王素琴（1995）、陈嘉弥（1997）、王志鸿（2000）、张志鹏（2001）、韩诺萍（2002）、陈思婷（2004）、蔡春绸（2004）、古馨颖（2008）、林敬祥（2010）与陈秀琪（2012）的研究发现相符。但是，与韩诺萍（2002）、郭兰（2003）和郑雅心（2003）的研究发现不一致。

因此，可以推断，知识已经成为世界各国争相开发的宝藏，教育成为世界领先潮流指标。教师是推动教育前进的领航员，只有高深的学问和良好的技能，才能指导学生更好学习。教师必须要提升参与在职进修的动机，要不断满足求知欲望，改进教学方法，增进教学知能，充实自己，走向教育和教学的专业发展道路，所以形成"认知兴趣"层面的平均得分较佳。相反，"逃避或刺激"层面得分最低，究其原因，大部分教师不会为了生活不开心以及工作压力而参与进修。

（二）教师专业成长之现况讨论

根据教师专业成长现况分析，将本研究结果讨论如下。

1. 教师专业成长的整体状况良好

由表4-6-1可知，以教师专业成长而言，每题的平均分为3.61，介于"基本符合"与"完全符合"之间的程度，教师专业成长量表的整体得分偏高。可见，澳门私立中学教师专业成长倾向中等程度，即教师专业成长的整体表现较佳。

本研究的结果基本上与李俊湖（1992）、林生传（2001）、陈静婉（2001）、韩诺萍（2002）、侯慈苹（2013）、黄靖岚（2014）的研究结果相符。

因此，可以推断，自澳门回归以来，政府重视教育发展，加大对教育投入，2012年颁布《私框》后，提高教师的待遇，设立教师评鉴机制，制定教师参与专业发展培训时数等政策，加大培训力度，推动教师积极参与进修，让教师具备自我提升专业成长的能力，以响应世界、社会以及家长的需求，使教育与世界教育潮流相一致，使我们的新一代具有竞争能力。

2. 教师专业成长各层面的状况良好

以教师专业成长的各个层面而言，其得分介于"基本符合"与"完全符合"之间的程度，说明教师专业成长的各层面表现良好，偏向中等程度。其中以"班级经营"层面的平均数最高，得分为3.67，其次是"一般知能"、"专业态度"、"教学知能"和"辅导知能"各层面，得分为3.66、3.52、3.50、3.49，以"辅导知能"层面的得分最低，这说明教师的专业成长以"班级经营"、"一般知能"为重，而"辅导知能"为轻。

本研究与陈静婉（2001）、李玛莉（2002）、萧秀玉（2003）、陈燕娇（2006）、姜礼琪（2008）、黄靖岚（2014）、蔡方珠（2015）的研究发现相符。但是与李俊湖（1992）、林生传（2001）、陈静婉（2001）、韩诺萍（2002）、陈燕娇（2006）、吕立琪（2008）、侯慈苹（2013）的研究不一致。

因此，可以推断，大部分教师对教育工作充满热诚，有责任感，通过知识的更新和进步，改变旧有的教学观念，省思教学上的不足，积极谋求改进。其中以"班级经营"层面得分最高，"一般知能"层面的得分非常接近，说明在班级管理工作上，教师自我要求成为尽责任老师，为学生创设有效的课堂氛围。同时，教师具备解决实际教学问题的基本能力，对提升教师的教学效能，增加其专业能力，都有极其重要的推动作用。相反，以"辅导知能"层面得分最低，究其原因是，教师偏重教学知识和能力、班级管理能力，可能忽略对学生辅导这一环节。

二 教师在职进修动机与专业成长之差异分析情形

本研究根据研究结果，并配合相关文献，以及本研究之澳门私立中学教师在职进修动机与专业成长之问卷调查进行综合讨论，说明不同背景变项影响教师在职进修动机与专业成长之差异情形，兹将其差异情形分析如下。

（一）不同背景变项教师在职进修动机之差异情形分析

本研究通过 t 考验与单因子变异数分析，以了解不同背景变项澳门私立中学教师的在职进修动机整体以及各层面上的差异。兹将 t 考验与单因子变异数分析的结果摘要如表 4-6-2 所示。

表 4-6-2　不同背景变项教师在职进修动机之差异综合摘要表

背景变项		教师在职进修动机层面						
		认知兴趣	社交关系	逃避或刺激	职业进展	外界期望	社会服务	整体
性别	(1) 男 (2) 女					1>2		
年龄	(1) 25 岁以下 (2) 25—35 岁 (3) 36—45 岁 (4) 46—55 岁 (5) 55 岁以上						3>2	
学历	(1) 大专 (2) 本科 (3) 硕士或博士 (4) 其他			ns	3>2		3>2	ns
婚姻状况	(1) 已婚 (2) 未婚 (3) 其他							
职务	(1) 校长及主任 (2) 科组长/级组长 (3) 班主任 (4) 科任老师					1>4		

续表

背景变项		教师在职进修动机层面						
		认知兴趣	社交关系	逃避或刺激	职业进展	外界期望	社会服务	整体
教学年资	(1) 1—5 年 (2) 6—10 年 (3) 11—20 年 (4) 20 年以上	ns					3 > 2	
学校规模	(1) 20 班以下 (2) 20—30 班 (3) 30 班以上	2 > 1			2 > 1		2 > 1	
进修类别	(1) 正规进修 (2) 非正规进修 (3) 非正式进修 (4) 正规与非正规进修 (5) 正规与非正式进修 (6) 非正规与非正式进修 (7) 三者进修合并		1 > 2 4 > 2 7 > 2 7 > 3	ns	7 > 2	4 > 2	7 > 2	4 > 2 7 > 2

说明：ns：表示经事后比较，未达显著差异。

1. 性别与在职进修动机

本研究发现，不同性别的教师于"整体在职进修动机"没有显著差异，研究结果与王志鸿（2000）、陈思婷（2004）、张育铨（2008）、杨正德（2010）、林惠美（2011）、陈秀琪（2012）的研究结果相同。但是，与黄惠玲（2004）的研究结果，男性教师在"整体在职进修动机"层面高于女性教师不相同。

其次，男性教师在"外界期望"层面上，显著高于女性教师，研究结果与张志鹏（2000）的研究结果相同，但在男性教师与女性教师在"认知兴趣"、"职业进展"、"逃避或刺激"、"社交关系"和"社会服务"层面上并无显著差异并不一致。

综上分析，究其原因，男性教师比女性教师更希望参与在职进修，而女性教师基于生活以及家庭问题，在参与进修方面较为保守和被动。男性教师则更多的是为了获得社会人士、家长、亲人以及朋友的认同和肯定而积极参与进修，男性教师在职进修的动机显著高于女性教师。

本研究假设 1-1 "不同性别的澳门私立中学教师在职进修动机各层面及整体上有显著差异"，获得支持。

2. 年龄与在职进修动机

本研究发现，"36—45 岁"的教师于在职进修动机"社会服务"显著高于"25—35 岁"教师，研究结果与黄富顺（1985）、林如萍（1991）、陈嘉弥（1997）、陈静婉（2001）、蔡春绸（2004）的研究结果相同。然而，与张明丽（1996）、杨正光（2008）、林敬祥（2010）、林惠美（2011）、陈秀琪（2012）的研究结果不相同。

究其原因，由于资深教师有较高的年资、教学经验以及社会阅历。他们期望通过进修，了解不断发展变化的学生问题、家庭问题和社会问题。要更新教育和教学观念，唯有参与进修，才能走在时代尖端，有新的方法和技能教育学生，以响应社会人士对教师更高的要求。因此，"36—45岁"教师参与在职进修显著高于年轻教师。

本研究假设 1-2"不同年龄的澳门私立中学教师在职进修动机各层面及整体上有显著差异"，获得支持。

3. 学历与在职进修动机

本研究发现，不同学历的教师在"整体在职进修动机"、"逃避或刺激"、"职业进展"、"社会服务"等层面上达到显著水平。但是，经过进一步事后比较后，只有在"职业进展"与"社会服务"层面中，"硕士或博士"教师显著高于"本科"教师。研究结果与 Dickinson（1971）、黄富顺（1995）、张明丽（1996）、张志鹏（2001）、黄惠玲（2004）、郑雅心（2012）的研究结果相同，但是，与蔡春绸（2004）、杨正光（2008）、陈秀琪（2012）的研究结果不相同。

究其原因，教师参与研究所，即硕士与博士的进修，是因应知识的推陈出新，特别是知识经济时代的来临，社会对教师的职业愈来愈重视，教师被视为专业，有些发达国家已经要求教师必须具备硕士程度以上。因此，教师为了取得更高的学历，提升自身的教育教学专业水平，服务社会，通过在职进修改善自我教学效能，从而形成有效的在职进修动机。

本研究假设 1-3"不同学历的澳门私立中学教师在职进修动机各层面及整体上有显著差异"，获得支持。

4. 婚姻状况与在职进修动机

本研究发现，不同婚姻状况的教师在"整体在职进修动机"、"认知兴趣"、"社交关系"、"逃避或刺激"、"职业进展"、"外界期望"、"社会服务"七个层面没有显著差异存在。研究结果与吴慧玲（2002）、林敬祥

(2010)、郑雅心（2012）的研究结果相同，但是，与黄富顺（1985）、林如萍（1991）、陈嘉弥（1997）、王志鸿（2000）、韩诺萍（2002）、蔡春绸（2004）、陈秀琪（2012）的研究结果不相同。

究其原因，无论是已婚、未婚，还是有其他原因的教师，他们都想透过参加在职进修来提升专业能力。自从政府加大对教育投入，制定法律，视教师为专业，加大对教师培训力度，社会对教师的专业要求逐步加大，要求教师迈向专业发展。而且世界各国为了提升竞争力，先要提升教师能力，使教师自觉地参与学习进修。故此无论是已婚、未婚等教师，均需要参加在职进修，这是教师专业发展的趋势，所以不同婚姻状况的教师在参与在职进修动机上并没有显著差异。

本研究假设1-4"不同婚姻状况的澳门私立中学教师在职进修动机各层面及整体上有显著差异"，未获得支持。

5. 职务与在职进修动机

本研究发现，不同职务的教师在"社会服务"层面上，"校长及主任"显著高于"科任教师"。研究结果与林如萍（1991）、陈嘉弥（1997）的研究结果相同。但是与王志鸿（2000）、韩诺萍（2002）、陈秀琪（2012）、林敬祥（2010）、蔡春绸（2004）的研究结果不相同。韩诺萍（2002）指出职务为校长或主任之教师，其进修动机受到"顺应潮流、时势所趋"的影响较大；而陈秀琪（2012）指出教师兼主任参与在职进修动机受"他人影响"高于班级导师也高于科任教师。

究其原因，由于澳门社会急速发展，形成较多社会问题，家庭问题、青少年问题渐趋复杂。学校管理者为了深入了解社会现象，加强对学校、教师、学生以及家长的管理。因此，校长和主任往往需要参加在职进修，吸取更多的新知识，有足够能力解决实际教学中出现的困难，转变旧有教育教学经验。正所谓："能力大，责任大"，形成"校长及主任"于在职进修动机的层面上高于"科任教师"。

本研究假设1-5"不同职务的澳门私立中学教师在职进修动机各层面及整体上有显著差异"，获得支持。

6. 不同教学年资与在职进修动机

本研究发现，不同教学年资的教师在"社会服务"层面上，"11—20年"教师显著高于"6—10年"教师。研究结果与林如萍（1991）、张明丽（1996）、蔡明昌（1998）、陈静婉（2001）的研究结果相同。但是，与陈嘉弥（1997）、王志鸿（2000）、张志鹏（2001）、黄惠玲（2004）、蔡春绸（2004）、陈秀琪（2012）的研究结果不相同。王志鸿（2000）的研究指出，在"外界期望"层面，服务年资16年以上之教师，显著高于年资5年以下之教师。黄惠玲（2004）与陈秀琪（2012）的研究指出，服务年资与在职进修动机各层面并没有显著差异。

究其原因，资深教师具有较长久的教学生涯，或多或少出现职业倦怠感，他们容易接受参与在职进修，而且动机较强。对比之下，年资较轻的教师由于毕业时间尚早，仍在教学生涯中探索，显得参与在职进修的力度并不是太迫切。今天澳门社会各界对教育提出更高要求，教育改革放在战略地位，资深教师乐于参与进修，提升教学专业能力，以响应社会各界的要求。

本研究假设1-6"不同教学年资的澳门私立中学教师在职进修动机各层面及整体上有显著差异"，获得支持。

7. 不同学校规模与在职进修动机

本研究发现，不同学校规模的教师在"认知兴趣"、"职业进展"、"社会服务"层面上，"20—30班"教师显著高于"20班以下"教师。研究结果与陈静婉（2001）、蔡春绸（2004）的研究结果相同。但是，与林如萍（1991）、王志鸿（2000）、张志鹏（2001）、陈秀琪（2012）的研究结果不相同。王志鸿（2000）、张志鹏（2001）的研究指出，不同学校规模教师在职进修动机上没有显著差异。林如萍（1991）的研究指出，任教学校规模越小之教师，越倾向因"他人影响"而参与进修。陈秀琪（2012）的研究指出，学校规模12班以下之教师其在职进修动机受"认知与成就"之影响高于学校规模13—24班之教师。

究其原因，可能由于"20班以下"的教师担任的工作较为繁重，处理学生问题较多，参与在职进修的动机较被动。而"20—30班"的教师可能有较多机会参与不同类型的进修。通过培训，提升专业技能，改善教学能力，以满足工作上的要求，实现自我要求，更好地为社会服务。

本研究假设1-7"不同学校规模的澳门私立中学教师在职进修动机各层面及整体上有显著差异"，获得支持。

8. 不同进修类别与在职进修动机

本研究发现，不同进修类别的教师在"整体在职进修动机"、"社交关系"、"职业进展"、"外界期望"、"社会服务"层面上均达到显著差异。

首先,"三者进修结合"与"正规与非正规进修"在"整体在职进修动机"教师显著高于"非正规进修"教师;其次,在"社交关系"、"职业进展"、与"社会服务"层面上,"三者进修结合"教师显著高于"非正规进修"教师;再次,在"社交关系"与"外界期望"层面上,"正规与非正规进修"教师显著高于"非正规进修"教师;最后,在"社交关系"层面上,"正规进修"教师显著高于"非正规进修"教师,以及"三者进修结合"教师显著高于"非正式进修"教师。

此研究结果与林如萍(1991)、张志鹏(2001)、黄惠玲(2004)、蔡春绸(2004)的研究结果有部分相同,但是,与张明丽(1996)、郑雅心(2012)的研究结果不相同。

究其原因,教师于在职进修动机方面比较倾向正规进修、非正规进修与非正式进修的三者结合。换言之,教师普遍期望可以参与多元化的、多种形式的、可供选择的进修活动。在教师的生活、职业、社会发展等方面,教师不但重视参加教育当局、学校所主办的进修活动,而且重视本身乐于参加的学位进修,以及各种教育机构所举办的进修活动。

本研究假设1-8"不同进修类别的澳门私立中学教师在职进修动机各层面及整体上有显著差异",获得支持。

(二) 不同背景变项教师专业成长之差异情形分析

本研究通过t考验与单因子变异数分析,以了解不同背景变项澳门私立中学教师的专业成长整体以及各层面上的差异。兹将t考验与单因子变异数分析的结果摘要如表4-6-3所示。

表4-6-3　　不同背景变项教师专业成长之差异综合摘要表

背景变项		教师专业成长					
		教学知能	班级经营	一般知能	辅导知能	专业态度	整体
性别	(1) 男 (2) 女			1>2			
年龄	(1) 25岁以下 (2) 25—35岁 (3) 36—45岁 (4) 46—55岁 (5) 55岁以上	4>2		4>2	4>2	4>2	4>2

续表

背景变项		教师专业成长					
		教学知能	班级经营	一般知能	辅导知能	专业态度	整体
学历	(1) 大专 (2) 本科 (3) 硕士或博士 (4) 其他	3 > 2	ns	3 > 2	ns	ns	3 > 2
婚姻状况	(1) 已婚 (2) 未婚 (3) 其他			1 > 2		1 > 2	1 > 2
职务	(1) 校长及主任 (2) 科组长/级组长 (3) 班主任 (4) 科任老师	ns	1 > 4	1 > 3 1 > 4 2 > 4	1 > 4	1 > 4	1 > 4
教学年资	(1) 1—5 年 (2) 6—10 年 (3) 11—20 年 (4) 20 年以上	4 > 2	4 > 2	4 > 1 4 > 2	4 > 1 4 > 2	4 > 1 4 > 2 4 > 3	4 > 1 4 > 2
学校规模	(1) 20 班以下 (2) 20—30 班 (3) 30 班以上		2 > 1		2 > 1		
进修类别	(1) 正规进修 (2) 非正规进修 (3) 非正式进修 (4) 正规与非正规进修 (5) 正规与非正式进修 (6) 非正规与非正式进修 (7) 三者进修合并			7 > 2			

说明：ns：表示经事后比较，未达显著差异。

1. 性别与专业成长

本研究发现，不同性别教师在"一般知能"层面上，男性教师显著高于女性教师。研究结果与李俊湖（1992）、蔡碧琏（1993）、孙国华（1997）、任东屏（1999）、陈静婉（2001）、韩诺萍（2002）、吴慧玲（2002）、陈思婷（2004）、陈燕娇（2006）的研究结论相同。但是，与沈翠莲（1994）、白穗仪（1997）、蔡芳珠（2015）的研究结论不相同。

究其原因，男性教师解决问题的能力比较强，故此，在实际教学工作中，男教师具备解决困难和问题的基本能力，男教师优胜于女教师。因此，不同性别教师在专业成长有显著差异。

同时，本研究也发现，在"整体专业成长"及各层面上，男女教师并没有显著差异。近年来，由于社会渐趋男女公平，女教师在学校的工作表现出色，并能够担任学校行政工作，拥有较佳的教育管理能力。

本研究假设 2-1 "不同性别的澳门私立中学教师在专业成长各层面及整体上有显著差异"，获得支持。

2. 年龄与专业成长

本研究发现，在"教学知能"、"一般知能"、"辅导知能"、"专业态度"、"整体层面"等各层面上，"46—55 岁"教师显著高于"25—35 岁"教师。研究结果与蔡碧琏（1993）、任屏东（1999）、陈静婉（2001）、陈燕娇（2006）、蔡芳珠（2015）的研究结果相同。但是，与姜礼琪（2008）的研究结果不相同。

究其原因，这种情况与教师生涯发展理论有关，曾国鸿（1992）指出，40—50/55 岁教师是资深期教师，这时期的教师用心教学，教学经验丰富，基本上具有相当教学专业实力，并成为年轻教师婚姻及教养子女的咨询对象。将重心放在关注学生的教学与辅导上，甚至关心小区发展事宜。相反，25—35 岁的教师是试探期、投入期的阶段，属于年资较浅的教师，他们的教学经验尚在探索学习中，专业的知识和能力还有待加强和磨炼。而资深教师在教学的知识和技能以及态度等已经达到炉火纯青的境界，再加上人生阅历丰富，人际关系和谐，家庭负担较轻，所以资深教师比年轻教师更加愿意迈向专业成长，因此"46—55 岁"教师在专业成长表现上优于"25—35 岁"教师。

本研究假设 2-2 "不同年龄的澳门私立中学教师在专业成长各层面及整体上有显著差异"，获得支持。

3. 学历与专业成长

本研究发现，在"教学知能"、"一般知能"、"整体层面"等各层面上，"硕士或博士"教师显著高于"本科"教师。研究结果与李俊湖（1992）、沈翠莲（1994）、孙国华（1997）、冯莉雅（1997）、陈静婉（2001）、韩诺萍（2002）的研究结果相同。但是，与白穗仪（1999）、吴慧玲（2002）、姜礼琪（2008）的研究结果不相同。

究其原因，时代的进步，教育教学改革的步伐不断向前迈进，教师需要具备较强的专业能力，提升在教学实际工作中的效能，就要提升教师的学历程度。即通过让教师参与各种进修与研习，让他们对新知识、新技能，有新的探究精神，更新教育观念，提升他们的专业知识、技能和态度，使他们有研究和创新的精神，因此，"硕士或博士"教师显著高于"本科"教师。

本研究假设2-3"不同学历的澳门私立中学教师在专业成长各层面及整体上有显著差异"，获得支持。

4. 婚姻状况与专业成长

本研究发现，在"一般知能"、"专业态度"、"整体层面"等各层面上，"已婚"教师显著高于"未婚"教师。研究结果与冯莉雅（1997）、陈静婉（2001）、韩诺萍（2002）、吴慧玲（2002）、陈燕娇（2006）、蔡芳珠（2015）的研究结果相同。但是，与任屏东（1997）、廖金贵（2014）的研究结果不相同。

究其原因，已婚教师在成家之后，要兼顾家庭、子女生活，他们比较珍惜时下的生活和工作，期望教学上稳打稳扎，克己尽责。同时，已婚教师年纪较长，人生阅历深，有丰富的教学经验，专业水平高，对教育工作比较认同和肯定。相反，未婚教师年龄较为年轻，正值教学生涯发展的适应期和投入期，这时期的教师的专业成长情况比已婚教师较低。因此，"已婚"教师在专业成长显著高于"未婚"教师。

本研究假设2-4"不同婚姻状况的澳门私立中学教师在专业成长各层面及整体上有显著差异"，获得支持。

5. 职务与专业成长

本研究发现，在"班级经营"、"一般知能"、"辅导知能"、"专业态度"、"整体层面"等各层面上，"校长及主任"显著高于"科任老师"。在"一般知能"层面上，"校长及主任"显著高于"班主任"；而"科组长/级组长"显著高于"科任老师"。研究结果与李俊湖（1992）、蔡碧琏（1993）、沈翠莲（1994）、孙国华（1997）、冯莉雅（1997）、白穗仪（1997）、任东屏（1999）、韩诺萍（2002）、廖金贵（2014）、蔡芳珠（2015）的研究结果相同。但是与陈静婉（2001）、吴慧玲（2002）、陈燕娇（2006）、姜礼琪（2008）的研究结果不相同。

究其原因，校长或主任身为学校行政管理人员，他们肩负起管理学校的大小事务，要与不同的单位、部门进行沟通和协调，尽心尽力为学校服务。除了教学专业知识和技能之外，他们还要具备各种能力，如管理能力、沟通能力、人格魅力、个人特征等，有利于校长及主任处理学校的各项行政和教学的事务。而科组长、级组长也是学校的骨干成员，他们的教学根基深厚，对学校的工作起着积极的推动作用。因此，校长、主任对专业成长各层面有较大投入度，以及有较高的成就感，他们在专业成长显著高于班科任老师和班主任，以及科组长、级组长在专业成长显著高于科任老师。

本研究假设2－5"不同职务的澳门私立中学教师在专业成长各层面及整体上有显著差异"，获得支持。

6. 教学年资与专业成长

本研究发现，首先，在"教学知能"、"班级经营"、"一般知能"、"辅导知能"、"专业态度"、"整体层面"等各层面上，"20年以上"教师显著高于"6—10年"教师。其次，在"一般知能"、"辅导知能"、"专业态度"、"整体层面"等各层面上，"20年以上"教师显著高于"1—5年"教师。最后，在"专业态度"层面上，"20年以上"教师显著高于"11—20年"教师。研究结果与李俊湖（1992）、沈翠莲（1994）、白穗仪（1999）、任东屏（1999）、陈静婉（2001）、韩诺萍（2002）、陈燕娇（2006）、蔡芳珠（2015）的研究结果相同。但是与蔡碧琏（1993）、孙国华（1997）、陈思婷（2004）、姜礼琪（2008）、廖金贵（2014）的研究结果不相同。

究其原因，正如蔡培村、孙国华（1997）的教师生涯发展理论所指出的，教学年资为"20—30年"的教师处于"稳定期"，这时期的教师专业能力正处于巅峰状态，在专业知识、技能和态度上都有优秀的表现，获得社会大众、教育工作者、家长和学生的认同和肯定；而"1—5"年的教师生涯发展处于"适应期"和"能力建立期"，这时期的教师专业能力正在成长中，年资较轻的教师在专业知识和技能仍处于适应期与发展期，有待不断尝试和学习。因此，年资较深教师在专业成长显著高于年资较浅教师。

本研究假设2－6"不同教学年资的澳门私立中学教师在专业成长各层面及整体上有显著差异"，获得支持。

7. 学校规模与专业成长

本研究发现，在"班级经营"、"辅导知能"层面上，"20—30班"学校的教师显著高于"20班以下"学校的教师。研究结果与李俊湖（1992）、沈翠莲（1994）、冯莉雅（1997）、任东屏（1999）、陈燕娇

(2006)、蔡芳珠（2015）的研究结果相同。但是，与孙国华（1997）、陈静婉（2001）、韩诺萍（2002）、吴慧玲（2002）、姜礼琪（2008）的研究结果不相同。

究其原因，2012年颁布了《私框》，明确教师专业地位，加强在职教师培训与进修，教师的专业发展得到重视。今天因应时代发展，不断提升教育竞争力，需要培养专业的教师团队，教师专业成长的理念渐渐地获得广大教师的认同，不同类型的学校，教师们都愿意不断迈向更高专业的发展。

同时，"20—30班"学校的教师在"班级经营"、"辅导知能"层面上显著高于"20班以下"学校的教师，说明中等规模学校的教师不但重视班级的建构和管理，而且重视对学生的辅导的认知和技巧。可见，这两方面的工作在中等学校是比较关注的，教师所花费的时间和精力较多。

本研究假设2-7"不同学校规模的澳门私立中学教师在专业成长各层面及整体上有显著差异"，获得支持。

8. 进修类别与专业成长

本研究发现，在"一般知能"层面上，"三者进修结合"教师显著高于"非正规进修"教师。相反，不同进修类别的教师，在"整体专业成长"、"教学知能"、"班级经营"、"辅导知能"与"专业态度"五个层面上，都没有达到显著水平。

究其原因，《私框》中规定教学人员每年参加30小时的专业发展活动时数，作为教学人员专业发展津贴的发放、晋级等不可缺少的条件。可见，不同类别的私立学校、教师都必须参与进修活动与课程，以提升自我的专业知能。在"一般知能"层面上，教师参与不同机构、不同类别的进修活动，通过参与多元化的进修与培训活动，改善教学的一般知识和技能，达到提升专业能力。

本研究假设2-8"不同进修类别的澳门私立中学教师在专业成长各层面及整体上有显著差异"，获得支持。

三　澳门私立中学教师在职进修动机与专业成长之相关分析讨论

本研究根据第四章第四节所得之分析结果，对研究结果进行综合讨论，兹把澳门私立中学教师在职进修动机与专业成长之积差相关分析和讨论说明如下。

(一) 教师在职进修动机与专业成长之相关分析

本研究发现，就 Pearson 积差相关的结果显示，首先，教师整体的在职进修动机与整体的专业成长有显著正相关，而且相关系数（r=.599），属于中度正相关。其次，教师在职进修动机各层面与专业成长各层面也存在着显著正相关，当中以教师在职进修动机的"社会服务"层面与整体的专业成长相关（r=.607）程度最高。相反，教师在职进修动机的"外界期望"层面与教师专业成长的"专业态度"层面相关（r=.303）程度最低。由上述分析可知，教师的在职进修动机与专业成长存在着显著正相关，也就是说，教师的在职进修动机愈强，则其专业成长愈好。

(二) 教师在职进修动机与专业成长之相关讨论

本研究结果与陈静婉（2001）、陈思婷（2004）的研究结果基本相同。陈思婷（2004）指出，教师在职进修动机与教师专业成长亦彼此呈显著正相关，显示教师若在职进修动机越强，专业成长则越好。陈静婉（2001）指出，教师正规进修与专业成长知觉各层面和整体专业成长知觉有正相关；教师非正规进修与专业成长知觉各层面和整体专业成长知觉有低度正相关；教师非正式进修与专业成长知觉各层面和整体专业成长知觉有低中度正相关。

究其原因，时至今天，教育受到世界各国的重视，大家把教育提升到前所未有的层面，理所当然重视教师发展。现今科学技术的迅速发展，知识技能不断更新与更替，假若教师只是具备在师范大学所取得的知识，将会被社会淘汰。因此要求教师不断进修，改善教学的知识和技能，累积专业能力，以完善实际教学工作环境的反省、分析、研究和规划的能力，促进教师专业成长，提升教学效能。

本研究假设 3 "澳门私立中学教师在职进修动机与专业成长有显著相关"，获得支持。

四 澳门私立中学教师在职进修动机与专业成长之预测分析讨论

本研究以澳门私立中学教师在职进修动机变项的各层面为预测变项，再加上以教师专业成长整体及各层面为效标变项，然后进行逐步多元回归分析，主要是为了解教师在职进修动机对专业成长的预测情形。兹将逐步多元回归分析结果摘要，汇总如表 4-6-4 所示。

表 4-6-4　　　　　　　　逐步多元回归分析综合摘要表

效标变项	进入回归的预测变项	解释力（%）	联合解释力（%）
教学知能	认知兴趣	35.9	118
	社会服务	40.6	
	职业进展	41.5	
班级经营	社会服务	30.6	102
	认知兴趣	35.3	
	职业进展	36.1	
一般知能	认知兴趣	33.6	117.5
	社会服务	38.6	
	职业进展	39.5	
辅导知能	认知兴趣	31.2	106.7
	外界期望	36.3	
	社会服务	39.2	
专业态度	认知兴趣	32.2	67.2
	社会服务	35.0	
整体	认知兴趣	38.1	126.4
	社会服务	43.8	
	职业进展	44.5	

（一）就"整体教师在职进修动机"层面而言

由上表 4-6-4 可知，以整体层面而言，当效标变项为教师专业成长时，总共有三个层面进入回归方程式的显著预测变项，三个预测变项可联合有效解释"整体教师在职进修动机"126.4%的变异量。其中以"职业进展"最高，个别解释变异量为 44.5%。

（二）就"教师专业成长"各层面而言

由上表 4-6-4 可知，兹将教师专业成长的五个层面说明如下。

1. 就"教学知能"层面而言

当效标变项为"教学知能"的时候，总共有三个层面进入回归方程式的显著预测项，三个预测变项可联合有效解释"教学知能"118%的变异量，其中以"职业进展"为最高，个别解释变异量为 41.5%。

2. 就"班级经营"层面而言

当效标变项为"班级经营"的时候，总共有三个层面进入回归方程式的显著预测项，三个预测变项可联合有效解释"班级经营"102%的变异量，其中以"职业进展"为最高，个别解释变异量为36.1%。

3. 就"一般知能"层面而言

当效标变项为"一般知能"的时候，总共有三个层面进入回归方程式的显著预测项，三个预测变项可联合有效解释"一般知能"117.5%的变异量，其中以"职业进展"为最高，个别解释变异量为39.5%。

4. 就"辅导知能"层面而言

当效标变项为"辅导知能"的时候，总共有三个层面进入回归方程式的显著预测项，三个预测变项可联合有效解释"辅导知能"106.7%的变异量，其中以"社会服务"为最高，个别解释变异量为39.2%。

5. 就"专业态度"层面而言

当效标变项为"专业态度"的时候，总共有二个层面进入回归方程式的显著预测项，二个预测变项可联合有效解释"专业态度"67.2%的变异量，其中以"社会服务"为最高，个别解释变异量为35.0%。

同时，在教师专业成长整体解释量方面，以效标变项为"教学效能"的时候最高，总共有118%。可见，在教师在职进修动机的各层面对专业成长"教学知能"层面的预测上，以"职业进展"预测力最好。

究其原因，澳门回归祖国后，"教育兴澳"成为重要的标志。因此，政府加大对教育管理，不断用法律保障教育事业发展，对教师的要求愈来愈高。而且修订和提高教师的入职门槛，加大对教师的在职培训。特别是从2005年开始推行校本培训，2007年推出脱产培训、休教进修等项目，目的是要提升教师的学历、文凭和资格，通过进修和学习，让教师取得更高学历，继续向上流动，提高他们的专业知识和技能，以提升他们的自我效能和教学效能。

综上所述，不论在教师专业成长之整体或各分层面作为效标变项时，都出现二至三个达到显著水平的预测变项。可见，本研究假设4"澳门私立中学教师在职进修动机对专业成长具有预测力"，获得支持。

第七节 小结

综合上述之分析，本研究针对各项假设验证结果，整理如表4－7－1所示。

表4－7－1　　　　　　　研究假设检定结果汇总表

研究假设	检定结果
假设1：不同背景变项的澳门私立中学教师在职进修动机上有显著差异	支持
假设1－1：不同性别的教师在职进修动机各层面及整体上有显著差异	支持
假设1－2：不同年龄的教师在职进修动机各层面及整体上有显著差异	支持
假设1－3：不同学历的教师在职培训动机各层面及整体上有显著差异	支持
假设1－4：不同婚姻状况的教师在职进修动机各层面及整体上有显著差异	不支持
假设1－5：不同职务的教师在职进修动机各层面及整体上有显著差异	支持
假设1－6：不同教学年资的教师在职进修动机各层面及整体上有显著差异	支持
假设1－7：不同学校规模的教师在职进修动机各层面及整体上有显著差异	支持
假设1－8：不同进修类别的教师在职进修动机各层面及整体上有显著差异	支持
假设2：不同背景变项的澳门私立中学教师专业成长上有显著差异	支持
假设2－1：不同性别的教师在专业成长各层面及整体上有显著差异	支持
假设2－2：不同年龄的教师在专业成长各层面及整体上有显著差异	支持
假设2－3：不同学历的教师在专业成长各层面及整体上有显著差异	支持
假设2－4：不同婚姻状况的教师在专业成长各层面及整体上有显著差异	支持
假设2－5：不同职务的教师在专业成长各层面及整体上有显著差异	支持
假设2－6：不同教学年资的教师在专业成长各层面及整体上有显著差异	支持
假设2－7：不同学校规模的教师在专业成长各层面及整体上有显著差异	支持
假设2－8：不同进修类别的教师在专业成长各层面及整体上有显著差异	支持
假设3：澳门私立中学教师在职进修动机与专业成长有显著相关	支持
假设4：澳门私立中学教师在职进修动机，能有效预测教师专业成长	支持

第五章 澳门私立中学教师在职进修动机与专业成长的质性研究

本研究为了进一步了解澳门私立中学教师参与在职进修动机与专业成长的现况，通过深度访谈的方法，找出教师参与在职进修动机与专业成长的影响因素，进一步规划教师参与在职进修与专业成长的发展方向。

第一节 研究内容

本研究的访谈内容分为七个方面。

一、请介绍关于您的教学年资、任教科目以及学历等基本情况。

二、在教师在职进修动机的"认知兴趣"、"社交关系"、"逃避或刺激"、"职业进展"、"外界期望"、"社会服务"六个层面中，对于提升教师参与在职进修动机，您认为哪个层面的效益最大，哪个层面的效益较少，并说明原因。

三、您选择的在职进修动机是否会受到其他因素的影响，假若有影响，请说明理由。

四、在教师专业成长的"教学知能"、"班级经营"、"一般知能"、"辅导知能"、"专业态度"五个层面中，对于提升教师专业成长，您认为哪个层面的效益最大，哪个层面的效益较少，并说明原因。

五、您选择的专业成长会否受到其他因素的影响，假若有影响请说明理由。

六、影响您参与在职进修的最大困难是什么？并说出原因。

七、从教育当局、学校、教师三方面出发，请您说出加强教师参与在职进修动机和专业成长的有效建议。

第二节 研究方法与设计

一 质性研究方法

在质的研究中，收集资料的方法主要有三种情况：观察、个人文献的收集和访谈。用观察法收集资料时往往比较直接，可以重复，可以对同一现象进行多次的观察，因而运用时较为方便。个人文献的收集包括个人书信、自传、讲稿、日记等个人的活动产品和个人的图片等，通过对这些文献资料的分析与比较，进一步了解当事人的内心的思想和活动的过程（胡中锋，2013）。

（一）访谈调查法的意义和类型

1. 访谈调查法的意义

访谈就是通过研究者访问被研究者并且与其进行深入交谈的一种活动（胡中锋，2013）。研究者在访谈过程中的活动包括提问、倾听、响应与记录。访谈往往是无结构性的访谈，一般不使用访问表格和规定好的访问程序，对访问对象的反应不做限定。访问虽然是按一定目的进行，但访问内容、顺序等有灵活性与机动性。访谈时要了解当事人的个性特点，善于创设良好的情境氛围；要注意提问技巧；记录访谈结果要及时、详尽，记录结果时不但要把当事人的语言内容记录下来，还要关注当事人的面部表情、语气和无意识的动作等，因为这些信息往往更能真实地反映出当事人的内心世界。

2. 访谈调查法的种类

根据不同的分类标准，访谈调查法有不同的类型：（1）以访谈者对访谈的控制程度划分为：结构性访谈、非结构性访谈、半结构性访谈。（2）以调查对象数量划分为：个别访谈、集体访谈。（3）以人员接触情况划分为：面对面访谈、电话访谈、网上访谈。（4）以调查次数划分为：横向访谈、纵向访谈。

本研究主要采用结构性访谈、个别访谈、面对面访谈、横向访谈，兹将这几类访谈介绍如下。

结构性访谈：也称标准式访谈，它要求有一定的步骤，由访谈者按事先设计好的访谈调查提纲，依次向受访者提问，并要求受访者按规定标准进行回答。这种访谈能够按照预先拟定的计划进行，它的最大优点是访谈提纲的标准化，它可以把调查过程的随意性控制到最小限度，比较完整地收集到研究者所需要的数据，这类访谈在计划中已经有周密的安排。

个别访谈：是指访谈者对每一个受访者逐一进行的单独访谈。其最大优点是访谈者和受访者正面交流，可以得到较为真实的数据。而且这种访谈有利于受访者详细地、真实地表达个人想法，访谈者与受访者两者之间有更多接触机会，有助访谈内容进行得深入与有效。

面对面访谈：也称直接访谈，是指访谈双方进行面对面的直接沟通来获取信息数据的访谈方式。这类访谈是常用的收集数据的方法，因为访谈者能够清楚看到受访者的表情、神态和动作，有助于访谈进行，了解更深层次的现象。面对面访谈的地点通常由受访者指定，访谈者会提早到指定地点，作好所有的准备工作。

横向访谈：也称一次性访谈，是指在同一时段对某一研究问题进行的一次性收集资料的访谈。这类访谈内容以收集事实性资料为主，研究一次性完成。

（二）访谈理论方法的选取

定性研究中有比较多的理论方法，分别有内容分析法、人种志分析、框架理论、扎根理论等，兹将上述四种理论方法说明如下。

1. 内容分析法（Content Analysis）

Berelson 在 1954 年定义内容分析法是一种研究的技术，针对人们沟通所产生的内容做客观的、系统的，以及量的描述。而 Cartwright 在 1953 年定义"内容分析"与"编码"可以交换使用，是以客观的、系统的，以及量的方式，描述任何符号的行为（王文科、王智弘，2007）。

欧用生（1989）指出内容分析法是客观、系统及量化叙述明显的传播内容的一种研究方法。它是以归纳法的原理发展而成的一套客观有系统的研究方法，将文件或传播的内容加以分类、统计、分析，以计量的方法，客观有系统地分析传播内容，特别重视量化分析（quantitative analysis），以弥补传统研究过分偏重质的分析（qualitative analysis）在实证方面的不足，为传播或文件内容分析方法的一套科学研究的发展途径。游美惠（2000）指出内容分析法在新闻与传播研究上被广泛运用，而教育研究也常应用此法来对教科书的内容加以检视分析。

欧用生（1989）归纳内容分析法的特质有三点，一是在方法上，注重客观、系统及量化的一种研究方法；二是在范围上，分析传播内容信息，且分析整个传播的过程；三是在价值上，对传播内容作叙述性的解说，且在于推论传播内容对整个传播过程所发生的影响。

内容分析法主要把搜集到的文献做分类，包括文章本身、作者和文章的背景。通常用抽样方法来做，包括简单随机、系统或群集均可。单位可以是字、句、段落、一篇文章，甚至一本书。

一般而言，内容分析的步骤分为：（1）提出研究问题或假设；（2）确定研究范围；（3）抽样；（4）选择分析单元；（5）建立分析的类目；（6）建立量化系统；（7）进行内容编码；（8）分析资料；（9）解释结论；（10）信度和效度检验。由此可知，内容分析法是一种将定性的数据转化为定量数据后开始分析的研究方法。即是一种由"质"转为"量"，然后以内容的量变推测质变的研究方法，故此，内容分析法是"质"与"量"结合的研究方法。内容分析法发展至今天，不再是单一的研究方法所能界定，内容分析法被广泛应用到新闻传播、图书情报、政法军事、社会学、心理学等社会科学各领域中，而且取得显著的成效。

2. 人种志分析

人种志（Ethnography）又译为民族志、俗民志。即对一个群体或者一个种族人们的生活方式的描述。Wolcott（1975）对这一术语做了简明的解释："人种志是人类学家对一个群体互动生活方式的叙述，即是一门叙述文化过程的科学。"（张伟远、蒋国珍，2006）民族志是对于一个文化或社会群体所做的系统描述与诠释（潘慧玲，2003）。

人种志分析的基本特点是需要参与研究对象的日常生活，在自然情境下观察并收集数据，通过叙事的方式描述数据，从而得出研究结论。人种志研究本质上具有综合性和整体性，同时又非常具体，细节丰富。

人种志研究方法的核心是参与观察，包括与研究对象长期居住、直接联系、反复观察、询问、闲聊等，在自然情境中收集数据，这种方法称为"田野工作"。收集资料的技术包括生活史、面谈、问卷、文献、录音、录像、事件分析等。

民族志着重探索、发现、反省，也就是开放性的观察和描述，研究的目的不是理论或假设的验证。由于研究者对所要研究的对象，不但所知有限也不愿干扰掌控，所以，研究过程没有"照着菜单煮菜"的研究方法（刘仲冬，1996）。

当代人种志的研究工作，几乎完全根据实地调查，因此要求从事这项工作的人类学家，彻底置身于他所研究的民族的文化和日常生活之中，做全面的调查研究。人种志通常以社会为中心，而不着眼于个人，着重于常用环境的描述（即所谓人种志的现实，而不强调历史事件）。传统人种志比较强调描述普通居民中的普通人，而现代人种志则比较重视文化系统内变化的重要性。同时，人种志研究者使用的工具，自马林诺夫斯基（Bronislaw Malinowski）时代以来，有了根本变革，今天的调查工具已经由电影和录音机等科学技术取代了详细的笔记。

3. 框架理论

框架理论是社会科学新兴的研究取向，一般认为最早提出"框架"概念的学者 Bateson（1972）将框架界定在心理层次，他认为，"框架是一组讯息，或有意义的行为"。Bateson 使用图片框架（picture frame）作为模拟，认为心理框架兼具排他性与包容性。当一个框架包含某些讯息时，就排除其他讯息，借此框架中的讯息能排列或组织观看者的感知。

从社会学角度看框架，社会学家 Goffman（1974）是研究框架理论的先驱，他是第一位把框架（frames）概念应用于传播情境的人，他以框架探讨人们在理解社会事件时所用的基本参考架构。

Goffman 指出框架是一种用以诠释外在世界的心理基模，是人们寻找、感知、辨识，以及标签外在世界的基础。也就是说，人们透过框架集织信息、了解事实，并进而产生意义。

从心理学角度看框架，Gerhards & Rucht（1992）指出，框架是人们解释外在真实世界的心理基模，用来了解、指认以及界定经验的基础。

Mcleod et al.（1989）认为人们阅读新闻时使用的知识结构为框架，框架可以帮助读者将媒体传送的素材加以组织、选择和诠释。可是，基模与框架事实上仍有不尽相同之处，基模重视人的心理结构及先前的知识结构。人们的基模不相同，对信息的选择、意义的产生也不相同。

框架与基模可以用于微观的个人层次；在宏观层次上，框架更可以用来处理新闻文本的分析，基模则无此机制。即框架的概念可以运用的范围较为广泛，而基模则多运用于个人的心理层面。

由以上各位学者对框架所提出的概念来看，框架的正面意义在于它可作为人们认知事物的基础，但是，也限制了人们的视野，使人们无法得知框架之外的事务。由于框架不同，各人对了解社会的真实事件受到影响。

4. 扎根理论

扎根理论是一种比较新颖的研究方法。它是由学者 Glaser 和 Strauss 于 1967 年在其专著《扎根理论之发现：质化研究的策略》中提出来的。此外，Strauss 和 Crobin 著有《质化研究基础：扎根理论的程序和技术》、Miles 和 Huberman 著有《质化资料分析：新方法手册》。经过这一系列不同学者的研究和探讨，扎根理论不断得到发展和完善。

扎根理论的目的在于成为一个发展理论的方法，扎根于资料的搜集与分析来形成理论的方法论，而理论本身在研究过程中会随时变化，并且是分析与搜集资料间持续交互作用的一个产品。

扎根理论是指研究者开始之前一般没有理论假设，直接从实际观察入手，从原始数据中归纳出经验概括，然后上升到理论。扎根理论是一种从下往上建立实质理论的方法。它要有经验证据的支持，但是它的主要特点不在其经验性，而在于它是从经验事实中抽象出新的概念和思想。在哲学思想上，扎根理论方法基于后实证主义的范式，强调对目前已经建构的理论进行证伪。简单地说，扎根理论的本质是归纳法。

台湾地区扎根理论学者徐宗国（1996）指出，扎根理论的思考原则与处理技术，是一方面寻求严谨，另一方面保留弹性的做法。它不断地运用原则与技术，将资料逐渐转化与缩减，并构成理论。徐宗国指出，扎根理论的三大思考原则为：（1）科学逻辑；（2）登录典范；（3）互动地思考。但是，这三大原则就扎根理论的实际操作而言，仍然显得有些抽象。相反，内地学者陈向明（2006）所提出的扎根理论思路，比较易于理解，分别叙述如下。

第一，从资料中产生理论：扎根理论特别强调从资料中提升理论，认为只有通过对资料的深入分析，才能逐步形成理论框架。这是一个归纳的过程，从下往上将资料不断浓缩。与一般的宏大理论不同的是，扎根理论不对研究者自己事先设定的假设进行逻辑推演，而是从资料入手进行归纳分析。理论一定可以追溯到其产生的原始资料，一定要有经验事实作为依据，如此才具有生命力，才有实际的用途。

第二，对理论保持敏感：由于扎根理论旨在建构理论，因此它特别强调研究者对理论保持高度的敏感。不论在设计时间，还是在收集和分析资料的时候，研究者都应该对自己现有的理论、前人的理论以及资料中呈现的理论保持敏感，注意捕捉新的建构理论的线索。

第三，不断比较的方法：扎根理论的主要分析思路是透过资料和资料之间、理论和理论之间不断进行对比，然后根据资料与理论之间的相关关系提炼出有关的类属（Category）及其属性。比较通常有四个步骤：（1）根据概念的类别对数据进行比较，并为每一个概念类属找到属性；（2）将有关概念类属与它们的属性进行整合，对这些概念类属进行比较，并用某种方式联系起来；（3）勾勒出初步呈现理论，确定该理论的内涵和外延，将初步理论返回到原始资料进行验证，同时不断地优化现有理论，使之变得更新加精细；（4）对理论进行描述，将所掌握的资料、概念类属的特性以及类属之间的关系一层层地描述出来，以回答研究问题。

第四，理论抽样的方法：在对资料进行分析时，研究者可以将从资料中初步生成的理论作为下一步资料抽样的标准，这些理论可以指导下一步的资料收集和分析工作。研究者应该不断地就资料的内容建立假设，通过资料和假设之间的轮回比较产生理论，然后使用这些理论对资料进行编码。

第五，灵活运用文献：扎根理论观点显示，任何知识或是理论，只要它们非仅扎根于现有知识，显示态样也非明显且表面，且不至于剥夺分析者运用作为理论化者，均可视为是另一种信息的来源。因此，举凡公司报告、次级资料甚至统计等，只要该信息与研究有相关且适合于研究，均可采用。

第六，理论性评价：扎根理论对理论的检核与评价有自己的标准，总结起来可以归纳为：（1）概念必须来源于原始资料，且可回溯原始资料内容作为论证的依据；（2）理论中的概念本身应该得到充分的发展，密度应该比较大；（3）理论中的每一个概念应该与其他概念之间具有系统的联系；（4）由整套概念联系起来的理论具有较强的运用价值，应该适用于比较广阔的范围，具有较强的解释力。

根据以上的情况，本研究探讨教师在职进修动机与专业成长的现况,主要重点是在于了解影响澳门私立中学教师参与在职进修动机和专业成长的因素,以及它们之间的彼此关系。因此,本研究是微观的,并以行动为导向,有时间上的发展过程等特点,正好符合扎根理论的研究特色。

本研究为了更好地利用扎根理论的研究方法,有意地采用结构性访谈、个别访谈、面对面访谈、横向访谈等方法,来搜集研究主旨所需要的重要资料。同时,通过分析资料、解释资料和归纳资料的步骤,了解教师在职进修动机与专业成长的现况,以及影响教师参与在职进修动机与专业成长的因素,进一步剖析其核心概念,以作为建构教师在职进修动机与专业成长为实际理论的基石。

二 质性研究的设计

(一) 研究过程

本研究对搜集到的访谈资料,利用扎根理论的方法,进行系统性的分析与概念化的处理,更好地达到本研究目的。研究过程包括:(1)决定研究主题;(2)取样及进入情境;(3)搜集资料;(4)进行资料的编码、命名与发展故事线;(5)进行资料的分析比较;(6)建构理论。

(二) 研究取样

关于本研究样本的取样方法,是按照 Strauss 和 Cobin(1990)的观点,必须要考虑研究的问题、可近性、手边的资料,以及研究者的时间、精力等因素来做选择方式。有见及此,本研究基于便利性、可行性的思考,通过在澳门教育界所认识的校长、主任,以及本人任教的学校,再加上曾经就读于华南师范大学的学弟和学妹的协助和帮忙,才能够邀请到七所私立中学,包括社团办校、教会学校,以及私人办校等学校,21位教师作为访谈对象,从而更好地兼顾不同性质的学校。以上21位教师愿意接受研究者的访谈,当每次访谈之后,研究者马上对资料进行分析。在整个访谈研究的过程中,对所搜集的资料进行分析,同时在分析资料的过程中,会对后来的资料分析有指导作用。

本研究的取样分为二个阶段,第一阶段主要选取4位教师进行访谈,以此作为参考,修改访谈提纲和研究步骤。第二阶段选取17位教师进行访谈，期望进一步了解研究情况，并逐步形成核心概念，以此形成理论之架构。

（三）研究资料搜集

有学者指出，实地工作是质性研究最常用以搜集资料的方式，研究进入研究对象或信息提供者所处的自然情境，以受试者感到最舒适或自然的方式，进行研究资料的搜集，获得大量描述性的第一手资料，而访谈和参与观察则是实地工作最常使用的资料搜集技术（引自郑瑞隆，2001）。本研究以访谈法作为搜集资料的主要方法，纵使研究者在事先已经拟定好访谈的提纲和内容，但是在实际操作过程中，总是同意受访者一些开放性的响应。这样研究者可以充分了解和剖析教师在职进修动机与专业成长所未预期的资料，深入去了解教师在职进修动机与专业成长存在的问题与困难。在访谈过程中，为了更好地记录受访者的真心话语，事先征得受访者的同意，以录音方法来搜集受访资料，以准确记录文字。

（四）研究资料分析

在整个访谈结束后，即着手整理资料和进行开放登录，在开放登录中采取以下步骤：（1）对现象加以标签：将原始资料以每一句子、每一段落或每一档，观察或访问的形式加以打散后，针对各形式所代表的现象以概念化的形式加以命名；（2）发现类属：将属于同一现象的资料由归纳的过程，以相同的概念丛聚起来，形成一属于相同概念的类属；（3）对类属加以命名：将具有相同概念的类属赋予更抽象的命名，可能是来自既有文献上已发展出的类属，或是由研究者本身独创而来；（4）以概念的属性和面向的形成来发展类属：当一类属命名出来以后，可将其类属及面向加以发展成为该类属，以使该类属所涵括的特征或归因更加丰富（郝溪明，1999）。同时，为了使研究过程中核心概念的命名和意义范畴的归纳更清晰明确，Glaser（1992）指出理论敏感度的重要性，因为研究者对理论的敏感度能使其建构概念类组、理论编码及相关假设，以发展扎根于研究现象理论的知识、了解力与技巧。

本研究在分析资料的时候，运用扎根理论的方法，把有关资料分析的程序分为开放性编码、主轴编码和核心编码三个步骤。首先把搜集的资料进行分解、检视、比较、概念化和类目化。其次，以"主轴编码"的分析过程，建立类目与次类目之间的联结，寻找出类目间的因果关系，以建立理论架构。最后，以"核心编码"的程序找出核心主题，随即以核心主题界定使用核心编码的范围，用理论摘记来记录想法。

第三节 研究对象与资料分析

一 确定访谈对象

本研究的对象是澳门私立中学教师，访谈目的是了解教师在职进修动机与专业成长的现况，以及找出影响教师参与进修动机与专业成长的因素。

在确定研究对象的前提下，研究者要考虑不同性别、不同教学年资、任教科目、学历程度等统计学特征的合理分布情形。同时，还要兼顾不同类别的学校管理者的支持力度，澳门的私立中学分为：个人办校、教会学校、团体办校，既要考虑受访教师是否愿意接受访问，又要考虑他们的工作和作息时间等因素。

综合上述情况，本研究在澳门整体私立中学抽样，抽取到团体办校的有4所、教会学校有2所、个人办校有1所，共21位教师参与本研究的个人访谈工作。参与本研究的个人访谈的21名教师的基本情况如表5-3-1所示。

表5-3-1　　　　　访谈样本基本情况一览表（N=21）

人口统计学变数	类别	人数	百分比（%）
性别	男	9	42.9
	女	12	57.1
教学年资	1—5年	4	19.0
	6—10年	5	23.8
	11—15年	6	28.6
	16—20年	5	23.8
	20年以上	1	4.8

续表

人口统计学变数	类别	人数	百分比（%）
任教科目	语文	5	23.8
	英文	4	19.0
	数学	4	19.0
	公民教育	1	4.8
	历史	3	14.3
	地理	2	9.5
	计算机	1	4.8
	体育	1	4.8
学历	本科	16	76.2
	硕士及以上	5	23.8
学校类别	私人办校	2	9.5
	团体办校	15	71.5
	教会学校	4	19.0

二 安排访谈活动

本研究的教师个人访谈活动，从2016年4月11日开始，到2016年5月30日结束。研究者通过电话向学校管理者，以及研究者认识的教育同工发出请求，终于顺利进行了访谈活动，主要围绕"澳门私立中学教师在职进修动机与专业成长之关系研究"，每一次的访谈活动情况如表5-3-2所示。

表5-3-2　　　　　访谈活动安排情况一览表（N=21）

访谈场数	访谈日期	访谈教师人数	访谈地点
1	11/04/2016（上午）	3	某校的操场、录音室、训导室
2	11/04/2016（中午）	2	台山咖啡店
3	20/04/2016（上午）	3	某校教师休息室
4	21/04/2016（上午）	3	某校的教导处、接待室
5	21/04/2016（晚上）	1	氹仔鲜果人食店
6	25/04/2016（中午）	1	筷子基 Amazingcafe
7	26/04/2016（傍晚）	2	某校的教员室

续表

访谈场数	访谈日期	访谈教师人数	访谈地点
8	13/05/2016（晚上）	2	高士德麦当劳
9	19/05/2016（中午）	2	关闸稻庭餐厅
10	30/05/2016（上午）	2	某校图书馆

综上所述，归纳受访活动的安排情况如下。

（一）访谈场数

本研究的教师访谈次数进行10场，每场人数不同，介于1—3位教师参与访谈。

（二）访谈日期

本研究的访谈时间将近二个月，受访时间约15—30分钟，访谈过程采用笔录和录音。由于教师的工作关系，访谈时间分别安排在早上、中午、傍晚以及晚上。从以上的时间可以看出，教师希望访谈的时间安排在上班中、午饭时间、下午放学后以及晚上，星期六与星期日均没有安排访谈。

（三）受访人数

本研究的受访对象来自7所私立中学，21位教师参与活动，当中受访教师有学校的行政人员、科组长、班主任、科任老师等。

（四）受访地点

为了使访谈活动能够顺利开展，研究者定好时间和地点，在访谈地点的选取上，多在受访教师所任教的学校、学校附近的食店，以及居住地点的快餐店，即以方便受访教师为前提。研究者根据预先安排好的时间，甚至提早在预约地点等候受访教师。有三次访谈时间安排在中午，故此，需要在受访教师所任教学校的附近就餐，当受访教师匆忙完成谈访后，他们马上就赶回学校工作。

另外，访谈的结果不会送交学校领导，以保护教师，资料保密，让教师没有思想包袱，可让受访者充分发表意见。研究者向受访教师介绍研究的背景，以及关于教师在职进修动机的六大层面与专业成长的五大层面等关键词语。要了解受访者对受访提纲所存在的疑问并进行解答，让受访者明白访谈内容，以提高回答的效率。紧接下来就是开始访谈，研究者不但文字笔录，得到受访者同意后，作全程录音，以利访谈文字记录。

三　整理访谈资料
（一）访谈录音的文字转录与校对

关于本研究的教师个人访谈，全部由研究者一手包办，目的是研究资料的真实性和有效性。研究者在访谈过程中，为了保证访谈数据的完整性，除了在访谈过程中用笔记录，也得到受访教师的同意，采用录音的方式记录资料，再转录成文字。是次研究的访谈次数高达十场，既有不同时间，也有不同地点，对教师进行逐个访谈，总共录音 7 小时，根据录音转录的文字数据约 1.4 万字，详细的访谈文字资料（见第五章的第三节）。

（二）受访教师基本信息编码

本研究参与受访的教师有 21 位，兹对受访者的编码采用五位制表示如下：

1. 第一位编码代表受访学校：因为受访学校有 7 所，所以用阿拉伯数字 1、2、3、4、5、6、7 表示。

2. 第二位编码代表教师性别：男性（Male）用 M 表示；女性（Female）用 F 表示。

3. 第三位编码代表教师的教学年资：数字 1 表示任教 1—5 年；数字 2 表示任教 6—10 年；数字 3 表示任教 11—15 年；数字 4 表示任教 16—20 年；数字 5 表示任教 20 年以上。

4. 第四位编码代表教师的任教科目：任教学科则用英文第一个字母代表，如果当第一位字母相同的时候，那么就顺延为第二位字母代表。例如语文（Chinese）用 C 表示，数学（Mathematic）用 M 表示，英语（English）用 E 表示，历史（History）用 H 表示，地理（Geography）用 G 表示，计算机（Technology of Computer）用 T 表示，公民教育（Politics）用 P 表示，体育（Physical）用 P 表示。

5. 第五位编码代表教师的学历：本科（University）用 U 表示；硕士或以上（Master）用 M 表示。

6. 假若上述资料出现相同情况，就采用第六位编码，并用数字 1 与 2

加以区分。澳门私立中学 21 位受访教师的代码如表 5-3-3 所示。

表 5-3-3 　　　访谈样本人口统计量信息编码一览表（N=21）

1M2HU	1F3EU	1F3PM	1M2MM	1M1MU	1M3TU
1M1GU	1F2CU	1M4PU	2F3CM	2F1EM	3F2EU
3F3CU	4F2CU	4F3EU	5M3HU	5M3MU	6M1MU
6F3CM	7F3GU	7F3HU	—	—	—

（三）访谈资料的开放性编码

扎根理论的操作核心是在于编码的过程。编码（coding）是指把资料加以分解、概念化，然后用一种崭新的方式把概念重新组合起来的操作过程，理论在大量的资料分析中建立起来。Coding 一词被翻译成"登录"，也有为"解码"，不同的学者有不同叫法。因此，本研究将 Coding 定为"编码"，并且采用（Strauss & Corbin, 1990）编码的方式，分别为开放性编码、主轴编码和核心编码。

开放性编码是指把资料加以分解、检视、比较、概念化及类目化过程。通过不断比较及问问题的二个主要分析程序，逐步达成将资料加以概念化的初步任务。概念化是指附着于个别事情、事件或是现象的概念性标签。当研究过程中产生了十来个，甚至百来个概念标签后，把相似概念归类在一起成为类别，这样就叫作类别化。由此，类别是指一组概念，研究者借着比较概念而发现它们指涉同一现象时，可将这些概念聚拢成为同一组概念，而由一个层次较高也较抽象的概念统摄，这样就称为类别。

在发展类别的时候，需要开发其性质，然后再从性质中区分出面向来。性质是指一个类别的诸多特质或特征，而面向则代表一个性质在一个连续系统上所有的不同位置。故此，开放性编码不但说明大家发现类别，而且更加协助大家确认这些类别的性质和面向。

在对资料进行开放性登录的时候，主要采用以下方法：（1）仔细登录，不漏掉任何重要的信息，直到饱和；（2）寻找当事人使用的词语，特别是那些能够作为编号原话；（3）给每一个编号进行初步的命名，命名可以使用当事人的原话，也可以是研究者自己的语言；（4）在对资料进行逐步分析时，就有关的词语、短语、句子、行动、意义和事件等询问具体的问题,如:这些资料与研究有什么关系?这个事件可以产生什么类属?这些资料具体提供了什么情况?为什么会发生这些事情?(5)迅速地对一些与资料有关的概念的维度进行分析与比较;(6)注意列出来的登录范式中的有关条目。

以下开始对资料的详细编码,研究者根据访谈内容进行开放性登录。

问题一:教师在职进修动机的"认知兴趣"、"社交关系"、"逃避或刺激"、"职业进展"、"外界期望"、"社会服务"六个层面中,对于提升教师参与在职进修动机,您认为哪个层面的效益最大,哪个层面的效益较小,并说明原因。

表5-3-4　澳门私立中学教师在职进修动机效益访谈开放性编码(N=21)

原始资料	关键词提取与命名
1M2HU:我认为是以"认知兴趣"效益最大,为了充实自己,增加知识面。通过在外参与学习,能够帮助解决实际工作中的困难。也以"逃避或刺激"为主,目的是填补空闲时间。通过在外进修,忘记现实工作上不开心的事情。由于有兴趣参加在外学习,逃避工作压力。	认知兴趣效益大 RZ1 知识更新 解决工作困难 逃避或刺激为次 TB 忘记不开心事件 工作压力
1F3EU:首先,以"认知兴趣"效益最大。在任教英文课的时候,经常出现一些字、词的新用法,所以在进修过程中增加自己的知识显得十分重要。其次,也以"职业进展"层面为主,可以有新尝试,如英文分成听、说、读、写四方面,教科书以阅读为主,或者是联系到生字等教法。假如我参与进修,可能选择会话、交流等进修课程,加上本人兼顾会话课堂,对老师的教学有帮助。	认知兴趣效益大 RZ2 职业进展为次 ZY 增进英文知识 提升教学效能
1F3PM:以"职业进展"效益最大,对提升教师的专业发展而言。每个人付出时间都希望有收益,如果在职进修能够提升教师的专业,它的成效自然较大一些。其次,以"社会服务"为主,自己提升自己,就更加有力量、有能力去服务社会,教师社会服务比较重要。	职业进展效益大 ZY1 专业发展 社会服务为次 SH 贡献社会
1M2MM:以"职业进展"效益最大,随着社会发展,对教师的要求愈来愈高。特别是社会对教师的学历要求较过去高,学历愈高,对前途较有帮助。以"认知兴趣"效益较小,教师早就具备当教师的本领,不会为进修而进修,也不会为利益而进修。	职业进展效益大 ZY2 社会发展　教师前途 对教师学历要求高 认知兴趣效益小 RZ1 已具备教师的实力

第五章 澳门私立中学教师在职进修动机与专业成长的质性研究　183

续表

原始资料	关键词提取与命名
1M1MU：以"认知兴趣"效益最大，进修是希望学习新知识。通过"认知兴趣"，增强学习效益，达到事半功倍。以"逃避或刺激"效益最小，减轻工作压力有很多方法，如旅行、运动，较少为逃避生活压力而参与进修。	认知兴趣效益大 RZ3 学习新知识 逃避或刺激效益小 TB1 减压方法多
1M3TU：以"认知兴趣"效益最大，兴趣是推动教师学习的好方法，内在因素的学习，总比外在因素学习更有成效。"职业进展"层面也是教师参与在职进修的原因，通过职业发展提升教师不同方面的知识。以"逃避或刺激"效益最小，原因是教师大多数认为不会为了逃避厌烦或追求生活而参与进修。	认知兴趣效益大 RZ4 学习兴趣 职业进展为次 ZY 增加知识面 逃避或刺激效益小 TB2 减压方法多
1M1GU：以"社交关系"效益最大。教师通过在职进修，与社会外界多接触，打破在学校只接触学生、本校教师的局限，从而拓宽社交和知识层面。以"职业进展"效益为最小，教师向上流动机会相对较小，难于推动他们的职业进展。	社交关系效益大 SJ1 沟通能力　知识层面 职业进展效益小 ZY1 向上流动机会少
1F2CU：以"认知兴趣"效益最大。本人担任班主任，通过修读应用心理学，来提升对学生心理的认识，故此，本人选择这些在职培训课程，目的是期望进修对自己的教学有所帮助。以"逃避或刺激"效益最小，教师参与在职培训有指引，故不用专门逃避课程培训。	认知兴趣效益大 RZ5 知识更新 教学效能 逃避或刺激效益小 TB3 专门培训课程
1M4PU：以"认知兴趣"和"外界期望"效益最大，教师是以认知、兴趣而参与进修，为服务社会而参与进修。以"逃避或刺激"效益最小，教师较少因为逃避生活压力而参与进修。	认知兴趣效益大 RZ6 外界期望效益大 QW 知识更新　学习兴趣 服务社会 逃避或刺激 效益小 TB4
2F3CM：以"职业进展"效益最大。教师进修要适应工作发展，教育当局要求教师有30小时的培训时数，假如教师未能参加这些培训课程，可能对将来的评级有所影响。而且，学校也会组织教师参与培训，教学应该与时俱进，自我增值，对自己工作有帮助，对学校人事都有帮助，将来有晋升机会。以"逃避或刺激"效益最小。有部分教师不会把工作放在首位，也不大愿意参加培训活动。除了教育当局的培训外，学校都有自己开设的培训活动，对他们来说30小时的培训时数已是足够，未必想放工后，利用私人时间再去培训。当然不会为逃避工作上的需求而参与进修，只是为"凑时数"，呆坐几小时，为了应酬而培训，简单地说，为培训而培训。大多数教师参加培训为了某些得益，不会为了逃避工作上的压力参与进修，可以直接选择去旅行、去休息。有部分教师的生活与工作是分开，所以不会为了生活而逃避进修。	职业进展效益大 ZY3 培训时数 自我增值 知识更新 晋升机会 逃避或刺激效益小 TB5 培训意愿不大 足够培训时数 减压方法多样化 教师的生活与工作分开
2F1EM：以"认知兴趣"效益最大，对新老师来说，知识和技巧都是需要培训的。"职业进展"的效益也较大，对将来工作有帮助，可以增加自己的职业进展。以"逃避或刺激"效益为最小，因为自己是新教师，暂时也不会对工作感到烦闷。	认知兴趣效益大 RZ7 职业进展为次 逃避或刺激效益小 TB6

续表

原始资料	关键词提取与命名
3F2EU：以"认知兴趣"效益最大；"外界期望"效益较小。教师的工作是非常繁重的工作。对我来说，作为班主任，每天要处理学生不同的问题及不同的文件。而且要备课、批改作业、出卷、批改卷子。课后还要抽空和学生多沟通及调解学生和老师的关系。每天有处理不完的事情，加班到很晚。如果不是为了兴趣学习、获取新知识、增进知能，我想是很难持续地参与在职进修。如果只是为了外界期望，我也可以去参加进修，只是如果没有投入学习，根本浪费时间。	认知兴趣效益大 RZ8 工作繁重 压力大 知识更新 教学效能 外界期望效益小 QW1 培训意欲不大
3F3CU："认知兴趣"效益最大，可增进相关知识。"逃避或刺激"效益较小，进修并不是用来逃避现实的。	认知兴趣效益大 RZ9 知识更新 逃避或刺激效益小 TB7
4F2CU：以"认知兴趣"效益最大，老师必须有丰富的学问和知识，才能教育好学生，教师不单是外界人士对你有要求，而是自己要不断提升知识的层次。以"外界期望"效益较小，因为一般人都相信教师已具备基本的知识和技能，所以教师比较受这方面的影响。	认知兴趣效益大 RZ10 知识更新 外界期望效益小 QW2 教学知识和技能
4F3EU：以"职业进展"效益最大，原因是年纪较大，上班没有时间，假如去进修，把学到的知识应用于教学当中，无论对学生，还是对教师本人也是相得益彰。以"社交关系"效益为最小，参与进修不是为了认识朋友，基本上教师的社交圈子已经形成，所以不会成为我参与进修的目的。	职业进展效益大 ZY4 知识更新 社交关系效益小 SJ1 形成社交圈子
5M3HU：以"认知兴趣"效益最大，假如进修内容没有兴趣，本人是不会选择进修，就算是学校安排我只是应付，参加培训是人在心不在。以"逃避或刺激"效益最小，因为我有兴趣就不需要逃避和刺激。	认知兴趣效益大 RZ11 提升培训效能 逃避或刺激效益小 TB8
5M3MU：以"认知兴趣"、"职业进展"效益最大，教师对教学是有兴趣，因为本身的专业，应多参与进修。兴趣既有短期，也有长期，短期的课程是以餐单式的；长期的课程要以进修学位为主，体现教师专业的系统化发展，向更高层次发展。以"社交关系"效益为最小，教师不会因为扩展外交关系去参与进修。	认知兴趣效益大 R12 职业进展效益大 ZY5 教师专业发展 社交关系效益小 SJ2 交际管道狭窄
6M3MU：以"职业进展"效益最大，教师被视为专业，如果要做好这份工，那么自身的各个方面都要做得更好，知识要不断进修，才能配合社会发展。由于现时学生所接触的知识较多，只能与时俱进参与进修，才能适合学生发展，教学要与学生一起成长。以"逃避或刺激"效益最小，教师在毕业之后，基本上能够教授学生，学业之外就必须要学习才能教好学生。	职业进展效益大 ZY6 专业成长 知识更新 教学效能 逃避或刺激效益小 TB9
6F3CM："社会服务"效益最大，教育的目的是让我们的下一代能够吸收科学技术知识，包括学生的生活和学业的方面，教师要培养适应社会发展的新一代。以"职业进展"层面的效益也较大。职业进展涉及教师的自身发展，为了更好地启发学生，教师必须要参与培训，有利于提升教学质量。因为教师的工作比较繁忙，与其找进修学习去逃避，倒不如找一些有兴趣的课程去进修，两者皆是花时间去进修。	社会服务效益大 SH1 提升教学效能 职业进展为次 知识更新 提升教学质量 工作繁忙

续表

原始资料	关键词提取与命名
7F3GU：以"职业进展"效益最大，整个社会都在进步当中，教师必须要与时俱进，不断参与在职进修。以"社交关系"效益最小，澳门每所学校根本上是各自为政，如使用教材方面，很少有机会去互相探讨，整合教材使用十分困难，缺乏大方向，教师各自想办法，面对四校联考，效用不大。	职业进展效益大 ZY7 社会发展 知识更新 社交关系效益小 SJ3 学校之间缺乏沟通
7F3HU：以"职业进展"效益最大，教师要不断提升自身的教学水平，需要不断进修。以"逃避或刺激"层面的效益最小，教师是不会因为生活的压力而参与进修。	职业进展效益大 ZY8 逃避或刺激效益小 TB10

综合上表5-3-4所示，教师在职进修动机的"认知兴趣"、"社交关系"、"逃避或刺激"、"职业进展"、"外界期望"、"社会服务"六个层面中，他们对各层面的效益各有不同的感受和想法，初步归纳和总结出以下几方面的共同特性。

1. 有12位教师认为"认知兴趣"层面的效益最大，主要原因有：社会发展、知识更新、学习兴趣、提升教学效能、解决工作困难、工作繁忙六个方面。

2. 有8位受访教师认为"职业进展"层面的效益也较大，主要原因有：教师专业发展、高学历和高要求、自我增值、积极参与培训、拓展知识面、知识更新、晋升机会、提升教学效能八个方面。

3. 有10位受访教师认为"逃避或刺激"层面的效益较小，主要原因有：减压方法多、培训意愿不大两个方面。

4. 有3名受访教师认为"社交关系"层面的效益较少，主要原因有：交际管道狭窄、学校之间缺乏沟通两个方面。

从上述归纳的四个方面的特性，可以初步提炼出以下观点。

1. "认知兴趣"层面成为大部分受访教师关注的因素。教师自师范毕业后，拥有基本的知识和技能，但是面对不断变化的大环境，教师的专业知识已经不能够满足教学的需求，他们要通过在职进修，增加求知欲望，增加知识面，充实自己，从而获取新的知识和技能，提升学生的学习效能，达到事半功倍的作用。同时，教师必须要具备丰富的学问和知识，才能在教学过程中，具有丰富的知识和专业技能去解决问题，更好地教育学生，所以教师必须要参与在职进修，才能提升教学能力和专业水平。

2. "职业进展"层面的效益排在第二位。社会不断变迁，对教师的要求日益提升。众所周知，教师被视为专业，他们必须要持续不懈地提升自身的教学水平，通过在职进修，提升学历、文凭、资格，自我增值，才能提升教师的知识层面和专业水平，以配合社会新形势发展。

3. 有接近一半的受访教师认为，"逃避或刺激"层面的效益较小。这个层面是基于教师为了逃避厌烦或追求生活刺激而参与进修，恰恰相反的是，教师不会为逃避生活压力而去参与进修。受访教师认为，他们不会因为逃避工作上的压力去进修，现时教师生活安定，会选择旅行、做运动来逃避工作上的压力。

4. 有3位受访教师指出，"社交关系"层面的效益较小。澳门地方虽然小，但是学校数量多，而且学校之间交流不足，导致老师之间沟通管道狭窄，影响到他们的交际圈子，从而导致教学上的分享机会不多，阻碍教学经验的分享和沟通。

问题二：您选择的在职进修动机会否受到其他因素的影响，假若有影响，请说明理由。

表5-3-5　　澳门私立中学教师在职进修动机影响因素访谈开放性编码（N=21）

原始资料	关键词提取与命名
1M2HU："自我增值"。解决实际教学上的需要，以利用闲暇时间进修，暂时忘记工作压力。	知识更新 ZS1 工作因素 GZ1
1F3EU："生活方面"。因为英文是用于生活当中，假如老师在英文课堂上，重视教英文的沟通内容，对提升学生的英文是有帮助。	生活因素 教学效能 JX1
1F3PM："家庭因素"。由于工作需要，本人在接触教师，邀请他们参与培训的时候，发觉影响教师参与培训的因素是要照顾小孩，或家中有病患者，学校行政要多体谅教师的需求。	家庭因素 JT1 照顾家人 培训因素 PX1 进修意愿不大
1M2MM："生活方面"。由于现时社会发展过快，物价上涨，生活压力过大，假如不参加进修，容易被社会淘汰，所以要参加在职进修。由于身边有同事一起修读硕士学位，始终相信参与进修，能够自我增值，对前途有帮助。	社会发展 SH1 工作压力 GZ2 知识更新 ZS2 自我增值

第五章 澳门私立中学教师在职进修动机与专业成长的质性研究　　187

续表

原始资料	关键词提取与命名
1M1MU:"时间方面"。因为教师每星期都要上课,身心皆劳累,影响教师参与在职进修。而且随着社会对教师的要求愈来愈高,教师将要继续进修,使教育专业迈向更高层次,以及能够升职加薪。	时间因素 SJ1 工作忙碌 社会发展 SH2 知识更新 ZS3 专业发展 ZY1
1M3TU:"生活方面"。本人参与进修,希望给子女做一个学习的榜样,要趁年轻增长知识。通过进修加强教师职业生涯发展,以驱动专业成长。	知识更新 ZS4 增长知识 专业发展 ZY2 生涯规划
1M1GU:"婚姻关系"。教师既要参与进修,也要兼顾家庭,较为困难。	家庭因素 JT2
1F2CU:"家庭因素"。本人有两个小孩,担任班主任,既要参加各种不同的进修课程,又要进修硕士学位。经常没有足够的时间照顾家庭,内心深感内疚,即使发展了专业,但是对家庭却欠了责任。	家庭因素 JT3 专业发展 ZY3
1M4PU:"家庭因素"。由于有年幼孩子,会妨碍教师参与在职进修的意愿。	家庭因素 JT4 培训因素 PX2
2F3CM:与教师的年龄有关,年资较浅的教师,有较大的教学热诚,通过进修增加教学能力;而年资较大的老师,有较丰富的教学经验,他们将会为一些新的教学理念而参与进修,可以有一些新的看法,也要看教师是否有精益求精的态度,才能激励教师参与进修。	专业态度 ZY4 学习新教学理念 知识更新 ZS5
2F1EM:本人认为与认知兴趣、社交关系、逃避或刺激、职业进展、外界期望、社会服务各层面都有关系。	多方面因素
3F2EU:与学校、家庭因素有影响。由于学校工作太繁重,而且周末也要工作,那么教师根本没有时间和精力参与进修。一般在职进修的时间是安排在晚上,如果要照顾小孩和老人也是抽不出时间进修。	工作繁忙 GZ3 家庭因素 JT5 时间因素 SJ2
3F3CU:没有。	
4F2CU:社会不断发展和进步,对教师的要求愈来愈高,很多老师都需要去进修,学习提升教学技能,对学生有一定的帮助。	社会发展 SH3 知识更新 ZS6 教学技能 JX2
4F3EU:"时间问题"。教师的工作实在太忙,备课时间长,没有时间去进修。由于现时学生学习缺乏动机,放学后要留下学生补做作业,以及个别辅导等都用了很多时间,影响教师参与在职进修的意愿。	时间因素 JZ3 工作繁忙 GZ4 培训因素 PX3
5M3HU:"学生问题"。通过进修、讲座和教育同工的经验分享,了解学生存在的问题,改善教学技巧,更好地教育学生。现时学生最大问题:学习态度不正确,反映社会、政府、学校等缺乏对人的价值观的教育和培训。	学生因素 学习动机较弱 专业技巧 ZY5
5M3MU:受社会发展趋势、教师专业化发展的影响,教师要终身学习,才能跟上时代步伐,教师要参与学习,提升自己的专业素养。	社会发展 SH4 知识更新 ZS7 专业发展 ZY6

续表

原始资料	关键词提取与命名
6M3MU:"社会认同"。教师要不停进修,以提升学历,如硕士和博士,当然有所不同,达到提升个人声望。其次,是"生涯规划",假如将来要进一步提升,教师必须要有一定的学历。	社会发展 SH5 知识更新 ZS8
6F3CM:"兴趣科目"。因为我是中文专业毕业,除了中文专业课的学习之外,又想学一些感兴趣的文艺项目,如舞台剧、插花等,这些课程本身十分有艺术性,对教师身心有熏陶作用。	知识更新 ZS9 学习要有兴趣
7F3GU:与"工作量"有关。对学校文书工作量的困扰。过去,假如举办活动,只需要考虑它的效果。但是,现在要想方设法争取资源,完成项目要写一份报告。同时,科组会议用十五分钟,却要用一节课的时间写会议记录。近年来,教师的文书工作愈来愈多。社会趋向复杂,班主任经常要辅导学生,工作量日益加重,备课时间减少,影响教师的课堂教学效能。教师放工后身心较疲倦,要参加在职进修,真的是会选择放弃,没有动机可言,不想参加进修。而且地理科的培训类型较少,实用性较低,对老师的教学帮助不大。	工作繁重 GZ5 工作量增多 社会发展 SH6 培训因素 PX4 教学效能 JX3
7F3HU:"家庭因素"。本人有两个较小的孩子需要照顾,没有时间去进修,而且工作较忙、较累,也不想抽时间参与进修学习。	家庭因素 6 时间因素 JZ4

综合上表5-3-5所示,除了教师在职进修动机的"认知兴趣"、"逃避或刺激"、"职业进展"、"外界期望"、"社会服务"六个层面外,受访教师普遍认为影响到教师在职进修动机的因素,还包括知识更新、专业发展、社会发展、家庭因素、工作因素、培训因素、时间因素七方面,初步归纳和总结出以下几方面的共同特性。

1. 有9名受访教师把"知识更新"排在第一位,主要内容包括:自我增值、增长知识、对教师要求高、精益求精、学习有兴趣科目五个方面。

2. 有6名受访教师把"专业成长"并列排在第二位,包括教师专业化发展、提高学历、职业生涯发展三方面。

3. 有6名受访教师把"社会发展"并列排在第二位,包括社会发展快并渐趋复杂、终身学习、教师专业发展三方面。

4. 有6名受访教师把"家庭因素"并列排在第二位,以缺少时间照顾家人的生活为主。

5. 有6名受访教师把"培训因素"并列排在第二位,包括培训实效较低、培训项目少、进修意愿不大三方面。

6. 有5名受访教师把"工作因素"排在第三位，包括工作量增多、工作压力大、辅导学生三方面。

7. 有4名受访教师把"时间因素"排在第四位，包括工作繁忙影响进修动机、照顾家庭影响进修、没有时间进修三方面。

从上述归纳的七个方面的特性，可以初步提炼出以下观点。

1. 有接近一半受访教师心目中的关键因素是"知识更新"。教师们指出，影响在职进修的动机有自我增值、提高知识的深度和广度、不断精益求精等方面，目的只为全面提升教师的知识和技能。

2. "专业成长"、"社会发展"、"家庭因素"、"培训因素"等并列排在第二。首先，受访教师认为，社会进步因素影响教师参与在职进修动机，因为社会不断地发展和进步，对教师有更高要求，所以教师要通过参加在职进修，吸收新的知识，提倡终身学习，赶上时代发展的步伐。今天教师地位得到提升，教师必须继续参与进修，特别是参与硕士与博士的课程，达致向上流动，或者是晋级加薪，提升自身的专业水平。要提升教师的教学技能，改善教学效能，必须要教师走上专业发展的道路。

其次，受访教师认为，家庭因素影响教师参与在职进修动机。现在教师进修的时间大多数安排在下午放学后、星期六和日以及公众假期，培训时间影响教师参与进修的意欲和积极性。大部分教师希望不要利用这些时间去进修，假若教师家中有小孩，或者要照顾长期患病者，他们更不愿意放工后参与进修。如果减少教师照顾家庭的时间，导致他们充满内疚，对教师参与在职进修的成效必定带来影响。受访教师也指出，培训课程的实效较低、项目少，间接地降低教师参与在职进修的动机。

3. 有接近20%的受访教师指出，"工作因素"和"时间因素"均是影响教师参与进修的重要因素。有受访教师指出，自2012年《私框》颁布后，虽然教师的上课节数有所下调，但是工作量仍是过重，有增无减。以辅导学生为例，由于社会和家庭环境变得复杂，学生问题愈来愈多，如学生欠缺学习动机、欠交作业、出现偏差行为等，加大教师的教学难度，特别是辅导学生的行为问题，放学后留下学生补做作业等，额外地占用了教师的时间，甚至影响教师常规备课，妨碍课堂教学效能。另外，教师要忙于应付大量的文书工作和各种各样的会议，令教师倍感困扰，身心皆感到疲累。在这种情况下，教师放工后还要参加进修活动，有时候教师真的会选择放弃，根本没有进修动机可言。

问题三：在教师专业成长的"教学知能"、"班级经营"、"一般知能"、"辅导知能"、"专业态度"五个层面中，对于提升教师专业成长，您认为哪个层面的效益最大，哪个层面的效益较小，并说明原因。

表5-3-6　　　澳门私立中学教师专业成长效益访谈
开放性编码（N=21）

原始资料	关键词提取与命名
1M2HU："教学知能"效益较大。在改善教学方面，改善课程设计，提升学生的学习效能。	教学知能效益大 JX1
1F3EU："教学知能"效益较大。通过进修，能够把所学的知识应用于教学。	教学知能效益大 JX2
1F3PM："教学知能"效益较大。正所谓："工欲善其事，必先利其器。"教师要装备好自己，才能教育好学生。也以"辅导知能"层面为主，教师要从不同层次了解学生，有经验的前辈经常提醒大家，除了准备教学内容之外，还要备学生。教师在了解学生的前提下，就有技巧去转化学生，面对学生的偏差行为，更加需要老师有专业的辅导技巧，引导学生，提升他们的自信心，帮助他们走出不良的心理阴影。	教学知能效益大 JX3 知识更新 提升教学效能 辅导知能为次 fd
1M2MM："辅导知能"。学生心理和生理尚未成熟，成长阶段十分需要教师给予辅导，指引他们走好人生之路。以"一般知能"效益为最小，教师任教之前，已经充分具备基本教学的知识和技能。	辅导知能效益大 FD1 一般知能效益小 YB1
1M1MU："班级经营"效益较大。俗语话："未做过班主任，就不算是老师。"作为科任教师应该多了解班级管理的技巧，有助课堂教学。	班级经营效益大 BJ1
1M3TU："专业态度"效益较大。教师的专业态度驱使心理和行为改变，使他们不断进修，提升自己的专业水平。	专业态度效益大 ZY1
1M1GU："班级经营"效益较大。因为良好的班级气氛，有助学生学习，让学生善于参与课堂，对学习有些困难的学生，让他们感受学习气氛，乐于学习。	班级经营效益大 BJ2 良好班级氛围
1F2CU："班级经营"。本人在进修硕士课程，涉及心理学、幼儿心理学、成人心理学，这些课程都涉及青少年的心理特点，为我管理班级提供良好的方法。以"教学知能"效益较小，这与本科教学相关，但与心理学知识不相关。	班级经营效益大 BJ3 教学知能效益小 JX1
1M4PU："教学知能"。教师教学效果良好，必定形成良好的专业态度，教学效果较佳。以"一般知能"效益最小，教师入职前，已经充分具备基本教学的知识和技能。	教学知能效益大 JX4 一般知能效益小 YB2

续表

原始资料	关键词提取与命名
2F3CM：过去，教育当局所主办的培训课程以教学和管理为主，假如自己是班主任，我会选"班级经营"效益较大。假如自己是科任，会选择"专业态度"，因为教青局经常请知名的教授来培训，让教师自我反思，增进自己的专业技能。以"班级经营"效益较小，我自从担任科组长工作后，要专注教研，这个层面的效益相对较小。	班级经营效益大 BJ4 专业态度效益大 ZY2 反思 增进专业发展 班级经营效益小 BJ1 重视教研
2F1EM：以"教学知能"、"班级经营"效益较大。这是与上述我所选取的原因互相匹配，对教师有促进功能，同时身兼班主任，在参加由教青局所举办的班主任工作的培训课程中，透过不同学校、不同班主任所面对的困难，相互分享经验，有助于提升教师的管班技巧，使教师有不同程度的收获。	教学知能效益大 JX5 班级经营效益大 BJ5 知识学习 增强管班技巧
3F2EU：如果是师范毕业，"教学知能"、"一般知能"、"专业态度"应该是没有问题的。所以我觉得对于提升教师专业成长，"辅导知能"的效益最大。每位学生都是独立个体，他们遇到的问题不一样。教师要因应不同的个体，实施不同的处理方法。"班级经营"效益较小，每班不相同，每一年面对的班底也不相同，我认为没有一套行之有效的方法管理好班级，那是经验累积而来，靠自己慢慢地去摸索。	辅导知能效益大 FD2 学生问题不一样 因材施教 班级经营效益小 BJ2 班级情况不一样，方法也不一样 不断探索
3F3CU："班级经营"效益较大，因为接触学生最多，而照顾学生最全面的永远是班主任。"一般知能"层面的效益较小，因为新老师只要虚心受教，必有一些较有经验的前辈帮助他。	班级经营效益大 BJ6 一般知能效益小 YB3
4F2CU："班级经营"（今年没有担任主任）。教师要有经营班级的经验，因为涉及整体班级的发展，要学会与学生交流，管理学生。教师在管与治方面，也是学会专业成长的重要表现。以"专业态度"效益较小，它是在于个人的理念、修养和态度，如果教师本身缺少这种气质，而且又缺乏个人的正确价值观，基本上难以谈专业态度。	班级经营效益大 BJ7 增强管班经验 提升专业成长 专业态度效益小 ZY1 教师的人格素质
4F3EU："辅导知能"效益较大。要医人，必先要治心，教师先了解学生的心理和生理，有目标地对学生进行辅导，容易做好学生的教育和教学工作。	辅导知能效益大 FD3 增强辅导技巧
5M3HU：以"教学知能"、"专业态度"效益较大。由于我进修是为了兴趣，愿意去听，去想，从而改进自己的教学。以"班级经营"效益较少，班级经营的讲座，针对某班的管理，由于每班的问题不相同，所以对我来说不大有吸引力。	教学知能效益大 JX6 专业态度效益大 ZY3 班级经营效益小 BJ3
5M3MU：以"教学知能"、"班级经营"效益较大，教师通过书本的知识去学习，但是，关于教学的知识和技能，管理班级工作，需要在实践中摸索，有较强的实践性。以"一般知能"效益较小，基本上教师拥有一般的教学知识和技能，所以这个层面的效能比较小。	教学知能效益大 JX7 班级经营效益大 BJ8 一般知能效益小 YB4

续表

原始资料	关键词提取与命名
6M3MU:"班级经营"效益较大。现今学生的学习动机较为薄弱,没有学习兴趣,教师为了在课堂中以有限的时间去教育学生,提升课堂效能,需要有良好的班级管理技巧和方法。以"一般知能"层面的效益较小,教师基本上已具备一般教学知识,而在职进修是为了进一步的提高教师的专业知识和技能,所以这个层面效益较小。	班级经营效益大 BJ9 学习动机较弱 提升管理的技能 一般知能效益小 YB5 具备教学的知识
6F3CM:"专业态度"效益较大。人的态度决定一切,教师必须要有正确的做人态度,如遇到困难的时候,要学会去解决,从而有一种正确的专业态度去教育学生去面对逆境。其次,"班级经营"的效益也较大,教师必须要管理好课堂纪律,才能调动学生的学习积极性,是教师最基本的能力,否则,纵使您的专业知识更高,也无法让学生留心上课。以"一般知能"效益较小,教师在高等教育的时候,已经打好基础知识,或者在工作过程中,人与人之间的相处,能总结经验,这个层面的效益较小。	专业态度效益大 ZY4 正确的人生观 专业的态度 勇于面对挫折 提升管班的技能 一般知能效益小 YB6 已具备教学能力
7F3GU:"班级经营"的效益较大。它使我的教学工作、辅导工作等一并成长。我认这六个层面的成效都较大,有相互联系的作用。只要看通一点,就会影响到其他五点。过去,作为新老师的时候,会从专业层面出发。作为班主任的时候,学生不只需要专业的地理老师,学生有很多困难,教师需要去辅导学生,增强同理心,能够多站在学生的角度去看问题。	班级经营效益大 BJ10 提升专业能力 增强辅导功能 提升管班能力
7F3HU:"教学知能"效益较大。在实际教学当中,不断会产生新的教学方法,形成新的教学经验,而且能够刺激自己去吸收别人成功的经验和看法。以"一般知能"效益较少,教师拥有高等教育知识,具备一般的教学知识和技能,所以这个层面的效能相对较小。	教学知能效益大 JX8 提升教学技能 吸收新知 一般知能效益小 YB7 已具备教学能力

综合上表5-3-6所示,教师专业成长的"教学知能"、"班级经营"、"一般知能"、"辅导知能"、"专业态度"五个层面中,他们对各层面的效益各有不同感受和想法,初步归纳和总结出以下几方面的共同特性。

1. 有10名受访教师认为"班级经营"层面的效益最大,主要原因有:管班技巧和能力、课堂效能、班级氛围、知识更新、专业发展、辅导功能六个方面。

2. 有8名受访教师认为"教学知能"层面的效益较大,主要原因有:改革课程、学习效能、知识更新、教学效能、专业态度、教学能力六个方面。

3. 有4名受访教师认为"专业态度"层面的效益也较大,主要原因有:知识更新、专业成长、专业态度三个方面。

4. 有 7 名受访教师认为"一般知能"层面的效益最小,主要原因是教师已具备教学能力。

从上述归纳的四个方面的特性,可以初步提炼出以下观点。

1. "班级经营"层面成为将近一半受访教师重视的因素。教师每天入室上课,面对不同学生、水平和特色的班级,往往考验他们教学的基本技能和知识。重要的是,还看教师掌控课堂的能力,即要管理学生,与学生交流,让学生能按照教师所制定的内容去学习。班级就是学生的家,有效的班级管理,就能为学生提供一个开心、愉快的学习环境。而且良好的班级气氛有助于学生更好地学习,为学生排难解纷,使学生乐于学习。

2. "教学知能"层面效益排在第二位。教师要具备专业的教学技能和学科知识,才能胜任教师的工作。然而,在实际教学工作当中,虽然已具有一定程度的专业知识和能力,但是面对社会的不断变迁,只有不断学习新的知识和技能,用新的方法,改进自己的教学,才能教育好学生。

3. 有 4 名受访教师指出,"专业态度"层面的效益也不小。近年来,社会不断要求教师,要具备专业的技能和态度去教育学生,教师改进教学,提升专业成长,有利于教学效能的提高。

4. 有三分之一的受访教师认为"一般知能"层面的效益较小。这部分教师相信四年的师范课程已经具备解决一般和实际问题的能力。而参与进修只是为了进一步提升教师的专业知识和技能,所以这个层面的效益较小。

问题四:您选择专业成长会否受到其他因素影响,假若有影响,请说明理由。

表 5-3-7　　　　澳门私立中学教师专业成长影响因素访谈
开放性编码 (N=21)

原始资料	关键词提取与命名
1M2HU:不同班级,学生有不同水平,参差不齐,课程设置影响教师的专业成长,应该从课程设置去解决问题。	课程设置 KC1 学生水平各异
1F3EU:与学生的"沟通方面"。在教学过程中,当学生发生违规行为时,教师要懂得从学生心理角度出发,退一步思考问题,从而学会辅导技巧,开解学生,间接对教学有所帮助。	辅导因素 FD1 增强沟通技巧

续表

原始资料	关键词提取与命名
1F3PM："辅导态度"。教师的专业是否看他们能否愿意付出时间、付出爱心，去对待学生，对待自己的专业成长。	辅导因素 FD2
1M2MM："时间方面"。由于本人担任班主任工作，需要付出大量时间经营班级。	时间因素 SJ1 经营班级需时
1M1MU："同侪影响"。即教师之间相互影响，通过实际的教学活动，如观课等活动，从中向有经验的教师学习，以改善自己的教学技巧。	课程因素 KC2
1M3TU："时间方面"。由于《私框》落实后，对教师要求较高，驱使教师进行专业进修。	时间因素 SJ2
1M1GU："教材方面"。学生上课以教材为主，如果书本的内容不适合学生，将会让学生失去学习的兴趣和信心。	教材因素 JC1 教材内容过时
1F2CU："时间方面"。教师工作繁忙，要兼顾二个小孩，再要进修学习，对教师的工作和生活百上加斤。	时间因素 SJ3
1M4PU："社会因素"。最近教青局推行基本学力要求，可能与澳门回归后自主办校、多元办学存在矛盾。	课程设置 KC3
2F3CM：与教学的编排有关，通过了解，对课堂的教学要多想方法，运用于教学上。	课程设置 KC4 教学方法
2F1EM：与"教材因素"有关，不一定与学校所有的教材有关，而是通过培训课程，例如曾经参加教青局举办的到外国进修课程，与同行交流的时候，能够分享一些教材使用心得。	课程设置 KC5 到外国参与学习
3F2EU：会。我会考虑到对工作的实用性及个人的兴趣。	培训实效 个人兴趣
3F3CU：有，教学相长。因学生有一定的人生经验或某些特别技能，他们可以成为老师的小老师。	教学相长 JC2
4F2CU：认为与家庭背景和经历有关，假若教师的成长充满爱，他才会懂得教育学生什么是爱，反之亦然。	家庭因素
4F3EU：与学校要求有关，学校要求学生全科合格，希望教师多参于培训。	课程设置 KC6
5M3HU：与教师的年龄层次的心理有关，不同年资的教师，会对其心理有一定的影响。教师的工作量、工作环境以及社会发展、知识更新都对教师的工作有影响。	工作量因素 社会发展 知识更新
5M3MU：与澳门教师对教育不太了解有关，现在的教师只是对自己学校有认识，或者是相同系统的学校有所了解，例如：教会学校等。同时澳门的教师之间比较封闭，虽然大家都生活在同一地方，但是交流太少。教师在职培训只是从知识角度出发，而针对教育问题、教育法律、教育政策等方面较少涉及，教师的发展眼光也是较短，难以有全局发展的观念。	学校之间缺少沟通，影响到大家对教学的交流 JC3

第五章 澳门私立中学教师在职进修动机与专业成长的质性研究　　195

续表

原始资料	关键词提取与命名
6M3MU：与教青局开设的"培训课程"有关，可能中、英、数等主科的培训课程较多，但是，针对其他科目，如历史、地理、生物、美术等课程就较少，根本不能满足部分教师的专业成长需求。另外，与校本培训内容有关，由于校本课程着重以管理者的想法为出发点，没有征询教师意见，导致培训内容并不能满足教师需求。	课程设置 KC7 培训课程偏科 培训内容没有满足教师的需求
6F3CM：与"课程安排"有关，由于不同学校的上课节数不同，影响教学质量。而且课程安排也影响教师的作息时间，例如学生的突发事件，令教师的教学工作与小休时间相矛盾，过度工作量，致使教师力不从心，因此不愿意进修。如星期六的培训课程，影响教师作息时间和健康，进修与健康处于两难局面。	课程设置 KC8 工作量重 培训意欲不大
7F3GU：认为与教材方面有关，由于地理科非主科，学校和教青局对地理科所采用的教材不太重视。面对四校联考，学生更加不重视地理，因为不用考试，虽然考试并不是教学的动力，但是学生认为不是学习的原动力，这才是问题所在。《基力》颁布后，没有配置教材，教师需要根据基力配置教材，不是每个教师都愿意去做这件事情。	教材因素 JC4 部分科目被忽视 欠缺相关教材
7F3HU：与"课程设置"有关，随着《课框》的推行，导致历史教材不断改变，自《基力》推行后，令历史科涵盖面较大，历史科是综合性很强的学科，教学上根本没有足够课时，与《基力》要求相矛盾。	课程设置 KC9 教材不断更换 课时不足够

综合上表5-3-7所示，除了教师专业成长的"教学知能"、"班级经营"、"一般知能"、"辅导知能"、"专业知能"五个层面外，受访教师普遍认为影响教师专业成长的因素，还包括课程设置、教材使用、时间因素三方面，初步归纳和总结出以下几方面的共同特性。

1. 有9名受访教师把"课程设置"排在首位，主要内容包括：学生水平有参差、要更新教学方法、课程偏科、培训内容未能满足教师需求、课时不足、教材不断更换六方面。

2. 有4名受访教师把"教材使用"排在第二位，包括教材内容过时、教学相长、学校之间对教学交流少、部分科目被忽视四方面。

3. 有3名位受访教师把"时间因素"排在第三位，包括经营班级需要时间、工作繁忙、照顾家庭、辅导学生四方面。

从上述归纳的三个方面的特性，可以初步提炼出以下观点。

1. 有接近一半受访教师认为，课程设置是影响教师的专业成长的主要因素。由于各所私校拥有自主办校的原则，不同学校有不同课程设置，不同上课节数。有受访历史教师指出，《正规教育课程框架》和《正规教育基本学力要求》颁布后，该科目的教材不断改变，教授内容的难度加大，而且没有足够课时，存在一定矛盾，影响教学效能。培训课程的时间安排在星期六或星期日，令教师不愿意参加在职进修。受访教师指出，教育当局开设的教师培训课程，以主科如中、英、数为主，而历史、地理、生物等培训课程较少。校本课程只重视以管理者的角度或想法为出发点，没有征询教师意见。可见，教育当局和学校所开设的培训均未能满足教师专业发展，对学校课程、教师专业发展有所影响。

2."教材应用"是影响教师的专业成长的第二位因素。教材是学生上课必须的课本，假若课本的内容不适合学生，导致学生失去学习动力，直接妨碍教学质量。有地理科教师指出，由于地理科不是主要科目，容易受到忽视，学生不太重视，造成教材受到轻视。每所学校对教材的选择各自为政，没有统一教材，甚至教师要自己去找寻教材，影响教师的专业发展。

3."时间因素"排在第三。政府加大对教育事业的管理。自2012年颁布《私框》后，对教师提出更高要求，教师必须要走上专业发展之路，要参与在职进修课程。澳门经济急速发展，衍生一系列的社会问题，包括家庭问题、青少年问题等，班级管理工作的难度增大，如学生偏差行为增多，学习动机下降等，辅导学生时间上升，教师工作量影响教师的工作时间和家庭生活，使他们进修与工作之间存在一股抗衡力量。

问题五：影响您参与在职进修的最大困难是什么？并说出原因。

表5-3-8　　澳门私立中学教师在职进修困难访谈
开放性编码（N=21）

原始资料	关键词提取与命名
1M2HU："工作繁忙"，影响教师参与进修的意愿。我经常要处理学生问题，学生未必听取老师意见，只是学生的意见未必正确，教师需要纠正学生的思想。	工作繁忙 GZ1 辅导学生问题 FD1
1F3EU："时间方面"。如教青局所举办的课程以星期六为主，影响到教师参与意愿。如教青局主办的英文课程，一年只举办一次，但是星期六随时要上班，故此，连报名参加的机会也没有，纵使教师想去进修，但是时间问题无能为力。同时，培训课程门槛太高。如有些英文课程为期三星期外出交流学习活动，假若要想继续参加第二次，必需要等十年时间，才可以再报名。毕竟教学工作是要与时俱进，十年后才有机会报名，进修条件太过严格，不利教师专业成长。	时间问题 SJ1 培训课程 PX1 培训门槛高 知识更新

第五章　澳门私立中学教师在职进修动机与专业成长的质性研究　　197

续表

原始资料	关键词提取与命名
1F3PM："年纪问题"。由于本人仍是单身，时间是不会妨碍我积极参与进修，只不过身体状况需要多些时间休息。	年龄问题
1M2MM：基本上是愿意参与在职培训，只是教青局提供的课程并不足够，妨碍教师专业成长。而且教青局没有规定教师专业培训的要求，有些教师是为时数而培训。同时，在校本培训方面，学校安排生本教育和先导培训，毕竟两种培训必定有些不相同地方，出现不协调性，令教师无所适从，影响教师参与培训成效。	培训课程问题 PX2 愿意参加培训 课程不足 培训成效
1M1MU："时间问题"。我由于工作比较繁忙，对于进修只有摆在次要地位，不过本人仍是希望继续参与进修。	时间问题 SI2 工作繁忙 GZ2
1M3TU：本人已经第三年修读硕士学位，困难较多，有几方面：科目方面，由于本人修读计算机专业，硕士读公共管理，这个范畴的专业存在困难，经验不足。"上课时间"，由于进修时间基本上是以星期六、日为主，有时难以兼顾学校工作，特别本人担任总务工作，工作总是安排在星期六，无形中影响工作计划，这些需要学校多体谅。	进修科目不多 PX3 时间问题 SJ3 工作繁忙 GZ3
1M1GU：培训内容与教材不相符，培训导师缺乏吸引力，教青局经常邀请内地和香港的专家，他们只谈理论，欠缺实践，因此对教师的实际教学能力帮助不大。	培训课程问题 PX4 实效性不足
1F2CU："时间问题"。由于本人两个小孩就读小学，功课较多，同时有排山倒海的工作，时间根本不足够，硕士开题报告的撰写仍未开始，连文献亦未有时间去搜集，进修最感困难的是没有足够时间。	时间问题 SJ4 工作繁忙 GZ4
1M4PU："家庭问题"。大部分人都是以家庭为重，有时由于工作时间过长，另一半又要上班，家中小孩无人照顾。其次，是实际困难，因工作关系，有时参与在职培训，得不到校方支持，纵使教师想参与，也无能为力。	家庭问题 JT1 工作繁忙 GZ5 进修意愿不大 PX5 支持力度不足 ZC1
2F3CM：教青局的培训课程种类多、繁杂，不断有培训活动，影响到教师的教学工作和作息。部分培训课程的理论性太强，实际应用太弱，未能对教师的教学有实际帮助。如近期教青局邀请内地和香港的专家学者，培训四场的先导活动，都脱离澳门的实际情况，培训之后，收获不大，有些失望，因为浪费时间。校本培训课程以听课、观课为主，有部分教研活动，开放课堂让其他教师参与，不同阶段的教师都会有收获。因为这些课可能自己都有机会去教，可以看到别人如何去设计一节课，效果会比较合适。另外，以语文为例，邀请专家进行语文素养培训，对教师是有收获。教师方面：本人有学习动机，没有学习坚持。因为工作比较繁忙，放工时候比较累。本人在 2009 年修读硕士，到 2015 年才毕业，所以贵在坚持（我校有进修基金，三千澳门元，鼓励教师参与进修）。进修的时候，钱不是问题，而最大问题是进修后，期望提升专业成长。而在工作上以及别人对您的评价基本上没有提升，有没有读硕士对我而言是没有太大压力，学校对教师是否进修硕士并没有要求，反而有些学校不想你去读硕士，害怕教师因进修而影响工作。	培训课程问题 PX6 课程类多繁杂 理论性过强 实践性过弱 实效性不大 工作繁忙 GZ6 时间问题 SJ5

续表

原始资料	关键词提取与命名
2F1EM：" 时间问题"。作为新老师，本人在上年度参加共超过一百小时的培训课程，故此，本学年真的好想休息和停一停。	时间问题 SJ6 培训超时 PX7
3F2EU：人的精力有限，把有限的精力放在工作、家庭、进修上，总会有想放弃的时候。	工作压力 GZ7 家庭问题 JT2 进修问题
3F3CU：可选择的进修项目太少，而且工作太忙，无暇参与。	培训项目少 PX8 工作繁忙 GZ8
4F2CU：首先，是现实与实际分离的问题。现在的家庭问题愈来愈复杂，学生问题较多。这与教师参与培训相矛盾，往往培训未能满足教师处理教学问题的需要。其次，30 小时的培训时数是能够完成，教青局所举办的课程对老师有一定帮助，只是教师在教学过程中遇到很多压力，希望教青局对教师所面对的工作压力，为他们开设一些专门的舒缓压力培训课程。	家庭复杂 JT3 学生问题多 FD2 工作压力 GZ9
4F3EU：" 时间问题"。教学工作比较繁忙，总是要抽时间去培训，虽然培训有一定成效，但是占用很多时间。其次，校本培训内容的理论与实践有差距，培训内容总是与实际教学存在一定差距。	时间问题 SJ7 培训课程问题 PX9 培训内容欠实践性
5M3HU：" 时间问题"。学校和教青局安排的进修时间都是放工之后，而教师最难克服的心理问题就是疲倦现象，阻碍教师参与进修。而 30 小时培训容易达到，因为有足够课程。但是，这 30 小时的效用不大，教青局开设的讲座或课程，充其量只能提升一部分知识更新，而培训内容往往不能结合澳门的实际情况，理论性过强，实践性过低，不是太适合教育发展。同时，如何选择合适的课程去进修？因为历史科很少有专业的课程让教师参与，学校更加不会为一、两位教师开设培训课程，所以较少有专业对口的培训课程。	时间问题 SJ8 培训课程问题 PX10 培训内容理论性强实践性低 历史缺少专业培训课程
5M3MU：" 时间问题"。现时工作愈来愈忙，纵使《私框》颁布后，教师上课节数有所减少，但是工作量有增无减。特别是文字处理的工作愈来愈烦琐，经常要填写表格，如教案、进度表。加上本人负责带队比赛，往往重点辅导个别学生，而忽略照顾大部分学生，比赛的意义重拔尖，而忽略补底，令教师忽视进修。	时间问题 SJ9 工作繁忙 GZ10 培训差异大 PX11
6M3MU：" 支持问题"。学校是否愿支持教师去在职进修，有时教师参加一些长时间课程，但是，碍于工作繁忙，影响教师参与的意愿。" 工作量过重"，跨级过多，对新老师来讲，就任初一、初三、高一等年级，在学校基本没有时间备课，只有回家才备课，无形中影响培训的参与度。假如工作太忙，就算报名参加培训课程，也会临时缺席。	支持力度不足 ZC2 工作繁忙 GZ11 工作量过重 培训意愿不大 PX12

第五章 澳门私立中学教师在职进修动机与专业成长的质性研究　199

续表

原始资料	关键词提取与命名
6F3CM：培训"支持力度不足"。能否对培训时数作弹性安排，多与教师沟通。假如教师参与进修，如进修硕士学位等，能否在课时给予适当照顾，兼顾生活、工作、进修等多方面安排，多站在教师角度去想办法，以吸引教师参与在职进修学习。	支持力度不足 ZC3 弹性培训 PX13 培训意愿
7F3GU："时间问题"。教师每天工作过后，身心皆疲累，因此放工后已经不想参加培训。同时，家庭负担较重，有两个小孩，又要帮助小孩做作业，温习测验和考试，当遇到上述情况时，教师更加不想参与进修。	时间问题 SJ10 工作量重 GZ12 照顾家庭 JT4
7F3HU：对于教师每年进修30小时，学校只是建议教师参与，没有强制性要求。而且完成这30小时的培训时数并不容易，原因是没有多余时间，且对进修的课程不感兴趣，因为这些课程不适用于实际教学。教青局举办的培训课程实用性不强，培训类型较少，专业不对口，教师难以选择培训课程。此外，工作量较重妨碍教师进修。自从《私框》实施以来，教师上课节数有所减少，但是工作量依旧没有太大变化，主要是学生问题较多，如家庭问题所引发一系列的学生问题，包括学习动机较低、偏差行为较多等。而且教师需要更多时间辅导学生，学生学习动机较为薄弱，教师需要用较多时间备课，要有针对性，吸引学生，提升学习效能，以上现象间接妨碍教师参与在职进修。	培训课程问题 PX14 欠实效性 时间问题 SJ11 工作量大 GZ13 偏差行为 学习动机薄弱 加强辅导 FD3 学习效能

综上表5-3-8所示，影响教师参与在职进修的困难主要有"培训课程问题"、"时间问题"、"工作繁忙"、"家庭问题"、"支持力度不足"、"辅导工作"六大因素，初步归纳和总结出以下几方面的共同特性。

1. 有14名受访教师把"培训课程问题"排列在首位，主要包括参加培训的意愿、培训课程类别太少、培训课程的内容重理论轻实践、培训实效性不足四方面。

2. 有13名受访教师把"工作繁忙"排在第二位，主要包括工作量过重、压力大两方面。

3. 有11名受访教师把"时间问题"排在第三位，主要包括工作繁忙，而时间根本不够用、放工后身心皆累而放弃进修两方面。

4. 有4名受访教师把"家庭问题"排在第四位，主要包括因工作关系而家中小孩无人照顾、为了家庭有时会选择放弃进修两方面。

5. 有3名受访教师把"支持力度不足"排在第五位，主要包括工作量过重，以及要兼顾家庭，妨碍教师参与在职进修两方面。

从上述归纳的五个方面的特性，可以初步提炼出以下观点。

1. 有接近七成的受访教师认为，"培训课程问题"是影响教师参与在职进修动机的主要原因。受访教师乐于参与在职进修，只是教育当局所举办的培训课程，以及校本培训课程均未能满足广大教师的实际需求。以教育当局开设的课程为例，课程不足够，类别较少，培训内容与实际教学工作存在差距。同时，培训内容过于理论化，实践性较弱，欠缺实效性，形成专业不对口局面，妨碍教师专业发展，影响到教师在职进修成效。

2. 有超过六成的受访教师认为，"工作繁忙"是影响教师参与在职进修动机的重要原因。有受访教师指出，《私框》令教师的上课节数有所下降。然而，教师的工作量还是有增无减。有个别教师反映，大量的日常文书工作要处理，显得较为烦琐，不同活动需要填写不同的表格，如教案、进度表、开会记录、计划、总结。还有，经常要带领学生参加各种不同的比赛，再加上要备课、改作业和测验卷等，而且要处理学生的日常问题，这一系列的工作量妨碍教师参与在职进修。有受访教师指出，随着澳门赌权开放，愈来愈多家庭从事博彩行业，造成双职家庭、轮更家庭。与此同时，社会也衍生出较多的单亲家庭和离婚家庭，引申出很多青少年的问题，如高留级率、辍学率、学习动机薄弱、偏差行为较多，加大教师面对学生问题的压力。当今社会复杂多变，对青少年造成不良影响，占用教师额外空闲时间和休息时间去辅导学生的思想工作，使得教师难以保持继续学习的决心和恒心。

3. 有超过五成的受访教师认为，"时间问题"是影响教师参与在职进修动机的重要因素。教育当局和学校所举办的培训课程，基本上是安排在放工之后、星期六和星期日以及公众假期。教师经过一天辛劳工作，已经相当疲倦，放工后根本不想再参加进修学习。同时，要兼顾家庭，既要照顾老人，也要照顾小孩。如果教师有小孩的话，除了照顾其生活外，还要帮助小孩做功课，温习测验和考试。上述的情形会阻碍教师参与在职进修的积极性，毕竟人的精力有限。

4. 有小部分受访教师认为，"家庭问题"是影响教师参与在职进修动机的原因。有教师指出，初任教师就要担任三个年级的教学，备课时间不够用，由于工作太忙，有时会缺席已报名的进修课程。有教师指出，她既是班主任，又是两个小孩的妈妈，而且又修读硕士学位，由于身兼数职，家庭既不能放弃，工作又不能放弃，只有放弃进修。

5. 有小部分受访教师认为，"支持度不足"也妨碍教师参与在职进修的意愿。《私框》规定每五年教学人员必须进修150小时，或每年进修30

小时，大部分受访教师认为，这个培训时数是比较容易完成的。加上现时教育当局对完成这 30 小时的培训时数所要达到的程度和要求，并没有详细规定，它的成效仍有待进一步去研究，期望有关当局要创设条件，要在教师的工作量、家庭和进修三者中取得平衡。

问题六：从教育当局、学校、教师等三方面出发，请您说出加强教师参与在职进修动机和专业成长的有效建议。

表 5-3-9　　教师在职进修动机与专业成长的有效建议访谈开放性编码（N=21）

原始资料	关键词提取与命名
1M2HU：学校：由于教师工作繁忙，希望学校减少课节，多支持教师，让他们有时间参与进修。教师：温故而知新，在原有基础上，要不停地进行进修和学习，提升他们的专业水平。	学校：减少课节 教师：知识更新
1F3EU：学校：要创设条件、机会，让教师优先参与进修。教师：除了学科的自我增进之外，还要了解社会对青少年的影响，有助于英文教学的顺利开展。	学校：支持教师进修 教师：自我增值
1F3PM：为教师参与在职培训排忧解难，让他们愿意参与进修，没有后顾之忧。学校、教青局要向教师提供更佳条件，如减节、休教进修、半职休教去进修，用不同方法鼓励教师参与进修。澳门缺乏吸引教师去进修的机制。以融合教育为例，在培养资源老师的时候，可以仿效台湾的师资培训方法，吸引教师去报读这个专业。提升教师的荣誉感，要给教师一种荣誉感，教师是一种专业，就必须参与进修。通过进修达到一个级数和称号，尽量创设条件，在校长的带领下，让教师多参与科研，使他们有发展空间，重视科研发展，让教师迈向专业成长。	教青局和学校： 加大支持力度 减节、休教进修、半职休教进修 专业成长
1M2MM：要激发教师的兴趣，了解教师想参与哪些进修课程，提升教师参与进修的动机。培训要重视实践性，过去的培训重视理论的学习，纸上谈兵，作用不大。以数学为例，教育当局要求重视《基力》，课堂活动带学生达到最基本的要求。教师在面对参差不齐的学生时，要针对学生水平差异，因材施教，教师要随时调校教学方法，提升学生的学习成效。	提升进修兴趣 重培训实践性 因材施教 提升学习成效
1M1MU：给予支持和鼓励，例如给予奖学金，减少课节，让教师有时间参与进修。	加大支持力度 减少课节
1M3TU：教青局要尽快落实教师进修标准，教师要思考有哪些课程适合自己进修，既要看进修课程时间，也要看进修课程的吸引力。创设一个弹性进修时间，如给予教师在上班时间参与进修。教青局要与其他部门合作，多开办些计算机课程，提升教师水平。	教青局： 课程的实效性 弹性进修时间 要跨部门合作 开办培训课程

续表

原始资料	关键词提取与命名
1M1GU：教青局：要针对各学科需求，合理和平均地开设与专业相对应的有关课程。学校：多安排与专业对口的公开课和示范课给予教师去学习。教师：要积极地参与在职进修，向有经验的教师和专业人士吸收知识。	教青局和学校：开设专业课程包括公开课和示范课
1F2CU：家庭、工作、进修等要平衡发展。家庭和工作都不可以放弃，唯有无可奈何地放弃在职进修。教青局和学校创设条件和机会，让教师走上专业成长之路。	教青局和学校：开办短期培训课程 弹性培训时间
1M4PU：教青局：要创设平台，增设一些短期的培训课程，让教师利用非上班时间去进修。要制定一个弹性上班时间，让教师自行选择校本培训课程或由教青局开设的培训课程。学校：要根据教师的服务年资，让他们参与脱产培训课程，走上专业成长。	教青局：增加培训课程；弹性培训时间 学校：大力支持教师，让教师参与脱产培训课程
2F3CM：在职进修是为了自己在教学上有发展，学校可以提升薪酬待遇，让教师得到认同。同时，修读硕士和博士后，更应该有一定的差距体现，按职级在薪酬上有调升和鼓励，纵使在学校中没有晋升，但是加一定的薪酬，也让教师感到获得肯定，让更多教育同工修读硕士和博士学位。有些人为了晋级而修读硕士学位。但是本人认为教青局的晋级太过苛刻，硕士或博士毕业后，在晋级最后一年才有机会跳升一级。不过，还要在这年度的教师评核取得优异级别，否则，拥有硕士学位也不能晋级，制度形同虚设，对鼓励教师参与在职进修作用不大。教青局制定的30小时的培训时数，由于多年来没有定位，没有详细要求，没有计算教师培训时数，未能发挥教育指引的功能，充其量在培训上只能做不断引入，缺乏对培训课程的改进和反思。	教青局：加薪 晋升 制定培训课程准则 改革教师评核制度
2F1EM：加大对教师的休教进修、脱产培训的支持度，培训不要成为教师负担，要创设条件，利用上班时间培训教师。	加大支持力度 弹性培训时间
3F2EU：教青局：要举办多一些有用课程，而不是为开而开，要有多个时段选择。现在，较为受欢迎的课程都要抽签，抽到的机会较少。学校应给予工作时间内参与进修，例如教师可以申请上班时间参加进修。有时，教青局所办的课程要到台湾学习一周，碍于上班时间，学校该考虑到课程的实用性，不要只是拒绝批准。学校：对于读硕士或博士的教师，应予减少工作量，给予教师学习的机会。教师：要多看看、多思考工作所遇到的问题，不要因循苟且。	教青局：多举办培训课程 学校：弹性进修时间 因进修更高学位减轻工作量
3F3CU：教育当局要求任何年资的教师每年进修，多举办不同培训项目。学校应根据教学实际情况，多举办校本培训课程。	增办培训课程
4F2CU：弹性培训时间。基本上30小时的教师培训时数很容易完成，只是教师由于身体抱恙，未能及时进修，期望给予教师一些弹性的培训时间，以帮助教师减压。自《私框》颁布后，虽然上课节数减少，但是工作量不减反增，特别是文字处理工作，如填写文件、报告等较多，工作愈来愈繁重，希望帮助老师减压。	教青局：制定弹性培训时间 减负和减压

第五章 澳门私立中学教师在职进修动机与专业成长的质性研究　　203

续表

原始资料	关键词提取与命名
4F3EU：教青局：要资助教师参与培训，规定学校给予教师停薪留职进修。学校：多支持教师休教和脱产培训，创设条件用上班时间去进修。教师由于工作忙，又要照顾家庭，影响教师参与培训；提高教师完成硕士与博士学位的待遇。《私框》对完成硕士和博士学位的教师待遇没有丝毫的提升，没有激励措施去鼓励教师参与进修，建议教育当局增设管道，透过改善待遇让教师继续进修，提升专业素质。	教青局和学校：加大支持力度停薪留职增加待遇减轻工作量
5M3HU：教青局：利用澳门大学和澳门理工学院，重点培育教师，开设不同培训课程，让不同人员参与培训。开设一个关于历史科小组，进行广泛交流，针对历史科特色，让不同学校历史教师进行研讨，提升培训实效。澳门的课程中增加心理，因为学生没有了解自己的心理，认知不足够，目的是改变学生本身的态度和心理价值观。	教青局：开设不同培训课程提高培训实效学习知识
5M3MU：教师：教师培训的主动性不足，被动式接受培训，这是由教师和学校双方造成的。学校：要分层次培训，过去学校以大面积培训教师，层次不足，大班学习，如资历较深的教师与资历较浅的教师，在培训方面应该有所侧重，认受性不足，影响到培训的实用性。教青局：培训时间要有弹性，这些课程要求很严格，但是由于学校工作过多，又要外出带队比赛，有时是参与由教青局主办的活动而外出，影响进修的出席次数，也影响教师能否顺利完成课程。甚至利用上班时间，让教师主动参与培训。要提升官、私校管理人员的学历水平，提升管理能力，提升教育效能。	教师：主动参与培训学校：分层培训提升培训的实效性教青局：弹性培训时间；减轻工作量；提升知识水平；提升教育效能
6M3MU：学校：加强教师培训的支持度。由于教师工作量过重，特别是班主任，既要参与管理工作，又要去参加短期培训，或者参加长期培训，如进修硕士学位等，需要付出大量时间，对教师是有负担的。希望学校支持教师参与培训，如利用上班时间，又或者是脱产培训、休教进修等。教青局：课程方面，多开设适合不同科目、不同年级的有针对性的培训课程。	学校：加大支持力度减轻工作量弹性培训时间脱产培训和休教进修教青局：培训实效
6F3CM：提升30小时的教师培训时数质量。它的出发点是好的，但可能出现框框问题，教师未有搞清楚专业态度的问题和位置。例如当学校要求教师参加培训的时候，遇上专业不对口情况，某程度上打击教师参与进修的信心和动机。多举办社会重大议题的讨论和交流。近年来，针对香港发生的社会问题，教青局要组织教师去参与讨论，交流意见。透过这种集思广益的学习，提升教师的思想道德觉悟，从而给予教师启发和方向，有利于协助社会向正确的道路发展。培训课程方面，教青局和学校要增设咨询机制，除了固定的培训课程外，能否通过研究，看看教师喜欢参与哪些课程，然后多开设老师认为有需要的课程。校本培训课程的实效性较好，主要针对学校问题而开设课程，它的实用性相对较强。	教青局：培训内容的专业性增强师德教育学校：增强校本培训课程的实效性
7F3GU：进修内容要注重理论与实践相结合。过去，大部分培训课程是由内地或香港聘请专家，除了过于理论、沉闷乏味之外，主要是进修的内容未能配合教师的教学实际困难，未能为教师排忧解困，造成教师培训只是为"凑时数"、"凑人数"的情况，无形中浪费了教师的时间。	教青局：培训课程重视实践与理论相结合

续表

原始资料	关键词提取与命名
7F3HU：培训课程要注重实效性。期望将来无论是教青局还是学校，必须要注重培训内容的实用性，不要只讲理论，多重视实践性，直接让教师的教学得益。	教青局和学校：培训重视实效性

根据表5-3-9，把受访教师对在职进修动机与专业成长存在的困难和问题，以及受访教师期盼教育当局、学校和教师本人需要改进的意见和措施，分别归纳如下。

1. 教育当局方面

（1）培训课程的实效性：大部分受访教师建议，教育当局所举办的培训内容，要注重理论与实践相结合，要根据本地区的实际情况，重视进修的实效性，做到专业对口。今天家庭和学生问题复杂，使得培训内容不能符合教师上课的需求，甚至与教师的工作量背道而驰，加大培训的矛盾性，只会加大教师"凑时数"、"凑人数"的情况，培训成效大打折扣，浪费教师时间，无功而返。

（2）加大休教、脱产进修的机会：大部分受访教师建议，教育当局要完善和推广休教、脱产进修的机制。自从2007起，教育当局增设脱产、休教进修计划，让合资格的教师去继续进修学习。可惜这个计划实行将近十年，参与该计划的教师，每年只有一、二位，寥寥可数，成效不彰。因此，有受访教师指出教育当局要给予政策上的鼓励，重新检讨和制定进修计划实施的可行性，通过不同方法、不同管道，支持教师积极参与进修学习，提升教学能力。

（3）制定弹性的进修时间：大部分受访教师建议，教育当局所开办的培训课程，可以实施弹性进修时间。针对教师所面对的工作压力、家庭因素，让克服心理困难和障碍，令教师既可兼顾工作和家庭，让教师没有后顾之忧，乐于参与在职进修，提升进修的兴趣和效能。

（4）提升取得硕士与博士学位教师的待遇：有受访教师建议，对获得硕士和博士学位的教师，教育当局应该要通过加薪措施，鼓励教师参与进修。过去澳门一直没有对获得硕士和博士学位的教师，给予一些津贴或薪金，教师拥有硕士或博士的学历仍是得不到有关当局的认同。受访教师期望教育当局加大力度支持和鼓励教师参与进修，提高完成硕士与博士学位的待遇，通过改善待遇，吸引教师继续向更高学历迈进，以提升专业素质。

（5）尽快制定进修标准：有受访教师建议，每年要完成 30 小时的培训时数，是比较容易的，只是培训内容的质量有待加强。面对各种形式培训课程，就有不同的标准。因此，期望有关当局落实培训时数要求，制定不同的指标，增强专业对口的培训内容，做到满足教师实际教学需求，增加教师参与进修的信心和动机。

2. 学校方面

（1）加强校本培训的作用：有受访教师建议，校本培训课程与教青局的培训课程相比起来，校本培训课程比较重视实践性，应用性较强。特别是学校所开设的示范课和公开课，比较容易让教师从中获得宝贵的经验，做到专业对口。同时，进行分层次培训，改变过去大面积培训模式，增强校本培训课程的认受性和实用性，以提升教学效能。

（2）支持教师参与在职进修：有受访教师建议，期望学校加大教师进修支持力度，创设平台，鼓励教师参与进修。如减轻教师上课节数、减少文书工作、制定弹性培训时间、建立休教与脱产培训的机制，以及提升拥有硕士与博士学位的津贴等，目的是让教师减负，让他们乐于参与在职进修，使他们走上专业发展道路。

（3）提升教师的科研能力：有受访教师建议，让教师参与进修，提升科研能力，给予教师荣誉感。因为教师被视为专业，就必须要进修，进修后达到一定的级数和称号时，学校应要创设条件，在校长的带领下，让教师多参与科研工作，使教师有发展空间，提升科研能力，以提高教师的专业知识和能力。

3. 教师个人方面

（1）要与时俱进参与进修：大部分受访教师都是愿意参与进修的。随着终身学习的时代到来，作为教师必须要不断学习，接受新的知识，才能够更好地教育学生。教师要自我增值，多想方法教育学生，并提升教学专业水平。

（2）要兼顾家庭、工作、进修：有受访教师指出，假若家庭、工作和进修三者不能兼顾的时候，他们将会选择放弃进修。作为教育当局、学校管理者，应该要多想方法，平衡教师的工作、进修和家庭等方面。通过制造机会，让教师主动接受培训，而不是被动式的接受，使学校和教师能够双赢。

（3）增强辅导学生的功能：有受访教师指出，澳门社会急速变化，在博彩业影响下，家庭功能减弱，对青少年的成长带来负面因素，对教师的教学工作带来冲击。教师要增强辅导学生，了解青少年的心态，对症下药，才能教育学生。

从上述归纳教育当局、学校和教师三方面的特性，可以初步提炼出以下观点。

1. 受访教师认为教育当局要提升培训课程的实效性，加大力度支持教师参与在职进修，制定弹性培训时间，落实30小时的培训标准，提升拥有高学历教师的待遇。

2. 受访教师认为学校要加强校本培训课程的实效，通过减轻教师的工作量，建立进修制度，让教师真正开展科研计划，提升教学效能。

3. 受访教师认为，作为教师必须要与时俱进，自我增值，处理好工作、家庭和进修三方面的安排，加大对学生的辅导工作。

（四）访谈数据的主轴编码

主轴编码是指在完成开放性编码后，研究者使用编码典范，借由标明因果关系、现象、脉络、中介条件、行动/互动的策略、结果等，把副类别与类别联结在一起。与开放性编码比较，主轴编码也用问问题和经常比较策略，但做法上更具有目标导向，目的在于借由编码典范发掘类别及联结类别。主轴编码必须不断找寻每一个类别未被注意到的性质，并且留意资料中每一事件、事情、事故，在面向上的位置。

本研究是探讨教师在职进修动机与专业成长两个方面，重点研究影响教师参与在职进修动机与专业成长的相关因素，以及它们之间存在的困难和建议。有见及此，需要进一步对开放式编码所得到的初步观点进行归纳，以获得影响教师在职进修动机与专业成长的因果关系。本研究根据访谈资料的开放性编码的过程中，已经连续不断、重复地出现影响教师在职进修动机与专业成长的各种相关因素。本研究的受访教师对影响参与在职进修动机与专业成长的内外在因素的出现和频数，研究者尝试发现及建立范畴以及次范畴并在属性及面向上做一联结。本研究在此主轴编码一共整理出十四个范畴，如表5-3-10。

表 5-3-10　　教师在职进修动机与专业成长的因素访谈
主轴编码（N=21）

范畴	说明	开放性编码
认知兴趣	取得知识 增加知能 自我增值 有兴趣科目的学习 提升专业能力和教学效能	为了充实自己，增加知识面，通过在外参与学习，能够帮助自己在实际工作中解决困难（1M2HU）。由于身边有同事一起修读硕士学位，始终相信参与进修，能够自我增值，对前途有帮助（1M2MM）。在进修过程中增进自己的知识显得十分重要（1F3EU）。随着社会对教师的要求愈来愈高，教师将要继续进修，使教育专业迈向更高层次，以及能够升职加薪。进修是希望学习新知识，增强学习效益，达到事半功倍（1M1MU）。兴趣是推动教师学习的好方法，内在因素的学习，总比外在因素学习更有成效（1M3TU）。本人担任班主任，通过修读应用心理学，来提升对学生心理的认识，对自己的教学有所帮助（1F2CU）。教师是以认知、兴趣而参与进修（1M4PU）。对新教师来说，知识和技巧都是需要培训的（2F1EM）。年资较浅的教师，有较大的教学热诚，通过进修增加教学能力；而年资较大的教师，有较丰富的教学经验，他们将会为一些新的教学理念而参与进修（2F3CM）。如果不是为了兴趣学习、获取新知识、增进知能，我想是很难持续地参与在职进修（3F2EU）。通过进修，可增进相关知识（3F3CU）。教师必须有丰富的学问和知识，才能教育好学生，自己要不断提升知识的层次（4F2CU）。我会选择有兴趣内容进修（5M3HU）。教师对教学是有兴趣，因为本身的专业，应多参与进修（5M3MU）。假如将来要进一步提升，教师必须要有一定的学历（6M3MU）。因为我是中文专业毕业，除了中文专业课的学习之外，又想学一些感兴趣的文艺项目（6F3CM）。
职业进展	对教师的要求高 学历提升 工作升迁 晋级加薪 向上流动 自我增值 专业发展	对提升教师的专业发展。每个人付出时间都希望有收益，如果在职进修能够提升教师的专业，它的成效自然较大一些（1F3PM）。随着社会发展，对教师的要求愈来愈高。特别是社会对教师的学历要求较过去高，学历愈高，对前途较有帮助（1M2MM）。通过职业发展提升教师不同方面的知识（1M3TU）。教师进修要适应工作发展，教育当局要求教师有30小时的培训时数，假如教师未能参加这些培训课程，可能对将来的评级有所影响。而且，学校也会组织教师参与培训，教学应该与时俱进，自我增值，对自己工作有帮助，对学校人事都有帮助，以及将来有晋升的机会（2F3CM）。把学到的知识应用于教学当中，无论对学生，还是对教师本人也是相得益彰（4F3EU）。长期的课程要以进修学位为主，体现教师专业的系统化发展，向更高层次发展（5M3MU）。教师被视为专业，如果要做好这份工，那么自身的各个方面都要做得更好，知识要不断进修，才能配会社会发展。由于现时学生所接触的知识较多，只能与时俱进参与进修，才能适合学生发展，教学要与学生一起成长（6M3MU）。职业进展涉及教师的自身发展，为了更好地启发学生，教师必须要参与培训，有利于提升教学质量（6F3CM）。整个社会都在进步当中，教师必须要与时俱进，不断参与在职进修（7F3GU）。教师要不断提升自身的教学水平，需要不断进修（7F3HU）。

续表

范畴	说明	开放性编码
社会发展	社会发展快 社会趋复杂 对教师要求高 终身学习 教师专业发展	由于现时社会发展过快，物价上涨，生活压力过大，假如不参加进修，较容易被社会淘汰，所以必须要参加在职进修（1M2MM）。随着社会对教师的要求愈来愈高，教师将要继续进修（1M1MU）。社会不断发展和进步，对教师的要求愈来愈高，很多老师都需要去进修（4F2CU）。社会发展趋势、教师专业化发展的影响，教师要终身学习，才能跟上时代步伐（5M3MU）。教师要不停进修，以提升学历，如硕士和博士，当然有所不同，达到提升个人声望（6M3MU）。社会趋向复杂，班主任经常要辅导学生（7F3GU）。
家庭生活	教师缺少时间照顾家人 参与进修意愿不大 工作繁忙	影响到教师参与培训的原因是要照顾小孩，家中有期病患者，影响到教师参与在职进修的动机（1F3PM）。教师既要参与进修，也要兼顾家庭，较为困难（1M1GU）。本人有两个小孩，担任班主任，既要参加各种不同的进修课程，又要进修硕士学位。经常没有足够的时间照顾家庭，内心深感内疚，即使发展了专业，但是对家庭却欠了责任（1F2CU）。由于有年幼孩子，会妨碍教师参与在职进修的意愿（1M4PU）。一般在职进修的时间是安排在晚上，如果要照顾小孩和老人也是抽不出时间进修（3F2EU）。 家庭负担较重，有两个小孩，又要帮小孩做作业，温习测验和考试，当遇到上述情况时，教师更加不想参与进修（7F3GU）。本人有两个较小的孩子需要照顾，没有时间去进修（7F3HU）。
工作压力	工作量过重 工作压力大 辅导学生 没有时间进修 支持不足 进修意愿不大 家庭生活 身心皆累	工作繁忙影响我参与进修意愿，利用闲暇时间进修，暂时忘记工作压力（1M2HU）。因为教师每星期都要上课，身心皆劳累，影响教师参与在职进修（1M1MU）。由于本人两个小孩就读小学，功课较多，同时有排山倒海的工作，时间根本不足够，硕士开题报告的撰写仍未开始，连文献亦未有时间去搜集，进修最感困难的是没有足够时间（1F2CU）。因工作关系，有时参与在职培训，得不到校方支持，纵使教师想参与，也无能为力（1M4PU）。本人有学习动机，没有学习坚持。因为工作比较繁忙，放工时候比较累（2F3CM）。由于学校工作太繁重，而且周末也要工作，教师根本没有时间和精力参与进修（3F2EU）。30小时的培时数是能够完成，教育局所举办的课程对老师有一定帮助，只是教师在教学过程中遇到很多压力，希望教育局对教师所面对的工作压力，为他们开设一些专门的舒缓压力培训课程（4F2CU）。教师的工作实在太忙，备课时间长，没有时间去进修（4F3EU）。现时工作愈来愈忙，纵使《私框》颁布后，教师上课节数有所减少，但是工作量有增无减。特别是文字处理的工作愈来愈烦琐，经常要填写表格，如教案、进度表（5M3MU）。学校是否愿支持教师去在职进修，有时教师参加一些长时间课程，但是，碍于工作繁忙，影响教师参与的意愿。"工作量过重"，跨级过多，对新教师来讲，就任教初一、初三、高一等年级，在学校基本没有时间备课，只有回家才备课，无形中影响培训的参与度。假如工作太忙，就算报名参加培训课程，也都会临时缺席（6M3MU）。培训"支持力度不足"。能否对培训时数作弹性安排，多与教师沟通。假如教师参与进修，如进修硕士学位等，能否在课时给予适当照顾，兼顾生活、工作、进修等多方面安排，多站在教师角度去想办法，以吸引教师参与在职进修学习（6F3CM）。教师放工后身心较疲倦，要参加在职进修，真的是会选择放弃，没有动机可言，不想参加进修（7F3GU）。工作较忙、较累也不想抽时间参与进修学习（7F3HU）。

第五章 澳门私立中学教师在职进修动机与专业成长的质性研究 209

续表

范畴	说明	开放性编码
培训效能	培训实较低 内容重理论轻实践 培训项目少 工作繁忙 影响进修意愿	培训课程门槛太高。如有些英文课程为期三星期外出交流学习活动，假若要想继续参加第二次，必需要等十年时间，才可以再报名。毕竟教学工作是要与时俱进，十年后才有机会报名，进修条件太过严格，不利教师专业成长（1F3EU）。基本上是愿意参与在职培训，只是教青局提供的课程并不足够，妨碍教师专业成长。而且教青局没有规定教师专业培训的要求，有些教师是为时数而培训（1M2MM）。培训内容与教材不相符，培训导师缺乏吸引力，教青局经常邀请内地和香港的专家，他们只谈理论，欠缺实践，因此对教师的实际教学能力帮助不大（1M1GU）。教青局的培训课程种类多、繁杂，不断有培训活动，影响到教师的教学工作和作息。部分培训课程的理论性太强，实际应用太弱，未能对教师的教学有实际帮助。如近期教青局邀请内地和香港的专家学者，培训四场的先导活动，都脱离澳门的实际情况，培训之后，收获不大，有些失望，因为浪费时间（2F3CM）。家中有期病患者，影响教师参与在职进修的动机，学校行政要多体谅教师的需求（1F3PM）。由于有年幼孩子，会妨碍教师参与在职进修的意愿（1M4PU）。可选择的进修项目太少，而且工作太忙，无暇参与（3F3CU）。教师的工作实在太忙……都用了很多时间，影响教师参与在职进修的意愿，校本培训内容的理论与实践有差距，培训内容总是与实际教学存在一定差距（4F3EU）。这30小时的效用不大，教青局开设的讲座或课程，充其量只能提升一部分知识更新，而培训内容往往不能结合澳门的实际情况，理论性过强，实践性过低，不是太适合教育发展。同时，如何选择合适的课程去进修？因为历史科很少有专业的课程让教师参与，学校更加不会为一、两位教师开设培训课程，所以较少有专业对口的培训课程（5M3HU）。地理科的培训类型比较少，实用性较低，对教师的教学帮助不大（7F3GU）。完成这30小时的培训时数并不容易，原因是没有多余时间，且对进修的课程不感兴趣，因为这些课程不适用于实际教学。教青局举办的培训课程实用性不强，培训类型较少，专业不对口，教师难以选择培训课程。工作量较重妨碍教师进修（7F3HU）。
时间不足	工作、家庭和进修三者不平衡 没有时间进修 家庭生活 工作繁忙 进修意愿薄弱	由于我工作比较繁忙，对于进修只有摆在次要地位，教师每星期都要上课，没有时间进修（1M1MU）。经常没有足够的时间照顾家庭内心备感内疚，不想参加进修（1F2CU）。由于进修时间基本上是以星期六、日为主，有时难以兼顾学校工作，特别本人担任总务工作，工作总是安排在星期六，无形中影响工作计划，这些需要学校多体谅（1M3TU）。教青局所举办的课程以星期六为主，影响教师参与意愿。如教青局主办的英文课程，一年只举办一次，但是星期六随时要上班，故此，连报名参加的机会也没有，纵使教师想去进修，但是时间问题无能为力（1F3EU）。作为新教师，本人在上年度参加共超过一百小时的培训课程，故此，本学年真的好想休息和停一停（2F1EM）。周末也要工作，那么教师根本没有时间和精力参与进修。一般在职进修的时间是安排在晚上，如果要照顾小孩和老人也是抽不出时间进修（3F2EU）。教师没有时间去进修……放学后要留下学生补做作业，以及个别辅导等，都用了很多时间，影响教师参与在职进修的意愿（4F3EU）。学校和教青局安排的进修时间都是放工之后，而教师最难克服的心理问题就是疲倦现象，阻碍教师参与进修。而30小时培训容易达到，因为有足够的课程。但是这30小时的效用不大（5M3HU）。本人有两个较小的孩子需要照顾，令我没有时间去进修，而且工作较忙、较累也不想抽时间参与进修学习（7F3HU）。

续表

范畴	说明	开放性编码
班级经营	提升管班技巧和能力 课堂效能 营造良好的班级氛围 知识更新 专业发展 辅导功能	"未做过班主任，就不算是老师。"作为科任教师应该多了解班级管理的技巧（1M1MU）。因为良好的班级气氛，有助学生学习，让学生善于参与课堂，对学习有些困难的学生，让他们感受学习气氛，乐于学习（1M1GU）。本人在进修硕士课程中，涉及心理学、幼儿心理学、成人心理学，这些课程都涉及青少年的心理特点，为我管理班级提供良好的方法（1F2CU）。假如自己是班主任，我会选"班级经营"效益较大（2F3CM）。透过不同学校、不同班主任所面对的困难，相互分享经验，有助于提升教师的管班技巧，使教师有不同程度的收获（2F1EM）。："班级经营"效益较大，因为接触学生最多而照顾最全面的永远是班主任（3F3CU）。教师要有经营班级的经验，因为涉及整体班级的发展，要学会与学生交流，管理学生（4F2CU）。关于教学的知识和技能，管理班级工作，需要在实践中摸索，有较强的实践性（5M3MU）。现今学生的学习动机较为薄弱，没有学习兴趣，教师为了在课堂中以有限的时间去教育学生，提升课堂效能，需要有良好的班级管理技巧和方法（6M3MU）。"班级经营"的效益较大。它使我的教学工作、辅导工作等都一并成长（7F3GU）。
教学知能	教学方法 学习效能 知识更新 教学效能 专业态度	在改善教学方面，改善课程设计，提升学生的学习效能（1M2HU）。通过进修，能够把所学的知识应用于教学（1F3EU）。正所谓："工欲善其事，必先利其器。"教师要装备好自己，才能教育好学生（1F3PM）。教师教学效果良好，必定形成良好的专业态度，教学效果较佳（1M4PU）。以"教学知能"效益较大。这是与上述我所选取的原因互相匹配，对教师有促进教学功能（2F1EM）。由于我进修是为了兴趣，愿意去听，去想，从而改进自己的教学（5M3HU）。教师通过书本的知识去学习，但是，关于教学的知识和技能，需要在实践中摸索，有较强的实践性（5M3MU）。在实际教学当中，不断会产生新的教学方法，形成新的教学经验，而且能够刺激自己去吸收别人成功的经验和看法（7F3HU）。
专业态度	不断学习 专业成长 自我反思 改进教学	教师的专业态度驱使心理和行为改变，使他们不断进修，提升自己的专业水平（1M3TU）。让教师自我反思，增进自己的专业技能（2F3CM）。由于我进修是为了兴趣，愿意去听，去想，从而改进自己的教学（5M3HU）。人的态度决定一切，教师必须要有正确的做人态度，如遇到困难的时候，要学会去解决，从而有一种正确的专业态度去教育学生去面对逆境（6F3CM）。

续表

范畴	说明	开放性编码
课程设置	学生参差 更新 教学方法 培训课程 偏科 培训内容未能满足教师需求 课时不足 教材 不断更换 教师 工作量大	不同班级，学生有不同水平，参差不齐，课程设置影响教师的专业成长，应该从课程设置去解决问题（1M2HU）。通过实际的教学活动，如观课等活动，从中向有经验的教师学习，以改善自己的教学技巧（1M1MU）。最近教青局推行基本学力要求，可能与澳门回归后自主办校、多元办学存在矛盾（1M4PU）。与教学的编排有关，通过了解知讯后，对课堂的教学要多想方法，运用于教学上（2F3CM）。与"教材因素"有关，不一定与学校所有的教材有关，而是通过培训课程，例如曾经参加教青局举办的到外国进修课程，与同行交流的时候，能够分享一些教材使用心得（2F1EM）。与学校的要求有关，学校要求学生全科合格，希望教师多参与培训（4F3EU）。与教青局开设的"培训课程"有关，可能中、英、数等主科的培训课程较多，但是，针对其他科目，如历史、地理、生物、美术等课程就较少，根本不能满足部分教师的专业成长需求。其次，与校本培训内容有关，由于校本课程着重以管理者的想法为出发点，没有征询教师意见，导致培训内容并不能满足教师需求（6M3MU）。由于不同学校的上课节数不同，影响教学质量。而且课程安排也影响教师的作息时间，例如学生的突发事件，令教师的教学工作与小休时间相矛盾，过度工作量，致使教师力不从心，因此不愿意进修（6F3CM）。随着《课框》的推行，导致历史教材不断改变，自《基力》推行后，令历史科的涵盖面较大，历史科是一门综合性很强的学科，教学上根本没有足够课时，与《基力》的要求相矛盾（7F3HU）。
教材使用	教材内容陈旧 教学相长 学校之间对教学交流少 部分科目被忽视 教学效能 进修意愿弱	学生上课以教材为主，如果书本的内容不适合学生，将会让学生失去学习的兴趣和信心（1M1GU）。教学相长。因学生有一定的人生经验或某些特别技能，他们可以成为老师的小老师（3F3CU）。与澳门教师对教育不太了解有关，现在的教师只是对自己学校，或者是相同系统的学校有所了解，例如：教会学校等。同时澳门的教师之间比较封闭，虽然大家都生活在同一地方，但是交流太少（5M3MU）。认为与教材方面有关，由于地理科非主科，学校和教青局对地理科所采用的教材不太重视。面对四校联考，学生更加不重视地理，因为不用考试，虽然考试并不是教学的动力，但是学生认为不是学习的原动力，这才是问题所在。《基力》颁布后，没有配置教材，教师需要根据基力配置教材，不是每个教师都愿意去做这件事情（7F3GU）。

对影响教师在职进修动机与专业成长的各种因素，经过上表5-3-10的整理与分析，主要归纳如下。

第一，影响教师在职进修动的各种因素分析如下。

1. 认知兴趣是大部分受访教师最为关注的重要因素，有16名教师（占受访教师的76.2%）把认知兴趣作为教师在职进修动机的主要原因。认知兴趣可以进一步表达为取得知识、增加知能、自我增值、学习有兴趣科目等方面。这部分受访教师相信，他们通过在教学过程中不断参与在职进修，提升事业水平，例如相关的专业培训，选择有兴趣的进修内容，以及学历的再提升，即修读硕士与博士课程等方面。可以看到，受访教师因应时代步伐、社会发展，他们对自身的要求逐渐提高。教师认识到进修的重要性，因此他们期盼参与进修，向更高层次进发，借以提升认知兴趣，从而提高教学技能和方法，迈向专业成长之路。

2. 工作压力是受访教师较为关注的第二因素，有14名教师（占受访教师的66.7%）认为，工作压力是教师参与在职进修动机的影响因素。受访教师指出教学工作繁重、工作量大、压力过大、时间不足、身心皆累、支持力度不足，影响教师参与进修的意愿。受访教师指出，自从《私框》颁布后，教师的上课节数有所下调。但是，受访教师指出，现时工作仍是繁忙，工作量有增无减，特别经常要处理文书工作，如填写各种活动表格，上课节数跨级过多而导致备课时间过长。同时，学校支持教师参与进修的力度不足，使教师进修意愿降低。有受访教师指出，因为身兼数职，既是班主任，又是两个孩子的妈妈，而且正在修读硕士学位，打算放弃硕士学位，因为论文的开题报告仍未撰写，工作和家庭都不可以放弃，只有放弃在职进修。此外，教师的工作过于忙碌，纵使教师想参与进修，只是由于过度劳累，他们总是没有精力和时间参与进修。长此以往，会妨碍教师在职进修的意愿，教师的在职进修与专业成长只会成为一句口号，华而不实，打击澳门教师专业团队的培养和发展。

3. 培训效能是受访教师关注的第三因素，有11名教师（占受访教师的52.4%）认为培训效能是影响教师参与在职进修动机的因素。培训效能是指培训实效较低、内容重理论轻实践、项目较少、工作量大等方面。教师培训效能与工作压力、家庭生活、专业态度、教学知能、时间不足等有较大关联，妨碍教师知识更新，进一步影响教师进修意愿。受访教师指出，《私框》规定教学人员五年内要培训150小时，即平均每年要有30小时的专业培训。受访教师认为这个培训时数比较容易完成，但是，培训的实效有待加强。他们一般认为，教育当局所举办的培训课程，与澳门的实际情况存在差异，理论性过强，实践性较低，而且培训内容的专业不对口，影响教师的进修意愿。再加上教师的日常教学工作量繁重，工作压力较大，以及放工后要照顾家庭，形成教师对某部分培训课程存在一定的抗拒。期盼有关当局检讨教师进修政策，用实际行动支持教师进修。

4. 职业进展是受访教师比较关注的第四因素，有10名教师（占受访教师的47.6%）把职业进展作为教师在职进修动机的比较关键的因素。教师把职业进展看作达成工作的需要、提升学历、晋级加薪、自我完善、向上流动、自我增值等，职业进展不但影响教师的认知兴趣，而且影响他们的专业发展。受访教师普遍指出，社会不断发展，通过进修更新旧有的教育观念、知识与技能，这是显得十分重要。教师明白社会对这个职业的要求愈来愈高，故此，教师愿意参与进修、提升学历（硕士和博士），达致自我提高、自我完善、自我发展，以响应社会人士对教师的需求。

5. 时间不足是受访教师关注的第五因素，有9名教师（占受访教师的42.9%）把时间不足作为影响教师参与在职进修动机的因素。受访教师指出没有时间进修，由于工作、家庭和进修三者不能达到平衡，工作和家庭两者也不能放弃，只有牺牲进修。而且时间不足与工作压力、家庭生活、进修意愿、认知兴趣、教学知能等相关。受访教师指出，由于工作繁忙、放工后照顾家庭，这都要占用教师放工的时间。由上我们可知，为了响应时代的发展，教师是愿意参与进修的。只是当工作、进修与家庭都不能均衡发展的时候，教师会选择放弃在职进修，因为人的精力是有限的，况且教师的工作十分劳累，有时真的是心力交瘁，放工后仍要参与进修，会显得有心无力，期盼有关当局合理安排教师进修的时间。

6. 家庭生活是受访教师比较关注的第六因素，有7名教师（占受访教师的33.3%）把家庭生活作为教师在职进修动机的要素。受访教师指出既要工作，又要参与进修，妨碍到他们照顾家人，包括小孩、老人和患病者，假如没有足够时间照顾家庭，教师会选择放弃进修。因此家庭生活与时间不足、工作压力、培训效能等有密切关系。现时教师参与在职进修的时间都安排在放工之后、星期六和星期日、节假日等，无形中占用了教师很多休息时间，影响他们照顾子女，同时，工作量过重使他身心皆累，使进修的热情减退，期盼有关当局给予进修支持措施，让教师乐于走上专业成长之路。

7. 社会发展是受访教师比较关注的第七因素，有6名教师（占受访教师的28.6%）把社会发展作为教师在职进修动机的要素。社会发展可以表达为由于社会发展快而趋向复杂，教师要参与进修和学习、终身学习、教师专业发展等方面。而且社会发展影响认知兴趣、职业进展、专业态度等相关因素。社会向前进步，世界各国重视教育发展，向教师提出终身学习、专业发展等要求，故此教师要与时俱进不断参与进修，了解社会发展所带来的现象，从而让教师加强学习与进修。

第二，影响教师专业成长的各种因素分析如下。

1. 班级经营是受访教师最为关注的重要因素，有 10 名教师（占受访教师的 47.6%）认为班级经营是影响教师专业成长的主要因素。班级经营进一步表达为提升管班技巧和能力、课堂效能、营造良好的班级氛围、知识更新、专业发展、辅导功能等。班级管理是重要的教学课题，不同的年代，不同的学生，教师都需要拥有管班的最新技巧和方法。特别是今天澳门博彩业的发展，使社会趋向复杂，家庭功能改变，如离婚家庭与单亲家庭的增多，间接为年青一代的成长带来影响，首当其冲就是学生的学习动机下降、失去学习兴趣。因此，作为教师要更加有专业的知识和技能，针对学生成长所产生的问题加以辅导，有效的班级经营显得无比重要。

2. 课程设置是受访教师比较关注的重要因素，有 9 名教师（占受访教师的 42.9%）把课程设置排在首位，课程发展是影响教师专业成长的第二因素。课程设置是指学生水平参差不齐、更新教学方法、培训偏科、培训内容未能满足教师需求、课时不足、教材更换、教师工作量大，课程设置与教学知能、时间不足、工作压力、专业态度等有密切关系。有受访教师指出，要提升教师的专业成长，必须要从课程设置入手，提升课堂教学效能。同时，受访教师期望有关当局所开设的培训课程，能够多从教师的实际工作出发，做到理论联系实际。

3. 教学知能是受访教师关心的因素，有 8 名教师（占受访教师的 38.1%）认为教学知能效益大，教学知能是影响教师专业成长的第三因素。教学知能是指改革课程、学习效能、知识更新、教学效能等，受访教师认为，教学知能与教学方法、认知兴趣、专业态度、学习效能等有相关。受访教师指出，良好的专业态度，会有良好的教学效能。通过进修能够改善教师的教学效能，使教师去反思、去学习新的知识，从而改善自己的教学效能，以提升学生的学习成效。

4. 专业态度是受访教师关注的因素，有 4 名教师（占受访教师的 19.0%）关注专业态度，专业态度是影响教师专业成长的第四因素。专业态度是包括教师要不断学习、专业成长、自我反思、改进教学等方面，受访教师认为，专业态度与认知兴趣、教学知能、班级经营等存在相关。正所谓，态度决定高度。有个别受访教师指出，专业态度能够帮助教师继续参与进修，故此，在社会趋向复杂的时候，教师应该装备好自己，迎接未来更多的挑战。

5. 教材使用是受访教师关注的因素,有 4 名教师(占受访教师的 19.0%)关注这个方面,教材使用是影响教师专业成长的并列第四因素。受访教师认为,教材因素与课程设置、教学效能、进修意愿弱等方面有关系。有个别受访教师指出,由于澳门的学校与教师之间缺乏交流,影响大家对教材的使用。同时,学校对某些科目使用的教材不太重视,妨碍教师的教学效能。

(五)访谈资料的核心编码

核心编码又称为选择编码,系指在所有已发现类别中,选择核心类别,有系统地与其他类别联系起来,并验证其间的关系,而把概念尚未发展完备之类别补充整齐之过程。核心类别具有如下特征:在所有类别中占据中心位置,通常具最大数量之类别最有实力成为资料的核心;核心类别必须频繁地出现在资料中;核心类别应该很容易地与其他类别产生关联,且关联内容非常丰富;当进入发展实质理论过程中,一个核心类别很容易发展成为一个更具一般化的理论;随着核心类别被分析出来,理论便自然地往前发展出来;寻找核心类别内部变异可为新理论之出现创造机会。

本研究利用核心编码,发展教师在职进修动机与专业成长因素的核心范畴概念,各核心编码所代表之意义,以及所包括主轴编码如表 5-3-11 所示:

表 5-3-11 教师在职进修动机与专业成长的因素访谈
核心编码 (N=21)

核心编码(核心范畴)	说明	主轴编码
满足求知需求	泛指随着社会的不断向前发展,教师必须要与时俱进,吸收新的知识,接受新技能,以改善和提升教学的能力,并促进教学专业成长,提升教学效能。	自我增值
		提升教学技巧和能力
		社会发展快,日趋复杂
		对教师要求愈来愈高
		终身学习
		教师专业发展
		提升教学效能

续表

核心编码（核心范畴）	说明	主轴编码
增强教学效能	泛指教师通过进修，增加教学管理的能力，以及改革课程，合理安排教材的使用，以提升教学质量。	提升管班能力
		营造良好的班级气氛
		知识更新
		改革课程
		教学效能的提升
		更新教材
完善培训制度	泛指在教师在职进修中所存在的各种各样的困难和问题，不利于教师参加在职进修，更妨碍教师专业成长。故此，需要有关当局尽快制定教师在职进修制度。	培训实效较低
		培训内容重理论轻实践
		培训项目少
		进修意愿薄弱
		工作繁忙
		照顾家人
		没有时间进修
		专业发展
加大培训支援力度	泛指教师受到教学工作量、工作所遇到的压力、辅导学生以及进修对家庭所造成的影响，从而妨碍教师参与进修的动机，不利于教师的专业发展。故此，需要有关当局增强教师在职进修的支持度。	工作量过重
		工作压力大
		没有时间进修
		身心劳累
		缺少时间照顾家庭
		工作、家庭和进修三者失衡
		进修意愿比较低
		辅导学生

1. 满足求知需求

教师在职进修动机与专业成长在于满足求知需求（即研究的核心范畴）。包括了自我增值、提升教学技巧和能力、社会发展快、对教师要求愈来愈高、终身学习、教师专业发展、提升教学效能等。以上因素均影响教师的在职进修动机与专业成长。社会发展迅速，科学技术日新月异，教师假如仍是靠师范学习时所取得的知识，已经不能满足教育教学的需求。教师必须要自我增值，增加对新知识技术的掌握，才能更好地把所学的新知识和新技能，应用到教学中，让教师走上专业成长之道路，最终目标是提升教学效能。

2. 增强教学效能

教师在职进修动机与专业成长在于增强教学效能（即研究的核心范畴）。包括提升管理的能力、营造良好的班级气氛、知识更新、改革课程、更新教材、教学效能的提升等。以上因素均影响教师的在职进修动机与专业成长。教学效能的好与坏在于教师是否具备专业的管理班级的技巧、知识、课程设置、教材等因素，它们之间相辅相成，缺一不可，是教学质量得以提升的有效方法。

3. 完善培训制度

教师在职进修动机与专业成长在于完善培训制度（即研究的核心范畴）。包括培训实效较低、培训内容重理论轻实践、培训项目少、进修意愿薄弱、工作繁忙、照顾家人、没有时间进修、专业发展等。以上因素均影响教师的在职进修动机与专业成长。教师参与在职进修存在较多问题，如培训效能较低、培训内容重理论轻实践、培训项目少等，会制约教师参与进修的意愿。同时，当教师工作压力过大，忽视对家庭照顾的时候，教师会选择放弃进修，妨碍教师的专业成长。

4. 加大培训支援力度

教师在职进修动机与专业成长在于加大培训支持力度（即研究的核心范畴）。包括工作量过重、工作压力大、没有时间进修、身心劳累、缺少时间照顾家庭、三者（工作、家庭和进修）失衡、进修意愿比较低、辅导学生等。以上因素均影响教师的在职进修动机与专业成长。本研究的受访教师指出，现时教师的工作量过大，甚至连与家人相处的时间欠缺，更遑论放工后，或者利用星期六、日的时间参与进修。同时，受访教师指出，需要用较多的时间辅导学生的学业与偏差行为，也间接地降低教师参与进修意愿，对教师的专业成长带来不良影响。

第四节 质性研究小结

一 影响教师在职进修动机与专业成长的因素和示意图

通过对访谈资料深入细致的剖析和整理，本研究分别梳理出影响教师在职进修动机的主要因素和其他因素分别有：认知兴趣、职业进展、工作压力、培训效能、时间不足、家庭生活、社会发展，共七大因素。同时，影响到教师专业成长的主要因素和其他因素分别有班级经营、教学知能、专业态度、课程设置、教材使用五大因素。影响教师在职进修动机与专业成长的因素，如图5-4-1所示：

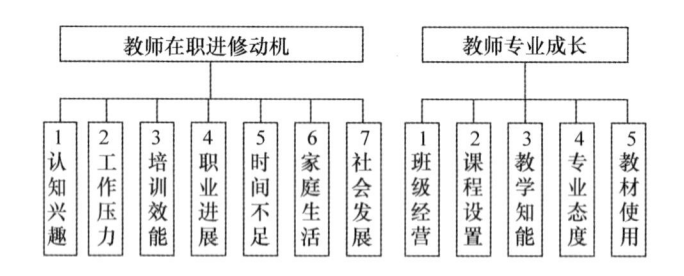

图5-4-1 影响教师在职进修动机与专业成长的主要因素路径

二 影响教师在职进修动机相关的各个因素指标

（一）认知兴趣

有受访教师认为是基于追求知识而参与进修，目的是要增进教育专业知识、改善教学能力、提升教师专业，以满足工作的实际需求。社会的进步，科学技术的发展，更加需要提升教师的工作能力，也就是要提升他们的教育教学专业水平。受访教师对参与进修动机方面较为关注的内容，以对知识的获得、增加知识面、自我增值、学习兴趣、专业发展，教学效能等为主要指标。

（二）工作压力

长期处于一种压力的环境下，对任何人来说，并不是一件好事。有受访教师指出，过重的教学工作，辅导学生的工作，以及要照顾家庭，加上支持教师进修力度不足，最终只会让教师选择放弃在职进修学习，这将制约教师的专业发展，不利于教师队伍的整体建设和优化。受访教师对参与进修动机方面较为关注的内容，以工作量、家庭生活、进修支持力度、时间分配、辅导工作等为主要指标。

（三）培训效能

教师参与在职进修是不可逆转的趋势，有关当局要肩负起提高教师参与进修效能。有受访教师指出，教育当局培训的课程效能较低，教育当局邀请的专家所开设的培训内容，只重理论，欠缺实践性，培训类别少，时间不足，没有解决教师在实际工作中所遇到的困难，无形中降低教师参与进修意愿，长此下去，会影响教师专业水平的提升。受访教师对参与进修动机方面较为关注的内容，以培训效能、培训内容、培训类别、工作量、进修意愿等为主要指标。

（四）职业进展

时代不断向前发展，教师更需要做好这份职业，与时俱进参与进修。有受访教师指出，教师既然是专业，应多参与进修，无论对学生，还是对自己都是相得益彰的，不但提升学生的学习效能，也提升教师的专业发展。受访教师对参与进修动机方面较为关注的内容，以要提高学历水平、工作升迁、晋级加薪、向上流动、自我实现等为主要指标。

（五）时间不足

时间对任何人是公平的。对教师来讲，工作、家庭、进修三方面都要合理安排，缺一不可。有大部分受访教师指出，面对大量工作产生疲倦，没有时间照顾家人，倍感内疚，最终教师只有放弃参与进修学习机会。受访教师对参与进修动机方面较为关注的内容，以工作、家庭和进修三者均衡发展、进修意愿、工作繁忙等为主要指标。

（六）家庭生活

家庭生活是影响教师参与在职进修的重要因素之一。有受访教师指出，即使教师发展了专业，却亏欠家庭责任；而且家中有两个小孩，功课较多，工作繁忙，硕士学位论文的开题报告仍未撰写，最终只有放弃进修。受访教师对参与在职进修动机方面较为关注的内容，以时间不足、工作量大、进修意愿弱等为主要指标。

（七）社会发展

随着时代的变迁，世界各国重视终身教育、终身学习，尤其是社会对教师的要求愈来愈高，期望教师专业化发展，所以教师只有不断学习，不断进修，以提升学历水平。受访教师对参与进修动机方面较为关注的内容，以社会发展迅速、终身学习、专业发展等为主要指标。

三 影响教师专业成长相关的各个因素指标

（一）班级经营

班级是学生上课最重要的地方，有效的班级管理，是学生得以有效学习的根基。有受访教师指出，教师要多了解班级管理的技巧，创设良好和谐的课室氛围，善于帮助学生解决学习、行为和心理上的困难，从而形成有效的班级，帮助学生学习。受访教师对专业成长方面较为关注的内容，以管班技巧和能力、课堂效能、良好的班级氛围、知识更新、辅导功能、专业发展等为主要指标。

（二）课程设置

教学是一所学校发展的生命线，而课程则是维持生命线得以存在的关键因素。有受访教师指出，由于私立学校拥有自主办校的权利，课程安排极具多样化，教学方法多元化。通过课程培训来提升教师的专业水平遇到不少困难，未能满足教师需求。受访教师对专业成长方面较为关注的内容，以学生水平、教学方法、培训内容、课时不足、教材变更等为主要指标。

（三）教学知能

对教师来说，在实际教学过程中，他们必须具备一定程度的学科知识和教学技能。有受访教师指出，任何时候教师要改进教学方法和技能，目的是形成良好的专业态度，增强教学经验，提升教学效能。受访教师对专业成长方面较为关注的内容，以教学方法、知识更新、学习效能、教学效能、专业态度等为主要指标。

（四）专业态度

有受访教师指出，教师要自我反思，通过不断进修，提升自己的专业水平，这恰好是教师今天要有的专业态度。旧有的教学观念，已经跟不上时代发展，为了引导学生学习，教师必须要提升个人的教学责任感。受访教师对专业成长方面较为关注的内容，以更新教学观念、更新知识、专业发展等为主要指标。

（五）教材使用

教材无论对教师、学生来说都是重要的教学工具，对学生学习十分重要。有受访教师指出,现时澳门各所私校使用的教材不一,同时,对如何使用教材没有交流,各自为政。有受访地理教师形容,学校没有配置教材,教师要去找寻资料,对他们而言,存在一定难度,影响教师专业水平的提高。受访教师对专业成长方面较为关注的内容,以教材内容、教学相长、教材使用受到忽视、管道狭窄等为主要指标。

第六章 研究结论与建议

本研究旨在探讨澳门私立中学教师在职进修动机与专业成长的现况及其关联性，为了达到研究目的，本研究收集文献资料并进行分析和整理，进行问卷调查和深度访谈。根据研究所得，进一步归纳重要的研究结论，并且依据结论提出具体的建议，以作为促进和支持教师在职进修动机，改进教师专业成长，未来向教育当局、学校、教师等提供参考之用。

第一节 结论

本研究以文献分析法、问卷调查法和深度访谈法进行研究，向澳门14所私立中学，424位教师进行问卷调查。本研究所得数据，利用计算机统计软件SPSS for Windows16.0中文版，以描述性统计分析、平均独立样本t检定、单因子变异数分析、皮尔逊积差相关，以及多元逐步回归分析等进行探讨。同时，本研究通过对7所私立中学，21位教师进行深度访谈，运用扎根理论方法，深入分析和探讨受访教师于在职进修动机与专业成长的现况及影响因素。依据第四章和第五章的研究结果与分析讨论，本研究有以下发现。

一 澳门私立中学教师在职进修动机之现况

（一）澳门私立中学教师在职进修动机之整体情况，在五点量表中每题的平均分为3.28，介于"基本符合"与"完全符合"之间的程度。可见，目前澳门私立中学教师参与在职进修动机的整体程度表现较佳。

（二）澳门私立中学教师在职进修动机包括"认知兴趣"、"社交关系"、"逃避或刺激"、"职业进展"、"外界期望"与"社会服务"。教师参与在职进修动机的各分层面情况,在五点量表中每题的平均分为2.94—3.9,介于"基本符合"与"完全符合"之间的程度。并以"认知兴趣"的动机最强,得分3.9,其次依序为"社会服务"、"职业进展"、"外界期望"、"社交关系",以"逃避或刺激"的动机最弱,得分2.94。因此,我们可以发现,教师为了增加知识面、提升教学技能、获取更高学历和资格参与进修,然而,大部分教师不会为逃避工作压力或生活上的不开心而参与进修。

二 澳门私立中学教师专业成长之现况

(一)澳门私立中学教师专业成长之整体情况,在五点量表中每题的平均分为3.61,介于"基本符合"与"完全符合"之间的程度。可见,目前澳门私立中学教师专业成长的整体程度表现甚佳。

(二)澳门私立中学教师专业成长包括"教学知能"、"班级经营"、"一般知能"、"辅导知能"与"专业态度"。教师专业成长的各分层面情况,在五点量表中每题的平均分为3.49—3.67,介于"基本符合"与"完全符合"之间的程度。并以"班级经营"的动机最强,得分3.67,其次依序为"一般知能"、"专业态度"、"教学知能",以"辅导知能"的动机最弱,得分3.49。因此,我们可以发现,教师专业成长的各个层面的表现良好,教师在管理班级和教学知能的水平较高,基本上教师已具备一般的教学知识和技能,只有辅导学生这一环节有待改善和加强。

三 不同背景变项澳门私立中学教师在职进修动机之差异情形

(一)不同性别的教师在"整体在职进修动机"上没有显著差异,只有在"外界期望"层面上,男性教师显著高于女性教师。

(二)不同年龄的教师在"社会服务"层面上,"36—45岁"教师显著高于"25—35岁"教师。

(三)不同学历的教师在"整体在职进修动机"、"逃避或刺激"、"职业进展"、"社会服务"层面上达到显著差异。在"职业进展"与"社会服务"层面上,"硕士或博士"教师显著高于"本科"教师。

(四)不同婚姻状况的教师在"整体在职进修动机"和各个层面上均没有显著差异。

(五)不同职务的教师在"社会服务"层面上,"校长及主任"显著高于"科任老师"。

（六）不同教学年资的教师在"社会服务"层面上，"11—20年"教师显著高于"6—10年"教师。

（七）不同学校规模的教师在"认知兴趣"、"职业进展"、"社会服务"层面上，"20—30班"教师显著高于"20班以下"教师。

（八）不同进修类别的教师在"整体在职进修动机"、"社交关系"、"职业进展"、"外界期望"、"社会服务"层面上均达到显著差异。

在"整体在职进修动机"层面上，"三者进修结合"与"正规与非正规进修"教师显著高于"非正规进修"教师；在"社交关系"、"职业进展"与"社会服务"层面上，"三者进修结合"教师显著高于"非正规进修"教师；在"社交关系"与"外界期望"层面上，"正规与非正规进修"教师显著高于"非正规进修"教师；在"社交关系"层面上，"正规进修"教师显著高于"非正规进修"教师；以及"三者进修结合"教师显著高于"非正式进修"教师。

四　不同背景变项澳门私立中学教师专业成长之差异情形

（一）不同性别的教师在"整体专业成长"上没有显著差异，只有在"一般知能"层面上，男性教师显著高于女性教师。

（二）不同年龄的教师在"教学知能"、"一般知能"、"辅导知能"、"专业态度"、"整体层面"等各层面上，"46—55岁"教师显著高于"25—35岁"教师。

（三）不同学历的教师在"教学知能"、"一般知能"、"整体层面"等各层面上，"硕士或博士"教师显著高于"本科"教师。

（四）不同婚姻状况的教师在"一般知能"、"专业态度"、"整体层面"等各层面上，"已婚"教师显著高于"未婚"教师。

（五）首先，不同职务的教师在"班级经营"、"一般知能"、"辅导知能"、"专业态度"、"整体层面"等各层面上，"校长及主任"显著高于"科任老师"。其次，在"一般知能"层面上，"校长及主任"显著高于"班主任"；而"科组长/级组长"显著高于"科任老师"。

（六）首先，不同教学年资的教师在"教学知能"、"班级经营"、"一般知能"、"辅导知能"、"专业态度"、"整体层面"等各层面上，"20年以上"教师显著高于"6—10年"教师。其次，在"一般知能"、"辅导知能"、"专业态度"、"整体层面"等各层面上,"20年以上"教师显著高于"1—5年"教师。最后,在"专业态度"层面上,"20年以上"教师显著高于"11—20年"教师。

(七)不同学校规模的教师在"班级经营"、"辅导知能"层面上,"20—30班"教师显著高于"20班以下"教师。

(八)不同进修类别的教师在"一般知能"层面上,"三者进修结合"教师显著高于"非正规进修"教师。相反,不同进修类别的教师,在"整体专业成长"、"教学知能"、"班级经营"、"辅导知能"与"专业态度"五个层面上,均没有达到显著差异。

五 澳门私立中学教师在职进修动机与专业成长之相关情形

(一)教师整体的在职进修动机与整体的专业成长存在显著正相关,而且相关系数($r=.599$)属于中度正相关。

(二)教师在职进修动机各层面与专业成长各层面存在显著正相关,教师在职进修动机的"社会服务"层面与整体的专业成长相关($r=.607$)程度最高。相反,以教师在职进修动机的"外界期望"层面与教师专业成长的"专业态度"层面相关($r=.303$)程度最低,即教师在职进修动机愈强,得分愈高,则其专业成长愈好。

六 澳门私立中学教师在职进修动机与专业成长之预测力

(一)教师在职进修动机各层面对教师专业成长之预测力

教师在职进修动机共有三个层面对教师专业成长整体预测力达到显著水平,预测力由高至低依次为"职业进展"、"社会服务"、"认知兴趣"。

(二)教师在职进修动机各层面对"教学知能"层面之预测力

教师在职进修动机共有三个层面对教师专业成长整体预测力达到显著水平,预测力由高至低依次为"职业进展"、"社会服务"及"认知兴趣"。

(三)教师在职进修动机各层面对"班级经营"层面之预测力

教师在职进修动机共有三个层面对教师专业成长整体预测力达到显著水平,预测力由高至低依次为"职业进展"、"认知兴趣"及"社会服务"。

（四）教师在职进修动机各层面对"一般知能"层面之预测力

教师在职进修动机共有三个层面对教师专业成长整体预测力达到显著水平，预测力由高至低依次为"职业进展"、"社会服务"及"认知兴趣"。

（五）教师在职进修动机各层面对"辅导知能"层面之预测力

教师在职进修动机共有三个层面对教师专业成长整体预测力达到显著水平，预测力由高至低依次为"社会服务"、"外界期望"及"认知兴趣"。

（六）教师在职进修动机各层面对"专业态度"层面之预测力

教师在职进修动机共有两个层面对教师专业成长整体预测力达到显著水平，预测力由高至低依次为"社会服务"和"认知兴趣"。

七　影响澳门私立中学教师在职进修动机与专业成长的其他因素

（一）影响教师在职进修动机之其他因素

本研究发现，影响教师在职进修动机的因素，除了"认知兴趣"和"职业进展"两大主要因素外，依次还包括"工作压力"、"培训效能"、"时间不足"、"家庭生活"和"社会发展"五大外在因素。这些因素的主要理由是：

1. "认知兴趣"是受访教师对参与进修动机方面较为关注的内容，以对知识的获得、增加知识面、自我增值、学习兴趣、专业发展，教学效能等为主要指标。

2. "工作压力"是受访教师对参与进修动机方面较为关注的内容，以工作量、家庭生活、进修支持力度、时间分配、辅导工作等为主要指标。

3. "培训效能"是受访教师对参与进修动机方面较为关注的内容，以培训效能、培训内容、培训类别、工作量、进修意愿等为主要指标。

4. "职业进展"是受访教师对参与进修动机方面较为关注的内容，以提高学历水平、工作升迁、晋级加薪、向上流动、自我实现等为主要指标。

5. "时间不足"是受访教师对参与进修动机方面较为关注的内容，以工作、家庭和进修三者均衡发展、进修意愿、工作繁忙等为主要指标。

6. "家庭生活"是受访教师对参与进修动机方面较为关注的内容，

以时间不足、工作量大、进修意愿弱等为主要指标。

7. "社会发展"是受访教师对参与进修动机方面较为关注的内容，以社会发展迅速、终身学习、专业发展等为主要指标。

（二）影响教师专业成长之其他因素

本研究发现，影响教师专业成长的因素，除了"班级经营"、"教学知能"和"专业态度"三大主要因素外，还包括"课程设置"和"教材使用"两大外在因素。这些因素的主要理由是：

1. "班级经营"是受访教师对专业成长方面较为关注的内容，以管班技巧和能力、课堂效能、良好的班级氛围、知识更新、辅导功能、专业发展等为主要指标。

2. "课程设置"是受访教师对专业成长方面较为关注的内容，以学生水平、教学方法、培训内容、课时不足、教材变更等为主要指标。

3. "教学知能"是受访教师对专业成长方面较为关注的内容，以教学方法、知识更新、学习效能、教学效能、专业态度等为主要指标。

4. "专业态度"是受访教师对专业成长方面较为关注的内容，以更新教学观念、更新知识、专业发展等主要指标。

5. "教材使用"是受访教师对专业成长方面较为关注的内容，以教材内容、教学相长、教材使用受到忽视、教材使用管道狭窄等为主要指标。

第二节　建议

根据本研究之结论，提出几点建议，以作为鼓励和支持澳门私立中学教师参与在职进修动机，提升他们的专业成长，提升其教学效能，并向教育当局、学校、教师以及未来研究者提供参考之用。

一　对教育当局的建议

（一）因应教师进修需求，规划进修活动

本研究结果发现，在澳门私立中学教师参与在职进修动机的现况中，以"认知兴趣"的程度最强，其次为"社会服务"。可见，现时对澳门私校教师而言，他们期望参与有兴趣的进修活动，意识到提升自身的教学专业水平的重要性和迫切性，吸取新的知识，更新教育观念和教学方法，追求自我增值，将来更好地服务社会，以获得社会大众对他们的认同和肯定。

同时，本研究结果也发现，在"整体在职进修动机"层面上，"三者进修结合"与"正规与非正规进修"教师显著高于"非正规进修"教师；在"社交关系"、"职业进展"与"社会服务"层面上，"三者进修结合"教师显著高于"非正规进修"教师；以及"三者进修结合"教师显著高于"非正式进修"教师。可见，教师希望参加正规、非正规与非正式等相结合的培训形式。简单地说，教师期望多参与不同类别、形式多样以及可供选择的进修活动。

有见及此，期盼教育当局既要合理、妥善地安排各项进修活动，又要符合教师实际教学工作需求。规划教师进修活动是一项艰巨的工作，要让教师积极主动参与进修活动，前提要为教师创设良好进修条件。本研究指出了教师不但愿意修读学位，以提升学历，而且乐于参与师资培训机构所举办的进修课程。因此，激发教师参与知识更新和学习的动机，让教师乐于进修，提升教师的学历、文凭和资格，推动教师向上流动，达到自我完善，才能收到理想进修效能，进一步提升教师的专业成长。

（二）加强教学专业能力的培养，提升教师的专业成长

本研究结果发现，澳门私立中学教师专业成长的情况大致良好，其中以"班级经营"的程度最强，次者是"一般知能"。可见，教师不但要重视班级的管理技能，而且重视解决一般问题的实际能力，这正好说明管理班级工作的重要性。

同时，本研究结果也发现，就教师专业发展的"教学知能"、"一般知能"、"辅导知能"、"专业态度"与"整体层面"各层面上，在年龄方面，年资较长教师显著高于年轻教师；在学历方面，硕士或博士的教师高于本科教师；在担任职务方面，校长及主任高于科任教师，而科组长/级组长高于班主任和科任老师。可见，无论是年龄较大教师，还是年资较深教师，他们的专业知识都较年龄较小、年资较轻的教师为佳。

有见及此，期盼教育当局要重视和发挥资深教师的功能，减少资深教师的上课节数，让这些有丰富经验的教师作为某个教学领域的领军人物，培训新教师，支持新教师的教学工作，对提升新教师专业水平起到榜样和示范作用。另外，有效班级管理的形成，需要教师专业能力和技巧的培养。

期盼教育当局要开办相关进修课程，要加大对教材教学专业能力培养，在进修过程中向教师提供切实可行的教学方法，使他们所学的内容能够运用到课堂教学之中，有利于管班能力和课堂教学效能的提升。

（三） 制定进修支持政策，鼓励教师参与进修

本研究结果发现，受访教师指出，教师工作量过重、工作压力大，以及进修对家庭造成影响等，这些因素影响教师参与进修动机，妨碍他们的专业成长。因此，教育当局要因应社会发展，加大力度支持教师在职进修，建立进修制度，优化进修计划，减轻教师工作量，给予教师充足的学习时间，具体建议如下。

1. 及早制定进修制度，点燃教师进修热情

澳门自2005年推出校本培训计划，2007年再推出脱产培训、休教进修等计划。然而，参与该计划的教师人数偏低，成效不理想。归根结底，原因是教师在职进修缺乏制度保障。现时，假如教师申请休教进修，先要任教满十年，再经校方批准，才有资格向教青局提出申请。基于学校与教师互信度不足，即学校忧虑教师进修后妨碍学校工作与离职，而教师也害怕进修后失去工作岗位，思前想后还是放弃申请，间接地降低教师进修意愿。故此，教师脱产、休教进修等计划将会形同虚设，成效不大。

20世纪七八十年代，法国、英国、美国、日本等十分重视教师在职进修，并制定法律保障教师积极参与在职进修，点燃他们的进修热情，激发他们的进修动机。早在20世纪70年代，法国成为首个教师进修立法的国家，让教师享有一定时间的进修假。相反，澳门经过二三十年才争取到属于教师的法律，今天关于教师每五年要有150小时的专业发展培训时数，相关制度和法规仍未出台。根据教育暨青年局最新数据显示，直到2016年11月26日止，澳门各类学校、教育阶段和最高学历的教学人员人数分布显示，拥有博士学位、硕士学位，学士学位以下的比率为0.29%、15.37%、8.59%，[1] 这些数据反映出教师的普遍学历亟待提高。

值得一提的是，现时教育政策仍然未能激励和点燃教师参与进修的热情，不仅没有承认教师就读硕士与博士的培训时数，甚至连晋级加薪也较

---

[1] 澳门教育暨青年局：《教学人员资料统计表（2016/2017学年）》。

稀罕，这种做法对教育发展百害而无一利。经验告诉大家，发达国家通过教育立法，积极采用有效政策，鼓励和支持教师参与在职进修，以应对终生学习要求。

有见及此，期盼教育当局重新检视教师进修相关制度，加强教育立法，优化教师脱产、休教进修计划，晋级加薪，提高拥有高学历教师的待遇，给予取得更高学历的教师工作荣誉感。只有激发教师参与在职进修的内在动机，才能提升进修活动的效能，有利于提高教师队伍的整体素质，这值得教育当局借鉴和参考。

2. 下调教师上课节数，减轻教师工作压力

2012年澳门实施《非高等教育私立学校教学人员制度框架》后，因应当时教师工作量过大现象，教育当局把教师入室上课上限有所向下调整。目前教师入室上课节数下调到现时的16—18节，教师工作量得以减少。然而，本研究结果指出，有超过六成的受访教师认为，他们的工作量仍是有增无减，特别是经常要处理文书工作，如填写各种活动表格，参加各类活动和比赛，上课节数跨级过多而导致备课时间过长，这些加重了教师工作负担。以上情况有待有关当局作进一步跟进和完善，不要让它继续成为教师专业成长的包袱。

在2016年澳门中华教育会主办的"澳门特区五年发展规划草案文本"座谈会中，有校长和教师分别指出："优化教育暨青年局教育发展基金的各项申请手续，甚至要求取消这些申请手续和填写各式各样的表格、文书和总结等相关工作；要设立教学助理职位以减轻专职教师的工作压力等。"由上可知，现时教师非教学工作量大，希望有关当局减少教学人员的非教学工作，把精力投放到教学工作之中，这才是教师的核心任务。因此，要创建合理和良好的教师工作环境是教育当局的重要责任。

最近，澳门教育家刘羡冰校长在《教师的全部精力放在教育学生上》一文中指出：中国赵忠贤院士有一句话对她启发和支撑巨大。"他说：'有一点很重要：就是怎样使教师把全部的精力放在培育学生方面？这一点解决了，那就可以打出自己的优势，方式方法自然要不断改善。'就为这一点，中华教育会还坚持争取十五年，才有今天教师上课较合理的节数。"同时，刘校长指出："培育学生、讲课、批改作业、组织活动、谈心、批评、引导……都是智力活动，策划准备、研究方式都不能机械化，

不能千篇一律，只能深思。"① 因此，把全部精力放在教育学生身上才是教师的教学工作本质，切忌本末倒置，不要把教师视为从事非教学工作的一部机械，无助于减轻教师工作，否则将会累及年青一代成长，不利于澳门教育事业的长远发展。

本研究结果还发现，受访教师工作量仍是过重，压力大，工作、家庭与进修三者失衡。此外，本研究结果也指出，在教师专业成长各层面上，以"辅导知能"的得分最弱。可见，十多年来澳门赌权开放，社会发展迅速，家庭功能受到冲击，出现较多双职和轮更家庭，离婚家庭与单亲家庭有上升趋势。有部分青少年在成长路上缺少父母照顾，影响学生的健康成长和学习动机，增大偏差行为的发生，诱发出更多学生问题。以上情况无形中加大教师工作压力，辅导学生的工作有增无减。在教师上课节数不变的情况下，辅导学生问题，间接地占用教师额外时间。因此，由于教师受工作压力、家庭因素与青少年偏差行为等影响，降低参与进修动机。

有见及此，期盼教育当局因应社会发展，体察教师所面对的种种工作压力，进一步设法下调教师上课节数，真正地减轻他们的工作量。特别是现今学校各种活动频繁，加大了教师带队活动的外出机会，无形中影响教师参与进修的意愿。期盼教育当局要及时评估和检讨教师工作实况，给予教师足够时间，改善自身的课堂教学方法，优化课堂效能，提升教学效能。

3. 设立教师进修恒常奖励机制

本研究结果发现，教师在职进修动机愈强，则其专业成长愈好。在教师在职进修动机与教师专业成长的各层面上，拥有硕士或博士学位的教师都显著高于本科毕业的教师。同时，本研究也指出，在"职业进展"、"社会服务"、"专业成长整体"、"教学效能"与"一般知能"等层面上，不同学历的教师，"硕士或博士"教师显著高于"本科"教师。知识经济时代，知识推陈出新，社会对教师要求愈来愈高，教师早已被视为专业，发达国家已经要求教师具备硕士以上程度。相反，今天全澳仍有接近9%的教师只有学士学位以下的学历程度。因此，提升教师的学历水平具有迫切性，对他们的专业成长有着深远影响。

教育暨青年局的资料显示，2015年度官、私校拥有博士学位的教师

---

① 刘羡冰：《教师全部精力放在教育学生上》，《澳门日报》2017年4月20日。

有23位。截至2016年11月26日，全澳教学人员数据显示，只有20位教师拥有博士学位。对比之下，全澳拥有博士学位的教师人数减少了三位。另外，根据业余进修中心的数字统计，近十年来有30多人报读华南师范大学的博士课程，但只有10位获得博士学位。从以上资料可以反映出，澳门教师的学历水平仍是令人忧虑的，并衍生出两种情况：一是高学历的教师人数偏低；二是仍有待提升学历的教师人数偏高。

众所周知，攻读博士学位是一条十分艰辛之路，拥有博士学位的教师人数占全澳总教师人数的比例偏低，这是可以理解的。以笔者为例，2013年度报读华南师范大学博士学位，由于对工作与家庭的考虑，心感不能如期完成论文，几番思量后，鼓起勇气向学校提出休教进修意愿，终于得到学校的大力支持，并成为首位成功申请休教一年攻读博士学位的中学教师。回想当初，如果没有这个机会，应该与本人的两位博士同学一样，仍在撰写论文中，未能毕业，这种情况值得教育当局省思，多想办法，支持教师积极进修。

本研究结果还指出，教师在职进修动机的各层面对教师专业成长"教学知能"层面的预测力，以"职业进展"预测力最好，说明本澳教师希望取得更高学历，继续向上发展，自我完善，以提升教学效能。

有见及此，期盼教育当局要认可教师就读的硕士与博士课程，作为教师参与在职进修的专业培训时数。要设立奖励机制，支持教师参与进修活动，提升教师学历水平，对获得硕士或博士学位的教师，给予晋级加薪，以填补过去这一领域的空白，以鼓励更多教师自我提升和自我完善。要通过提升教师学历，更新他们的教育观念，掌握新知识、新技能，更好地让教师有新的科研探究精神，更好地服务教育和社会。

与此同时，教育当局和教育管理者要关注和深思的是，在2017年4月21日，香港《明报》第A4版指出，"候任香港行政长官林郑月娥竞选时承诺，上任后会即时增加每年50亿的教育经常开支"。香港大学中文教育研究中心名誉总监谢锡金指出："香港教育首要改善教师质素，因新加坡、芬兰等地的教师都曾是成绩优异的学生，且对教学有热诚，港府应设法鼓励更多尖子或成绩优异的中学毕业生修读教育相关学位课程，'老师精英，学生才会成为精英'。"[1]

---

[1] 资料来源于：香港《明报》，第A4版，2017年4月21日。

谢总监的观点，笔者十分认同。古往今来，名师出高徒。澳门中华教育会和教育家刘羡冰校长经常呼吁，政府要承担公共教育，改善教师可耻的待遇。在无数教育工作者努力争取下，今天教师才能拥有较为合理的待遇，但仍有待进一步完善。

有见及此，期盼教育当局要提升教师社会地位，让教师成为令人羡慕的职业，才能吸引更多优秀学生加入教师队伍。澳门未来提升教师素质的有效方法之一，是要创设平台，制造更多机会，吸引更多优秀高中学生修读师范，让优秀学生将来成为优秀教师，作为提升教师素质的第一道关卡，增强教师队伍的软实力。不断提升教师学历的培育师资方法，早已为其他先进国家所采用，芬兰就是一个典范。从1979年开始，芬兰教育会规定，中小学教师属"研究型"，必须具备硕士学历，这几乎是全球最严格的要求。师资教育从原本的3年，延长为5年，高中毕业申请师范学校时，除了要看在校成绩，还必须通过层层面试，确认有教学热诚与创新思维，才能挤进录取率仅10%的师范窄门。对比之下，澳门关于师资的培养仍需漫长的努力。先进国家和中国香港特区的师资教育政策，值得澳门教育当局借鉴和参考。

（四）完善进修机制，提升进修课程的实效性

本研究结果发现，受访教师指出教育当局的进修课程效能不大，培训类别少，时间不足，培训内容重理论、欠实践，形成专业不对口的培训局面，影响到教师参与进修的意愿，未能解决他们在实际教学中所面对的困难。同时，基于教师工作压力大，忽视对家庭照顾，让他们走上放弃在职进修之路。

十年前笔者的研究结果显示，澳门回归后，教青局、教育团体、学校开始重视教师进修，进修内容广、进修数量多、进修形式多样化。但是，这些进修课程，如工作坊、讲座、学习参观，能否促进教师改进教学方法，提高专业知识水平，提升教学质量，进修后教师能否达到主办单位所设定的目标和效率，对此缺少相关研究，重要的是缺乏对进修课程的评鉴和改善措施。

有见及此，为了能够达到上述的进修功能，期盼教育当局先要评估进修课程的实效，查找不足，对症下药，想方法根治问题。要明确进修目标、形式与内容，才能让进修课程趋向多元化。只有在相同进修目标下，重视课程设置、进修形式，制定措施，鼓励教师积极参与，才能提升进修

效益。教育当局要针对不同年级、不同科目、不同专业而制定进修机制。要重视进修课程的实效性，尽快制定和落实教学人员 30 小时的专业发展培训时数的规划和指标，改变过去"凑时数"、"凑人数"的为培训而培训的形式。通过制定教学人员进修机制，增强培训功能，满足教师实际的教学需要，为教师提供可操作的有效教学方法，从而提升他们参与在职进修的动机。

二 对学校的建议

（一）加强专业的校本培训，提升进修效能

校本培训是一种以学校为本位，并以学校发展为目标的教师进修活动。在专家的指导下，教师及行政人员共同参与进修的决定，是一种既能结合学校的实际情况，又能结合学校发展的由下而上的教师在职培训模式。校本培训的主要目的，在于解决学校实际问题，并促进教师专业成长，从而促使学校得以发展。

本研究结果发现，有受访教师指出，校本培训课程优于教育局所开办的培训课程。究其原因是校本培训课程比较重视实践性和应用性。学校开设的示范课和公开课，容易让教师获得宝贵经验，专业内容获得认同，又可以进行分层次培训，改变过去大面积的培训模式，增强校本培训课程的认受性和实用性，以提升教学效能。本研究针对将来校本培训的策略，提出以下建议。

第一，举办理论联系实际、与实践相结合的校本培训课程。

第二，开设的培训课程内容，要与教师的专业发展相一致，达致双赢。

第三，结合实际，创设平台，让教师有机会走出去学习和交流。

第四，根据本校的办校特色，开设有针对性的校本培训课程。

第五，要制定每年校本培训课程的时间表，及早让教师做好准备。

（二）增强教师的教学效能，提升教学质量

本研究结果发现，一方面，教师在职进修动机与专业成长在于增强教学效能，提升教师的管班能力、课程设置、教材应用，以及教学效能等。有受访教师指出，影响教师专业成长的因素有课程设置、教材使用等，原因是教师一直沿用教科书上的教材内容，不但教材内容有所制约，而且教

师长期照本宣科，其至连内容不符合的教材仍旧使用，对课程设置带来不良影响。教学是一所学校发展的生命线，课程和教材则是给予学校发展的营养液。有受访地理老师反映，地理科不是主科，教材使用遭到学校忽视，甚至科任老师要亲自找寻相关教材，对课程发展造成影响。

有见及此，期望学校重视课程设置，应该让教师多了解教育政策、教材的改变及新的教法等，定时对使用的教材进行评估和跟进，优化课程和教材，提升教师的教学方法，全面提升教师效能和教学效能。

另一方面，本研究结果还发现，首先，不同教学年资的教师在"教学知能"、"班级经营"、"一般知能"、"辅导知能"、"专业态度"、"整体层面"等各层面上，"20年以上"教师显著高于"6—10年"教师。其次，在"一般知能"、"辅导知能"、"专业态度"、"整体层面"等各层面上，"20年以上"教师显著高于"1—5年"教师。最后，在"专业态度"层面上，"20年以上"教师显著高于"11—20年"教师。

有见及此，期望教育当局制定相关政策，指引学校管理者重视资深教师的功能。此时期的资深教师在专业知识、技能与态度等方面，均有优秀表现，得到大众的认同和肯定。学校管理者要善于利用这些丰富的教师资源，通过赋予资深教师教学工作使命感，减轻工作量，增加待遇等一系列措施，开发和善用他们的内在潜力，为学校培养新教师，用以老带新的方法，帮助新教师更好地发展教学，以提升本校教师的专业素质，改善教师教学效能，提升教学质量。

（三）建立合理的进修制度，提升科研能力

本研究结果发现，在进修类别方面，有受访教师指出比较倾向正规进修、非正规进修与非正式进修的三者结合的进修形式，换言之，教师期望多参与多元化的进修活动。同时，受访教师指出，由于教学工作压力、培训效能、进修时间不足、家庭生活、社会发展等方面，影响教师参与在职进修的动机。因此，建议学校多支持教师参与进修活动，改革现时进修制度，具体建议如下。

1. 减轻教师工作量

有个别受访教师反映，自从实施《私框》后，教师的工作量仍是有增无减。究其原因是教师经常要处理大量的日常文书工作，显得较为烦琐，不同活动需要填写不同的表格，如教案、进度表、开会记录、计划、总结等。要经常带领学生参加各种不同比赛，又要备课、批改作业与测验

卷，参加各式各样的会议与处理学生日常事务等，这一系列的工作量是妨碍教师参与进修的原因之一。

《私框》颁布前，澳门教师工作繁重、压力大、整天忙乱一团、被动低效等现象由来已久，有目共睹。澳门中华教育会教育科学研究组的《教学工作令人心力交瘁?!——澳门"中小幼教师"及"中学生"问卷调查报告》指出："受访教师对于获得进修机会，在八项教师最希望得到的项目中排名第七（只占37.7%）。"[①] 这项研究结果不但反映了教师为了应付繁忙工作，对参与进修显得有心无力，而且也反映了教师对终身学习、不断更新知识的时代要求未有足够认识。以上研究结论实在令人忧虑的。

发现问题不可怕，可怕的是没有解决问题的能力。自澳门开放赌权以来，在取得经济辉煌发展的时候，产生了一系列社会问题，家庭功能的改变首当其冲，离婚家庭、单亲家庭、双职家庭和轮更家庭等增多，无形中会产生较多的学生偏差行为。而这些现象将会影响学校的教育功能，直接加重教师的教学工作负担，特别是班主任的工作最容易受到影响，这种情况需要有关当局正视和关注。

《私框》颁布五年后，本研究结果仍是发现，现时教师还是工作繁重，整天每事忙，必定降低教学工作的质量，更加影响教师参与在职进修的动机，妨碍他们的专业成长。这与有关当局鼓励教师参与进修政策背道而驰，实在是令人担忧的。

有见及此，期望学校减轻教师工作量，特别是减轻教师非教学工作的负担，把时间还给课堂，还给教师，还给学生，让教师有充足时间改进和研究教材，给予教师足够的支持措施辅导学生，使教师把全部精力集中放在教育学生身上，以教学与育人作为教师专业发展的生命线，让教师有自我增值和完善的条件和空间，使教师不断向上流动，与专业成长为伍。

2. 建立弹性进修时间

本研究结果发现，有超过五成受访教师指出，时间问题是影响他们参与在职进修的重要因素。教育当局和学校所举办的培训课程，基本上是安排在放工之后、星期六和日、公众假期等进行。教师经过一天的教学工作已经相当劳累，毕竟人的精力是有限的。假若放工后要参加进修，由早上

[①] 澳门中华教育会：《教学工作令人心力交瘁?!——澳门"中小幼教师"及"中学生"问卷调查报告》，载《路漫修远 上下求索》，中国社会科学出版社2013年版。

七时多上班，参加进修后，晚上八时多才可以回家，教师已经精疲力竭。碰到学生发生问题时候，进修意愿更低。而且家庭也是影响教师参与进修的因素之一。特别是有小孩的教师，放工后或星期六、日，他们根本没有进修意愿。因为占用了教师很多照顾家人和休息时间，间接妨碍到教师参与进修动机。

因此，学校要用实际行动多支持教师参与在职进修，因应社会发展和学生成长的需要，改变教师进修的思维方式。要制定计划实施弹性进修，或者安排公假进修，甚至鼓励教师参与脱产培训和休教进修等。教师进修活动缺乏学校支持，任何计划都难以执行。大部分受访教师建议，希望学校实施弹性进修时间，可以解决他们的工作压力、家庭生活、克服心理困难与障碍，让教师有时间照顾家庭，以及积极响应参与在职进修活动。

有见及此，期望学校要建立合理的进修机制。而在制定合理的进修机制的先决条件下，学校必须改革和优化现行的教师进修制度。重要的是要建立弹性进修时间，解决教师进修思想压力，优化未来教师专业成长的重要方向之一。

三　对教师的建议

（一）重视权利义务，追求专业成长

本研究结果发现，教师在职进修动机有三个层面，对教师专业成长整体预测力达到显著水平，并以"职业进展"的预测力最强。可见，愈来愈多教师为了取得更高学历、文凭、资格而参与进修。因应时代变迁、终身教育理念、社会急速转型等，政府推出"教育兴澳"、"教育建澳"等口号，对教育发展寄予厚望。在职进修是教师的责任，同时也是义务，在社会多元、信息更迭加快的年代，教师必须要主动参与进修，与时俱进更新教育观念、教学方法，这样就要参与不同的进修活动，追求各自学科领域的专业成长。

有见及此，随着终身教育时代的降临，不断参与进修是教师的义务。因为教师要追求自我成长、自我增值以及自我完善，才能使他们充实教育和教学的专业知识和技能，增强学生学习效能，达致学生、教师、学校、社会四赢局面，所以教师要树立终身学习的观念，要以教书育人为天职。

另外，本研究也发现，私立中学男性教师无论在"外界期望"、"一般知能"层面上都高于女性教师。可见，女性教师面对较多工作压力。

而且大多数女教师担任班主任职务，面对管理班级繁重而量大的工作，包括学生的学业与偏差行为、与家长沟通、在职进修等各方面，再加上女性教师放工后要兼顾家庭生活、照顾小孩与家人等，间接影响女性教师参与在职进修动机。

有见及此，期望教育当局和学校要考虑本澳社会高速发展，家庭问题日趋复杂形成较多学生问题，不断加重教师工作负荷的情况。根据新形势不断发展变化，要多研究教师所面对的困难，减轻班主任和科任教师的工作量，让他们有更多时间辅导学生，多与家长沟通，以更好处理班级工作，增进教师的教学效能。

（二）向进修活动要效率，达致三赢局面

本研究结果发现，教师在职进修动机与专业成长的整体表现较好。要提高教学质量，先要提升进修活动的效率，才是治标与治本的良方。受访教师指出，影响教师在职进修的动机因素，有工作压力、培训效能、时间不足以及家庭生活等。而且有受访教师反映，工作和家庭都不可以放弃，唯有放弃进修，期盼有关当局重视和关注教师的心声，因为假如动摇和打击教师参与在职进修意愿，教育必将为此付出沉重代价。

另外，教育当局和学校要根据社会急速发展的形势，及时调整教师教育政策，不能沿用旧有的思维模式，皆因现实发展比计划还要快。希望有关当局重新检视教师的工作压力，投放更多的资源改善教师的工作环境，并支持教师参与科研工作，了解与研究前线教师的实际工作需求和困难，用实际行动舒缓教师的工作压力，用科研促进教师的教学教育能力。同时，让教师既可以兼顾家庭，又可以积极参与进修，提升进修活动效能，使教师达致工作、家庭、进修三不输，从而达到教师自我实现的最高境界。

有见及此，时至今日，教师已被视为专业，参与在职进修是教师的职责，不容有推却的理由，教师必须选择对其专业成长的培训课程。在漫长的教学生涯中，只有不断学习和进修，教师才能跟上社会变化、知识暴增、家庭改变的时代。因此，教师要通过在职进修教育，坚定教育教学工作的人生发展蓝图。

四　对未来研究的建议

（一）在研究对象方面

本研究对象仅限于澳门私立中学教师，因此在研究结果的推论上受到

较大束缚。研究者建议，将来研究对象可以扩展到全澳门的官、私立中小学的教师，以及各种不同类别学校的教师，以研究各种不同阶段、不同类别的教师在职进修动机与专业成长的关系，使研究之结果更有代表性。

（二）在研究范围方面

由于研究者的能力、时间、财力和物力有限，本研究只是局限于私立中学，未来可以建议把范围延伸到私立小学、官立中小学、国际学校，以及职业技术学校等，以此探讨不同性质的学校教师参与在职进修动机与专业成长之关系及其差异情况，使研究具广泛的实用性，让本研究结果作为规划教师在职进修动机与专业成长之参考价值。

（三）在研究变项方面

本研究在研究对象方面，它的背景变项有性别、年龄、学历、婚姻状况、职务、教学年资、学校规模以及进修类别八项，日后可以加入不同的变项，如：学校性质、任教科目等。

同时，本研究主要以澳门私立中学教师在职进修动机与专业成长为主要变项，影响教师在职进修动机与专业成长的因素有较多。本研究还可以将教师的内在动机、外在动机等因素作为相关变项，对本研究的两大变项之范围层面作出合适的增减，进一步分析它们存在的影响程度，以期盼达到更好的研究结论。

（四）在研究工具方面

本研究工具有两种，一是"澳门私立中学教师在职进修动机与专业成长之关系研究问卷调查"，问卷内容分为："教师在职进修动机量表"和"教师专业成长量表"；二是"澳门私立中学教师在职进修动机与专业成长之关系研究访谈提纲"，访谈内容分别有六个问题。有关本研究的问卷和访谈提纲，经过文献收集后，依据理论文献设计架构，再依此理论架构，相关研究问卷制定本研究题目。研究者发现参与教师在职进修动机与专业成长的指标，并不限于研究者所提出的层面，尚有众多的相关测量指标，建议将来有更多的研究人员作出详尽的问卷和访谈内容，使研究内容日趋完善。

附 录

附录一 澳门私立中学教师在职进修动机与专业成长之关系研究问卷调查(预试问卷)

尊敬的校长、主任、老师：

　　您好！

　　本问卷旨在探讨澳门私立中学教师参与在职进修动机，以及教师专业成长的概况，期盼向有关当局提出一些建议，以促进教师专业发展。

　　本问卷分成三部分：1. 教师基本资料；2. 在职进修动机问卷；3. 专业成长问卷。本问卷以不记名方法进行，收集的资料仅作学术研究之用，任何资料及意见绝对保密，不对外公开，恳请阁下如实填答。感谢您的支持与协助！

　　敬祝　　教安！

广州华南师范大学公共管理学院

指导教授：胡中锋博士

博士生：袁金淑敬上

2016 年 3 月 15 日

【第一部分：基本资料】

※填写说明：请在与您情况符合的选项□内打√。

1. 性别：(1) □男　　(2) □女
2. 年龄：(1) □25 岁以下　(2) □25—35 岁　(3) □36—45 岁
　　　　(4) □46—55 岁　(5) □55 岁以上
3. 学历：(1) □大专　(2) □本科　(3) □硕士或博士
　　　　(4) □其他
4. 婚姻状况：(1) □已婚　(2) □未婚　(3) □其他
5. 职务：(1) □校长及主任　(2) □科组长/级组长
　　　　(3) □班主任　(4) □科任老师
6. 教学年资：(1) □1—5 年　(2) □6—10 年　(3) □11—20 年
　　　　(4) □20 年以上
7. 学校规模：(1) □20 班以下　(2) □20—30 班
　　　　(3) □30 班以上
8. 进修类别：(此题可多选)
(1) □正规进修（博士学位、硕士学位、学士学位、文凭）
(2) □非正规进修（师资培育机构或相关单位、学校、举办长期或短期有系统的进修研究活动的机构）
(3) □非正式进修（教师的自我研究、成长团体活动）

【第二部分：在职进修动机量表】

※填写说明：本问卷每一个题目依符合程度分为五个等级，请您依据自己的真实情况，选出最适合您的答案对您参加在职进修动机的符合程度，并在适当的□内打√。

	完全符合	比较符合	基本符合	不大符合	完全不符合
1. 与时俱进参与学习。	□	□	□	□	□
2. 对所进修的课程内容感兴趣。	□	□	□	□	□
3. 为改善和提升教学能力。	□	□	□	□	□
4. 了解教育问题而参与培训。	□	□	□	□	□
5. 提高学历，获得文凭或资格。	□	□	□	□	□

	完全符合	比较符合	基本符合	不大符合	完全不符合
6. 参加培训获得成功感和自豪感。	□	□	□	□	□
7. 以学习填补生活的空虚。	□	□	□	□	□
8. 享受与别人一起学习的乐趣。	□	□	□	□	□
9. 想学习新知识，以更新教育观念。	□	□	□	□	□
10. 为服务社会而作准备。	□	□	□	□	□
11. 想学习与工作相关的知识。	□	□	□	□	□
12. 希望对社会、学校、家长等有所贡献。	□	□	□	□	□
13. 基于"活到老，学到老"的终身学习精神。	□	□	□	□	□
14. 受到周边的人参加进修的影响。	□	□	□	□	□
15. 改变自己的社交能力。	□	□	□	□	□
16. 为了解青少年问题而参与培训。	□	□	□	□	□
17. 与其他教师交换教学工作心得。	□	□	□	□	□
18. 与同行教育工作者建立友谊。	□	□	□	□	□
19. 求取得职位的晋升。	□	□	□	□	□
20. 能够认识志趣相投的朋友。	□	□	□	□	□
21. 学校要求教师不断学习。	□	□	□	□	□
22. 有效地利用空闲时间。	□	□	□	□	□
23. 为了改变日常呆板的生活方式。	□	□	□	□	□
24. 避免不愉快的生活情境。	□	□	□	□	□
25. 为了满足自己的求知欲。	□	□	□	□	□
26. 让自己有重新出发学习的空间。	□	□	□	□	□
27. 增加薪金的收入。	□	□	□	□	□

	完全符合	比较符合	基本符合	不大符合	完全不符合
28. 增进知识，充实自己。	□	□	□	□	□
29. 基于工作上的需要参与学习。	□	□	□	□	□
30. 希望能够被社会人士接纳。	□	□	□	□	□
31. 受到同事、朋友具有较高学历的刺激。	□	□	□	□	□
32. 暂时抛开工作压力。	□	□	□	□	□
33. 受到家人的鼓励。	□	□	□	□	□
34. 了解社会问题而参与培训。	□	□	□	□	□
35. 扩展社交圈子。	□	□	□	□	□
36. 增进帮助别人的能力。	□	□	□	□	□

【第三部分：专业成长量表】

※填写说明：本问卷每一个题目依符合程度分为五个等级，请您依据自己的真实情况，选出最适合您的答案对您的专业成长的符合程度，并在适当的□内打√。

	完全符合	比较符合	基本符合	不大符合	完全不符合
1. 我能做好教学计划优化教学流程。	□	□	□	□	□
2. 我能参与并协助推广学校的各项教育活动。	□	□	□	□	□
3. 我能察觉学生学习困难并加以辅导。	□	□	□	□	□
4. 我从教育工作中获得成就感与自我实现感。	□	□	□	□	□
5. 我能掌控和处理学生突发的事件。	□	□	□	□	□
6. 我了解课程设计的原理、实际设计课程。	□	□	□	□	□
7. 我对教育工作具有高度热忱与工作士气。	□	□	□	□	□

	完全符合	比较符合	基本符合	不大符合	完全不符合
8. 我能调动学生上课的积极性以提升学生学习兴趣。	□	□	□	□	□
9. 我能帮助学生适应学校生活。	□	□	□	□	□
10. 我能与同事、学生、家长及社会人士有良好沟通。	□	□	□	□	□
11. 我能愉快地胜任教师工作。	□	□	□	□	□
12. 我能善用多媒体进行教学。	□	□	□	□	□
13. 我能做到多元评核学生。	□	□	□	□	□
14. 我能运用奖惩原理与技巧培养学生良好班级常规。	□	□	□	□	□
15. 我能够检视教学成效并构思提升教学成效的方法。	□	□	□	□	□
16. 我能善于处理班级学生的偏差行为。	□	□	□	□	□
17. 我能指导学生订定生活公约并共同遵守。	□	□	□	□	□
18. 我能够营造良好的班级气氛。	□	□	□	□	□
19. 我能营造和建立互动融洽的师生关系。	□	□	□	□	□
20. 我能关心学生的日常生活。	□	□	□	□	□
21. 我了解教学内容与其他学科连结。	□	□	□	□	□
22. 我善于提升教学的发问技巧。	□	□	□	□	□
23. 我能充分备课以提升课堂效能。	□	□	□	□	□
24. 我能以理性思考来判断、评论教学或行政事务之价值。	□	□	□	□	□
25. 我能了解学生现况并获得学生信任。	□	□	□	□	□
26. 我能按照学生差异，因材施教。	□	□	□	□	□

	完全符合	比较符合	基本符合	不大符合	完全不符合
27. 我能灵活地采用咨询与访谈的技巧。	□	□	□	□	□
28. 我能营造温馨和谐的学习气氛。	□	□	□	□	□
29. 我对教育工作有高度的责任感与使命感。	□	□	□	□	□
30. 我能了解学生的个性和能力。	□	□	□	□	□

問卷完！非常感谢您的帮忙！

附录二　澳门私立中学教师在职进修动机与专业成长之关系研究问卷调查（正式问卷）

尊敬的校长、主任、老师：

　　您好！

　　本问卷旨在探讨澳门私立中学教师参与在职进修动机，以及教师专业成长的概况，期盼向有关当局提出一些建议，以促进教师专业发展。

　　本问卷分成三部分：1. 教师基本资料；2. 在职进修动机问卷；3. 专业成长问卷。本问卷以不记名方法进行，收集的资料仅作学术研究之用，任何资料及意见绝对保密，不对外公开，恳请阁下如实填答。感谢您的支持与协助！

　　敬祝　　教安！

广州华南师范大学公共管理学院

指导教授：胡中锋博士

博士生：袁金淑敬上

2016 年 5 月 10 日

【第一部分：基本资料】

※填写说明：请在与您情况符合的选项□内打√。

1. 性别：（1）□男　（2）□女
2. 年龄：（1）□25 岁以下　（2）□25—35 岁　（3）□36—45 岁
　　　　（4）□46—55 岁　（5）□55 岁以上
3. 学历：（1）□大专　（2）□本科　（3）□硕士或博士
　　　　（4）□其他
4. 婚姻状况：（1）□已婚　（2）□未婚　（3）□其他
5. 职务：（1）□校长及主任　（2）□科组长/级组长
　　　　（3）□班主任　（4）□科任老师
6. 教学年资：（1）□1—5 年　（2）□6—10 年　（3）□11—20 年
　　　　（4）□20 年以上
7. 学校规模：（1）□20 班以下　（2）□20—30 班
　　　　（3）□30 班以上
8. 进修类别：（此题可多选）
（1）□正规进修（现正修读博士学位、硕士学位、学士学位、文凭）
（2）□非正规进修（师资培育机构或相关单位、学校、举办长期或短期有系统的进修研究活动的机构）
（3）□非正式进修（教师的自我研究、成长团体活动）

【第二部分：教师在职进修动机和专业成长量表】

※填写说明：本问卷每一个题目依符合程度分为五个等级，请您依据自己的真实情况，选出最适合您的答案对您参加在职进修动机和专业成长的符合程度，并在适当的□内打√。

	完全符合	比较符合	基本符合	不大符合	完全不符合
1. 为了满足自己的求知欲。	□	□	□	□	□
2. 想学习新知识，以更新教育观念。	□	□	□	□	□
3. 为了改变日常呆板的生活方式。	□	□	□	□	□

	完全符合	比较符合	基本符合	不大符合	完全不符合
4. 进修没有影响到对家人的照顾。	□	□	□	□	□
5. 与时俱进参与学习。	□	□	□	□	□
6. 对所进修的课程内容感兴趣。	□	□	□	□	□
7. 为改善和提升教学能力。	□	□	□	□	□
8. 了解教育问题而参与培训。	□	□	□	□	□
9. 提高学历，获得文凭或资格。	□	□	□	□	□
10. 参加培训获得成功感和自豪感。	□	□	□	□	□
11. 享受与别人一起学习的乐趣。	□	□	□	□	□
12. 为服务社会而作准备。	□	□	□	□	□
13. 想学习与工作相关的知识。	□	□	□	□	□
14. 希望对社会、学校、家长等有所贡献。	□	□	□	□	□
15. 不为增加薪金的收入。	□	□	□	□	□
16. 基于"活到老，学到老"的终身学习精神。	□	□	□	□	□
17. 受到周边的人参加进修的影响。	□	□	□	□	□
18. 改变自己的社交能力。	□	□	□	□	□
19. 为了解青少年问题而参与培训。	□	□	□	□	□
20. 与其他教师交换教学工作心得。	□	□	□	□	□
21. 与同行教育工作者建立友谊。	□	□	□	□	□
22. 求取得职位的晋升。	□	□	□	□	□
23. 能够认识志趣相投的朋友。	□	□	□	□	□
24. 学校要求教师不断学习。	□	□	□	□	□
25. 避免不愉快的生活情境。	□	□	□	□	□

	完全符合	比较符合	基本符合	不大符合	完全不符合
26. 让自己有重新出发学习的空间。	□	□	□	□	□
27. 增进知识，充实自己。	□	□	□	□	□
28. 基于工作上的需要参与学习。	□	□	□	□	□
29. 因生活空虚而去求取知识。	□	□	□	□	□
30. 希望能够被社会人士接纳。	□	□	□	□	□
31. 不受到他人具有较高学历的刺激。	□	□	□	□	□
32. 了解社会问题而参与培训。	□	□	□	□	□
33. 扩展社交圈子。	□	□	□	□	□
34. 不因为工作压力而进修。	□	□	□	□	□
35. 增进帮助别人的能力。	□	□	□	□	□
36. 有效的利用空闲时间。	□	□	□	□	□
37. 我能运用奖惩原理与技巧培养学生良好班级常规。	□	□	□	□	□
38. 我能营造和建立互动融洽的师生关系。	□	□	□	□	□
39. 我对教育工作有高度的责任感与使命感。	□	□	□	□	□
40. 我能做好教学计划优化教学流程。	□	□	□	□	□
41. 我能参与并协助推广学校的各项教育活动。	□	□	□	□	□
42. 我能察觉学生学习困难并加以辅导。	□	□	□	□	□
43. 我能做到多元评核学生。	□	□	□	□	□
44. 我从教育工作中获得成就感与自我实现感。	□	□	□	□	□
45. 我能掌控和处理学生突发的事件。	□	□	□	□	□
46. 我了解课程设计的原理，实际设计课程。	□	□	□	□	□
47. 我对教育工作具有高度热忱与工作士气。	□	□	□	□	□

	完全符合	比较符合	基本符合	不大符合	完全不符合
48. 我能调动学生上课的积极性以提升学生学习兴趣。	□	□	□	□	□
49. 我能帮助学生适应学校生活。	□	□	□	□	□
50. 我能与同事、学生、家长及社会人士有良好沟通。	□	□	□	□	□
51. 我能愉快地胜任教师工作。	□	□	□	□	□
52. 我能善用多媒体进行教学。	□	□	□	□	□
53. 我能了解学生的个性和能力。	□	□	□	□	□
54. 我能够检视教学成效并构思提升教学成效的方法。	□	□	□	□	□
55. 我能善于处理班级学生的偏差行为。	□	□	□	□	□
56. 我能指导学生订定生活公约并共同遵守。	□	□	□	□	□
57. 我能营造良好的班级气氛。	□	□	□	□	□
58. 我能关心学生的日常生活。	□	□	□	□	□
59. 我善于提升教学的发问技巧。	□	□	□	□	□
60. 我能充分备课以提升课堂效能。	□	□	□	□	□
61. 我能以理性思考来判断、评论教学或行政事务之价值。	□	□	□	□	□
62. 我能了解学生现况并获得学生信任。	□	□	□	□	□
63. 我能按照学生差异,因材施教。	□	□	□	□	□
64. 我能灵活地采用咨询与访谈的技巧。	□	□	□	□	□
65. 我能营造温馨和谐的学习气氛。	□	□	□	□	□
66. 我了解教学内容与其他学科连结。	□	□	□	□	□

问卷完！非常感谢您的帮忙！

附录三 澳门私立中学教师在职进修动机与专业成长之关系研究访谈提纲(2016年4—5月)

指导语

十分感谢您在百忙之中抽出宝贵的时间接受我的访谈。本人将探讨澳门私立中学教师在职进修动机与专业成长的情况,请按照您的实际情况如实作答。同时,为了确保研究的实效性和规范性,在访谈过程中,将进行录音,目的是为文字的笔录提供进一步的保证。

访谈问题

1. 请介绍关于您的教学年资、任教科目以及学历等基本情况。

2. 在教师在职进修动机的"认知兴趣"、"社交关系"、"逃避或刺激"、"职业进展"、"外界期望"、"社会服务"六个层面中,对于提升教师参与在职进修动机,您认为哪个层面的效益最大,哪个层面的效益较小,并说明原因。

3. 您选择的在职进修动机是否会受到其他因素的影响,假若有影响,请说明理由。

4. 在教师专业成长的"教学知能"、"班级经营"、"一般知能"、"辅导知能"、"专业态度"五个层面中,对于提升教师专业成长,您认为哪个层面的效益最大,哪个层面的效益较小,并说明原因。

5. 您选择的专业成长是否会受到其他因素的影响,假若有影响,请说明理由。

6. 影响您参与在职进修的最大困难是什么?并说出原因。

7. 从教育当局、学校、教师三方面出发,请您说出加强教师在职进修动机和专业成长的有效建议。

附录四 恳请协助调查函

尊敬的校长:

您好!

本人是任教于澳门培华中学的袁金淑老师,现就读于广州华南师范大学公共管理学院教育经济与管理博士专业，目前正就"澳门私立中学教师在职进修动机与专业成长之关系"展开研究，并进行调查问卷。

素仰 台端热心教育，办学有成，实为作育英才之典范，故特专函恳请惠予协助。如蒙府允，烦请将问卷转发贵校主任、科组长、级组长、班主任、科任老师填写问卷，并请于 5 月 15 日前，通知他们亲自收回。谢谢您慷慨的支持与帮助，烦劳之处，不胜感激！

敬祝

教安！

广州华南师范大学公共管理学院
后学：袁金淑敬上
2016 年 5 月 2 日

参考文献

一　中文部分

（一）书籍类

[1] 中国大百科全书总编辑委员会《教育》编辑委员会：《中国大百科全书·教育》，中国大百科全书出版社 1985 年版。

[2] 日本文部省：《日本的发展与教育》，帝国地方行政学会 1962 年。

[3] 贾馥茗：《教育概论》，五南图书 1979 年版。

[4] ［法国］保罗·郎格朗：《终身教育引论》，周南照、陈树清译，中国对外翻译出版社 1985 年版。

[5] 吴清基：《教师与进修》，师大书苑 1989 年版。

[6] 欧用生：《质的研究》，师大书苑 1989 年版。

[7] 教育大辞典编纂委员会：《教育大辞典》，上海教育出版社 1990 年版。

[8] 黄富顺：《成人学习动机——成人参与继续教育取向之探讨》，复文图书出版社 1992 年版。

[9] 苏真：《比较师范教育》，北京师范大学出版社 1991 年版。

[10] 黄天中：《生涯与生活》，桂冠出版社 1991 年版。

[11] 陈舜芬：《高等教育研究论文集》，师大书苑 1993 年版。

[12] 全国比较教育研究会：《国际教育纵横》，人民教育出版社 1994 年版。

[13] 古鼎仪、马庆堂：《澳门教育抉择与自由》，澳门基金会，1994 年。

[14] 《教育：财富蕴藏其中》（由雅克·德洛尔任主席的国际 21 世纪教育委员会向联合国教科文组织提交的报告），联合国教科文组织总部中文科译，人民教育出版社 1994 年版。

[15] 简建忠：《人力资源发展》，五南图书出版社1995年版。
[16] 欧用生：《教师专业成长》，师大书苑1996年版。
[17] 饶见维：《教师专业发展——理论与实务》，五南图书出版社1996年版。
[18] 吴文侃、杨汉清：《比较教育学》，人民教育出版社1997年版。
[19] 胡中锋、李方：《教育测量与评价》，广东高等教育出版社1999年版。
[20] 郑瑞隆（译）：《实地工作》，黄光雄主译/校阅《质性教育研究——理论与方法》，涛石文化1998年版。
[21] 陈永明、钟启泉：《现代教师论》，上海教育出版社1999年版。
[22] 冯增俊：《澳门教育概论》，广东教育出版社1999年版。
[23] 秦梦群：《教育行政——理论部分》，五南图书出版社1999年版。
[24] ［日］本间政雄、高桥诚：《外国的教育改革》，日本行政出版社2000年版。
[25] 吴志宏、冯大鸣、周嘉方：《新编教育管理学》，华东师范大学出版社2000年版。
[26] 叶澜等：《教师角色与教师发展新探》，教育科学出版社2001年版。
[27] 刘羡冰：《世纪留痕——二十世纪澳门教育大事志》，刘羡冰出版，2002年。
[28] 黄崴：《教师教育体制》，广东高等教育出版社2003年版。
[29] 吴明烈：《终身学习——理论与实践》，师大书苑2004年版。
[30] 刘羡冰：《从教议教》，澳门出版协会，2005年。
[31] 林美和：《成人发展、性别与学习》，五南图书出版社2006年版。
[32] 王文科、王智弘：《教育研究法》，五南图书出版社2007年版。
[33] 陈向明：《质的研究方法与社会科学研究》，教育科学出版社2006年版。
[34] 赵敏、江月孙：《学校管理学》，广东高等教育出版社2008年版。
[35] 杨思伟：《各国师资培育改革政策之实施与发展》，五南图书出版股份有限公司2010年版。
[36] 吴清山：《师资培育研究》，高等教育文化事业有限公司2010年版。
[37] 胡中锋：《教育科学研究方法〈新世纪网络教育系列教材〉》，清华大学出版社2010年版。

［38］张春兴：《教育心理学》，东华书局 2011 年版。
［39］澳门中华教育会教育科学研究组陈志峰：《澳门回归十年非高等教育范畴大事记（1999.12—2009.12）》，澳门中华教育会，2011 年。
［40］杨思伟：《师资培育白皮书》，台湾教育大学 2012 年版。
［41］"中华民国"师范教育学会：《我国师资培育百年回顾与展望》，五南图书出版股份有限公司 2012 年版。
［42］广州大学教师培训学院：《教师培训的改革与创新》，北京师范大学出版社 2012 年版。
［43］经柏龙：《教师专业素质形成与发展》，中国社会科学出版社 2012 年版。
［44］黄政杰：《教师专业发展》，五南图书出版公司 2013 年版。
［45］褚宏启、张新平：《教育管理学教程》，北京师范大学出版社 2013 年版。
［46］《温家宝谈教育》编辑组：《温家宝谈教育》，人民教育出版社 2013 年版。
［47］刘羡冰：《书山染翠笔海碎浪》，澳门出版协会，2016 年。

（二）学位论文类

［1］程为山：《国中教师专业领导的现况及其影响因素》，台湾师范大学学士学位论文，1979 年。
［2］何福田：《我国台湾地区中小学教师进修制度之研究》，正升教育学社教育研究所硕士学位论文，1982 年。
［3］刘文通：《新竹市国民小学教师在职进修之研究》，台湾师范大学教育研究硕士学位论文，1987 年。
［4］林如萍：《中等学校教师参与在职进修动机取向研究》，台湾师范大学家政教育研究所硕士学位论文，1991 年。
［5］郑启川：《成人学习理论应用于人力资源发展教学策略之研究》，政治大学公共行政研究所硕士学位论文，1991 年。
［6］李俊湖：《小学教师专业成长与教学效能关系之研究》，台湾师范大学教育研究所硕士学位论文，1992 年。
［7］蔡碧琏：《国民中学教师专业成长与其形象知觉之研究》，政治大学教育研究所博士学位论文，1993 年。
［8］沈翠莲：《国民小学教师专业成长、教学承诺与学校效能关系之研

究》,高雄师范大学教育研究所硕士学位论文,1994年。
[9] 刘世闵:《教师专业成长与在职教育研究——一所国民小学教师个案分析》,台中师范学院国民教育研究所硕士学位论文,1996年。
[10] 孙国华:《国民中小学教师生涯发展与专业成长之研究》,高雄师范大学教育系博士学位论文,1997年。
[11] 林丽惠:《成人参与在职进修训练的自评成效及其相关因素之研究:以职训局所属职业训练中心学员为例》,中正大学成人及继续教育研究所硕士学位论文,1997年。
[12] 陈嘉弥:《国民中学教师参与在职进修动机与教学效能关系之研究——台湾中部四县市为例》,台北师范学院国民研究所硕士学位论文,1997年。
[13] 何缊琪:《小学教师主题统整教学历程之分析暨合作省思专业成长模式之建构》,台湾师范大学教育心理与辅导研究所博士学位论文,1999年。
[14] 白穗仪:《国民中学组织学习与教师专业成长关系之研究》,彰化师范大学教育研究所硕士论文,1999年。
[15] 郝溪明:《都市家庭中失能老人与主要照顾者调整生活方式之研究》,私立东海大学社会工作系博士学位论文,1999年。
[16] 吕锤卿:《国民小学教师专业成长的指针及其规划模式之研究》,高雄师范大学教育学系博士学位论文,2000年。
[17] 王玉敏:《学校本位教师专业成长个案研究——以台中市一所国民小学校内教师周三进修为例》,台中师范学院国民教育研究所硕士学位论文,2001年。
[18] 郭茂松:《从专业理论探讨小学教师专业发展中在职进修之研究》,台南师范学院国民教育研究所硕士学位论文,2001年。
[19] 黄惠玲:《论澳门私立中小学教师在职培训方式多元化发展》,华南师范大学硕士研究生学位论文,2002年。
[20] 李玛莉:《国民小学知识管理与教师专业成长关系之研究》,中正大学教育学研究所硕士学位论文,2002年。
[21] 韩诺萍:《小学教师参与学士后在职进修之动机与其专业发展情形之研究》,台东师范学院教育研究所硕士学位论文,2002年。
[22] 吴慧玲:《国民小学教师在职进修与专业成长》,屏东师范学院国民

教育研究所硕士学位论文，2002年。

[23] 张哲豪：《协同教学模式中教师专业成长之研究》，台北师范学院课程与教学研究所硕士学位论文，2002年。

[24] 王志鸿：《国民小学教师参与在职进修动机取向与其创新接受度相关之研究》，嘉义大学国民教育研究所硕士学位论文，2003年。

[25] 吴慎慎：《教师专业认同与终身学习：生命史叙说研究》，台湾师范大学社会教育研究所博士学位论文，2003年。

[26] 郭兰：《国民中学教师参与在职进修动机与教学效能关系之研究——以台湾中部四县为例》，台北师范学院国民教育研究所硕士学位论文，2003年。

[27] 叶木水：《小学教师对在职进修法制与进修内容之研究》，屏东师范学院国民教育研究所硕士学位论文，2003年。

[28] 蔡春绸：《台北县国民小学社会科教师在职进修动机与教学效能之相关性研究》，花莲师范学院社会科教学硕士班硕士学位论文，2004年。

[29] 陈思婷：《三所国立师范大学科学教育研究所教学硕士班学生在职进修动机与专业成长之研究》，台湾师范大学科学教育研究所硕士学位论文，2004年。

[30] 詹素卿：《案例讨论应用于国中教师专业发展之行动研究——以国语文领域为例》，东华大学学校行政在职专班硕士学位论文，2004年。

[31] 何淑群：《澳门中学校本培训及其管理相关问题调查研究》，华南师范大学硕士学位论文，2005年。

[32] 陈燕娇：《高雄国民小学教师专业成长、学校创新气氛与学校教学效能关系之研究》，花莲教育大学学校行政硕士学位论文，2006年。

[33] 李嘉彰：《云嘉南地区高中职校长转型领导与教师专业成长之研究》，中正大学教育研究所硕士学位论文，2007年。

[34] 陈政芳：《学校促进教师专业成长之研究—以信息融入教学的教师专业成长团体为例》，嘉义大学国民教育研究所硕士论文，2007年。

[35] 洪莉欣：《从自我导向学习观探讨初任教师专业成长之研究——以国民小学初任教师为例》，台湾师范大学教育系硕士学位论文，2007年。

[36] 张夏平：《学校组织变革与教师专业发展关系之研究——以台南市国民中小学为例》，台湾大学教育经济与管理研究所博士班硕士学位论文，2008年。

[37] 古馨颖：《桃园县国民小学社会学习领域教师在职进修动机与教学效能之相关研究》，台东大学社会科教育系教学硕士班硕士学位论文，2008年。

[38] 姜礼琪：《国民小学教师知识分享与教师专业成长之相关研究——以桃园县为例》，台北教育大学教育政策与管理研究所硕士学位论文，2008年。

[39] 林淑仪：《屏东县国民小学教师专业成长之研究》，屏东教育大学教育行政研究所硕士学位论文，2009年。

[40] 赵沂源：《高职电机电子群教师对教师在职进修态度与教师进阶制度认知之研究》，彰化师范大学工业教育与技术系硕士学位论文，2009年。

[41] 方秋雅：《教师专业成长需求分析之研究——以曲栗县竹兴国民小学为例》，玄奘大学公共事务管理学系硕士学位论文，2010年。

[42] 蔡义德：《屏东县国民小学教师知识管理与专业成长关系之研究》，屏东教育大学教育行政研究所硕士学位论文，2010年。

[43] 林敬祥：《教师参与进修动机与学习成效之关系研究——以台北市教师研习中心为例》，台北大学教育学院教育学系硕士学位论文，2010年。

[44] 朱敏：《国外终身学习政策推展模式研究》，华东师范大学教育科学学院职业教育与成人教育研究所博士学位论文，2010年。

[45] 黎礼智：《从教师网络专业社群讨论区交互方式探讨教师专业发展动机提升之研究》，东华大学网络与多媒体研究所硕士学位论文，2010年。

[46] 林惠美：《小学教师在职进修动机与教学效能之研究——以新北埔墘小学例》，台北市立教育大学人文艺术学院社会学习领域教学硕士学位班硕士学位论文，2011年。

[47] 朱芳仪：《小学教师参与专业社群的态度与专业成长关系之研究》，屏东教育大学社会科教学研究所硕士学位论文，2011年。

[48] 黄靖岚：《屏东县小学教师工作价值观与教师专业成长之相关研

究》，屏东教育大学社会发展学系社会科教学硕士班硕士学位论文，2011年。

[49] 陈秀琪：《宜兰县小学教师在职进修动机与教学效能关系之研究》，东华大学教育行政与管理学系学校行硕士学位论文，2012年。

[50] 郑雅心：《金门县国民小学教师在职进修动机与教学能效能之相关研究》，台东大学社会科教育学系教学硕士学位论文，2012年。

[51] 吴雪华：《桃园县国中体育教师专业发展现况与需求》，桃园县体育大学体育研究所硕士学位论文，2012年。

[52] 蔡明翰：《小学校长科技领导、教师专业学习社群与教师幸福感关系之研究：以桃园县为例》，中原大学教育研究所硕士学位论文，2013年。

[53] 许凯筑：《学习共同体对教师专业成长影响之个案研究——以小学教师对话为例》，暨南国际大学终身学习与人力资源发展硕士学位学程硕士在职专班硕士学位论文，2014年。

[54] 蔡芳珠：《花莲县国民小学教师专业成长与幸福感之研究》，慈济大学教育研究所硕士学位论文，2015年。

[55] 杨文雄：《国民小学教师在职教育之改进途径》，台湾师范大学教育研究所硕士学位论文，1974年。

（三）学术论文

[1] 吴明清：《正视教师专业成长的需求》，黄政杰（主编）《一周教育论坛》，教育广播电台，1990年。

[2] 王立行、饶见维：《教育专业化与教育实习的实施》，"中华民国"师范教育学会主编《教育专业》，师大书苑1992年版。

[3] 钟任琴：《教师专业之探讨》，《教师之友》1994年第3期。

[4] 吕锤卿：《国民小学教师在职进修现况及影响因素研究》，屏东师范学院承办"八十四学年度师范大学学院教育学术论文发表会文集"，1995年。

[5] 蔡培村、孙国华：《我国中小学教师生涯发展之实证分析》，蔡培村主编《教师生涯与职级制度》，丽文文化1996年版。

[6] 徐宗国：《扎根理论研究法》，胡幼慧主编《质性研究》，巨流出版社1996年版。

[7] 刘仲冬：《民族志研究法及实例》，胡幼慧主编《质性研究——理论、

方法及本土女性研究实例》，五南图书出版社 1996 年版。

[8] 刘春荣：《教师组织与教师专业成长》，《教师天地》1998 年第 94 期。

[9] 张明丽：《幼教人员参与在职进修学习动机之研究》，《花莲师院学报》1996 年第 6 期。

[10] 周崇儒：《促进教师专业成长之研究》，《中学教育》1997 年第 51 期。

[11] 王家通、丁志权、蔡芸、李惠明：《台湾省国民中小学教师在职进修现况与需求调查结果分析》，《教师专业与师资培育》，师大书苑 1997 年版。

[12] 叶郁菁：《在职进修对小学教师专业发展之影响》，《教学专业与师资培育》，师大书苑 1997 年版。

[13] 杨国赐：《世界主要国家终生教育的发展趋势》，《终生教育》，台湾书店 1998 年版。

[14] 林进材：《迈向教学专业成长》，《国教之友》1999 年第 51 期。

[15] 冯增俊：《澳门基础教育新世纪走向分析》，发表于"澳门教育如何迈进新纪元"研讨会，澳门大学教育学院，2000 年。

[16] 王英杰：《"减负"——澳门教育改革的一个主题》，发表于"澳门教育如何迈进新纪元"研讨会，澳门大学教育学院，2000 年。

[17] 古鼎仪：《廿一世纪澳门课程改革的：理论与实践》，发表于"澳门教育如何迈进新纪元"研讨会，澳门大学教育学院，2000 年。

[18] 游美惠：《内容分析、文本分析与论述分析在社会研究的运用》，《调查研究》2000 年第 8 期。

[19] 秦梦群：《美国中小学教师检定聘任制度之研究》，《教育政策论坛》2001 年第 4 期。

[20] 詹焜能：《合作开发九年一贯生活课程教师专业成长之研究》，《教育研究集刊》2001 年第 48 期。

[21] 吴国珍：《京、沪、台、港、澳教师活动时间及特点比较研究》，《教师杂志》2002 年。

[22] 澳门中华教育会：《松绑与专业成长——廿一世纪澳门教师队伍专业建设的重要环节》，发表于"21 世纪教师的专业成长"教育研讨会，澳门大学教育学院，2002 年。

[23] 潘慧玲：《社会科学研究典范的流变》，《教育研究信息》2003 年第 1 期。

[24] 姚琳、彭泽平：《当前法国中小学教师继续教育的特点》，《继续教育》2004 年。

[25] 黄素君：《澳门特别行政区教师教育发展的状况与前瞻》，发表于"师资培育课程发展"研讨会，香港教育学院，2005 年。

[26] 郭木山：《学校本位教师专业发展之意涵与实践》，《教育资料与研究》2005 年第 62 期。

[27] 张艳：《美国中小学教师在职培训制度述评》，《崇文教育》，崇文区教育研究中心，2006 年。

[28] 澳门特别行政区政府教育暨青年局委托课题：《澳门教学人员专业发展状况之研究》，北京师范大学教师教育研究中心课题组，2006 年。

[29] 袁金淑：《保证教育质量的关键因素——论澳门在职教师培训》，发表于澳门大学主办的"华人社会的教育发展"学术研讨会，2006 年。

[30] 袁金淑：《澳门在职师教育制度的初探》，发表于澳门大学主办的"华人社会的教师教育发展"学术研讨会，2007 年。

[31] 王玉良：《中外教师继续教育经费保障比较及启示》，《继续教育研究》2008 年第 3 期。

[32] 周卫东：《当代日本教师继续教育特征概要》，《继续教育研究》2010 年第 12 期。

[33] 颜泽贤：《教师专业培训的多元化发展趋势及其对策》，"澳门大学教育学院学术研讨会之六多元化教育的探讨"，澳门大学教育学院、澳门教育暨青年局主办，2011 年。

[34] 刘慧芳：《国外中小学教师在职教育和培训的比较和启示》，《教育探索》2011 年。

[35] 澳门中华教育会：《教学工作令人心力交瘁?!——澳门"中小幼教师"及"中学生"问卷调查报告》，《路漫修远　上下求索》，中国社会科学出版社 2013 年版。

[36] 刘羡冰：《教师全部精力放在教育学生上》，《澳门日报》2017 年 4 月 20 日。

（四）法律和报章类

［1］澳门教育暨青年司：第 11/91/M 号《澳门教育纲要法》，澳门教育暨青年司，1991 年。

［2］澳门特别行政区政府：《澳门教育制度修改建议》，澳门教育暨青年局，2003 年。

［3］澳门特别行政区政府：2003/2004（非高等教育）《教育数字》，澳门教育暨青年局，2003 年。

［4］澳门教育暨青年局：第 9/2006 号《非高等教育制度纲要法》，澳门教育暨青年局，2007 年。

［5］澳门教育暨青年局：第 3/2012 号《非高等教育私立学校教学人员制度框架》，澳门教育暨青年局，2012 年。

［6］"候任香港行政长官林郑月娥竞选时承诺，上任后会即时增加每年 50 亿的教育经常开支。"香港大学中文教育研究中心名誉总监谢锡金指出："香港教育首要改善教师质素，因新加坡、芬兰等地的教师都曾是成绩优异的学生，且对教学有热诚，港府应设法鼓励更多尖子或成绩优异的中学毕业生修读教育相关学位课程"，"老师精英，学生才会成为精英"。香港《明报》第 A4 版，2017 年 4 月 21 日。

［7］澳门教育暨青年局：《教学人员资料统计表（2016/2017 学年）》，澳门教育暨青年局，2016 年。

（五）其他

［1］胡中锋：《讲稿：第九讲质的研究方——质的研究引论》，2013 年。

二 英文部分

［1］A. M. Carr-Saunders（1933），*The Profession*，Oxford：Clarendon Press.

［2］National Education Association Division of Eield Service（1948），*The Yardtich of a Profession*，Institutes on professional and Professional and Public Public Relations Washington D. C. The Associations，p. 8.

［3］National Society for the Study of Education（1957），*In-service Education*，University of Chicago Press，p. 16.

［4］International Bureau of Education（1970），"Educational Trends in 1970：An International Survey."Paris：UNESCO，p. 46.

[5] Darling Hammond L. (1987), "Teacher Professionalization Versus Democratic Control," *Education Digest*, September , pp. 15 – 17.

[6] C. O. Houle (1961), *The Inquiring Mind*, Madison : University of Wisconsin Press.

[7] R. J. Purdy (1966), et al. , "Getting the Most Out of In-service Education," in *Teacher's Encyclopedia*, N. J. : Prentice-Hall, p. 905.

[8] E. Stoops (1967), et al. , *Elementary School Administration*, N. Y. McGraw-Hill Co. , p. 385.

[9] E. A. Pierce (1963), *Primary Teacher Training in Asia Bangkok UNECO Regional Office for Education in Asia*, p. 205.

[10] B. Glaser, & A. Strauss (1967), *The Discovery of Grounded Theory*, Chicago: Aldine.

[11] F. C. Phinney (1972), *Professional Growth Opportunities for America Teachers Abroad*, Unpublished ED. D Disseriation Michigan Unversity.

[12] G. Bateson (1972), "A Theory of Play and Fantasy," In *Steps to an Ecology of Mind: Collected Eassys in Anthropology, Psychiatry, Evolution and Epistemology*, San Francisco: Chandler Publishing Co. , pp. 137 – 193.

[13] J. Dean (1974), "The Role of Local Advisory Service in the Inservice Education of Teachers," In Adams, Elizabeth. (ed.) . *In-service Education and Teachers'Center*, New York: Pergamon Press.

[14] E. Goffman (1974), *Frame Analysis: An Eassy on the Organization of Experience*, New York and London: Longman.

[15] U. S. Government Printing Office (1978), *Lifelong Learning and Public Policy*, Report prepared by the Lifelong Learning Project. Washington, D. C. : Government Printing Office.

[16] Advisory Panel on Research Needs in Lifelong Learning Adulthood (1978), *Lifelong Learning During Adulthood*, New York: Future Directions for a Learning Society, College Board.

[17] T. L. Good (1979), "Teacher Effectiveness in Elementary School Research," *Journal of Teacher Education*, 30 (2), 53 – 65.

[18] P. Burden (1980), "Teacher Perception of Their Personal and Profes-

sional Development," A paper presented at the annual meeting of the Midwestern Educational Research Association.

[19] S. K. Mertens, & S. J. Yarger (1981), *Teacher Centers in Actions*, Syracuse, NY: Syr-acuse University, Syracuse Area Teacher Center.

[20] K. P. Cross (1981), *AdultaLearner: Increasing Education*, Oxford: Pergamon.

[21] D. G. Harris (1885), "Faculty and Administrative Perceptions of Postsecondary occupational staff development," *Disertation Abstracts International*, 47 (2), 506A (University Microfilms No. AAC8527871).

[22] J. M. Wialliams (1985), "A Study of Professional Development Practices of Part-time Instructor at Selected Leagues for Innovation Community College," (ERIC Document Reproduction Service No. ED269093).

[23] C. K. Knapper, & A. J. Cropley (1985), *Lifelong Learning and Higher Education*, London: Croom Helm.

[24] N. L. Hungerford (1986), "Factors Perceived by Teachers and Administrators as," Stimulative And Supportive of Professional Growth: An Exploratory Study of Sixteen School Environments, Michigan State University.

[25] S. Y. Branscum (1986), " Patterns and Motivations for Formal Learning Participation of University (Lifelong learning, continued learning, faculty development)," *Dissertation Abstracts international*, 47 (7), 415.

[26] L. S. Shulman (1987), "Paradigms and Research Programs in the Study of Teaching: A Contemporary Perspective," In M. C. Wittrock (Ed.) *Handbook of research on teaching* (3 – 36), NY: Macmillan.

[27] M. F. Wideen (1987), "Perspectives on Staff Development," in M. F. Wideen (ed.), *Staff Development for School Improvement*, N. Y.: The Falmer Press.

[28] B. Poltecher (1987), "A Study of the Motivational Orientations of Teachers Attending Community-based in-service Teacher Education Programs in Northeastern Thailand," Unpublish Doctoral Dissertation, Southern Illinois University.

[29] G. Benveniste (1987), *Professionalizing the Organization*, San Francis-

co: Jossey-Bass.

[30] P. J. Burke (1987), *Teacher Development: Induction, Renewal and Redirection*, N. Y: The Flamer Press.

[31] E. S. Erffmer, & C. R. Martay (1988), "A Goal-setting Process for Evaluating Teacher Professional Growth and Development and Professional Leadership," Paper presented at the Annual Meeting of the American Educational Research Association, New Orland, L. A.

[32] D. Tindill, & L. Coplin (1989), "A Rationale Evaluating Staff Development Activities , " *Education Canada*, 29 (1), 16 – 23.

[33] M. L. Holly, & C. S. Mcloughlin (1989), *Perspectives on Teacher Professional Development*, London: The Flamer Press.

[34] M. Huberman (1989), "The Professional Life Cycle of Teachers," *Teachers college records*, 91 (1), 31 – 57.

[35] J. M. Mcleod, Z. Pan, & D. M. Rucinski (1989), "Framing a Complex Issue: A Case of Social Construction of Meaning. " Paper presented to the Mass Communication Division, International Communication Association Conference, San Francisco.

[36] D. L. Duke (1990), "Setting Goals for Professional Development," *Educational Leadership*, 47 (8), 71 – 76.

[37] P. R. Burden (1990), "Teacher Development," In W. R. Houston (ED.), *Handbook of Research on Teacher Education: A Project of the Association of Teacher Educators*, New York: Macmillan, pp. 311 – 328.

[38] A. Strauss, & J. Cobin (1990), *Basics of Qualitative Research: Grounded Theory Procedures and Techniques*, Newbury Park, CA: Sage.

[39] P. Ben (1990), "Teachers Document Their Work: A Strategy for School Based Professional Development," Annual Meeting of the American Educational Reasearch Association.

[40] J. M. Rich (1992), *Foundations of Education Perspectives on American Education*, New York: Macmillan.

[41] J. Gerhard, & D. Rucht (1992), "Mesomobilization: Organizing and Framing in Two Protest Campaigns in West Germany," *American Journal of Sociology*, 98, 555 – 595.

[42] B. G. Glaser (1992), *Basics of Grounded Theory Analysis*, Mill Valley, CA: Sociology Press.

[43] Fessler & Christensen (1992), *The Teacher Career Cycle: Understanding and Guiding the Professional Development of Teachers*, Boston: Allyn and Bacon.

[44] OECD (1996), *Lifelong Learning For All*. Meeting of the Education Committee at Ministerial Level, 16 – 17, Paris: OECD.

[45] T. R. Guskey (2000), *Evaluating Professional Development*, California: Corwin Press.

在学期间公开发表的著作、论文和文章情况

一　出版专著

编号	作者	专著名称	出版时间
1	袁金淑	澳门培华中学公民教育文选《教与思》袁金淑老师文集（由澳门特别行政区政府教育发展基金赞助出版部分经费）	2015年11月

二　学术论文

编号	第几作者	论文名称	发表刊物	刊发时间
1	第一作者	澳门特区社会发展的机遇与挑战	澳门城市大学《社会经济发展研究》学术性杂志	2013年10月
2	第一作者	澳门成为世界旅游休闲中心的几点省思	澳门经济学会主办的论文比赛	2013年10月
3	第一作者	澳门青少年使用手提电话的调查研究	澳门中华教育会教育科学研究组课题研究项目	2013年12月

三　发表于《澳门教育》的文章

编号	文章名称	发表时间
1	规划人才培养发展	2014年第1期
2	一堂深受启发的公教课	2014年第3期
3	任教公民教育课之我见	2014年第4期
4	补考班的研究和对策	2015年第1期

续表

编号	文章名称	发表时间
5	关心社会事　尽公民责任——对2015年财政预算案的建议	2015年第2期
6	教书育人路	2015年第4期
7	如何修订《品德与公民》	2016年第2期

四　发表于澳门《华侨报》的文章

编号	文章名称	发表时间
1	五吨、十吨垃圾的启示	2014年2月8日
2	为青少年创设一条健康成长路	2014年4月25日
3	生命影响生命的教育短片	2014年6月13日
4	澳门中学生金钱价值观的调查研究	2014年8月8日

五　发表于《澳门日报》的文章

编号	文章名称	发表时间
1	浅谈澳门私校教师评核制度	2013年4月29日
2	澳门留级制度的再反思（一）	2013年6月24日
3	澳门留级制度的再反思（二）	2013年7月8日
4	"非本地大学毕业生留澳工作"之我见	2013年7月24日
5	对升大考试制度的省思	2014年1月20日
6	省思粤澳驾照免试互认	2014年1月22日
7	试议教师评核制度	2014年4月14日
8	从小学生减负所想起的	2014年5月26日
9	制定人口政策，促进教育发展	2014年7月21日
10	从150分钟的体育运动时间所想到的	2014年10月27日
11	省思澳门离婚率对青少年的影响	2015年1月19日
12	澳门融合教育的反思	2015年3月1日
13	加强青少年爱国爱澳的建议	2015年5月13日
14	对"旧爱都酒店及新花园泳池再利用构想"的建议	2015年9月21日

六 发表于澳门《九鼎月刊》的文章

编号	文章名称	发表时间
1	有关"离补法案"的启示和建议	2014年8月总第82期
2	关注交通现象 提出解决方法	2014年9月总第83期
3	引导青少年正确使用手提电话	2014年9月总第83期
4	浅议澳门基础教育的机遇和挑战	2014年11月总第85期
5	爱护环境由你我做起	2014年12月总第86期
6	回归前后的我	2014年12月总第86期
7	培养学生正确使用网络的意识	2015年5月总第91期
8	如何修订《澳门特殊教育制度》	2015年7月总第93期
9	优化教育管理 提升澳人素质 ——我对《五年规划》中教育部分的几点意见	2016年2月总第100期

后　记

执笔至此，我的博士研究生求学进修之路即将结束！每当看着近二十万字论文终于有机会打印，装订成册的时候，内心不禁百感交集，感慨万千！还记得……

多次修改论文题目和研究内容的苦恼！
撰写论文开题报告的忧虑！
两次远赴台湾查找文献资料破釜沉舟的雄心！
六十年一遇的寒冷天气和极度酷热天气里夜以继日地撰写论文的恒心！
论文开题报告顺利通过时的喜悦心情！
休教一年进修博士学位的申请梦想成真！
论文盲审时的忐忑不安心理！

以上一幕幕难忘的、艰辛的学习之旅，记忆犹新，仿如昨天才刚发生，心中满载收获和说不尽的感谢！

首先，对于我的导师胡中锋教授有说不尽的感激与感恩之情。早在1995年入读华南师范大学的时候，我已经是胡老师的学生。2000年修读华南师范大学硕士学位的时候，胡老师再一次担任我的科任老师，2013年报读博士学位，机缘巧合，有幸再次成为胡老师的学生。这三年的学习过程中，胡老师用他个人的学术造诣，不断学习国内外先进的教育科学知识和技能，并应用到他的教学领域当中，使他的学生获益良多。胡老师这种终身学习，勇攀高峰的学术精神和行动，深深地根植在我的心中，成为我做人与学习的楷模。

三年之中，在学习路途上，全因有胡老师的悉心指导和栽培，我的教育管理和科研能力均得到了提高。无论我是针对澳门社会事件、教育现象、青少年的问题等所发表的文章，还是确定博士学位论文的研究方向、题目、内容、资料搜集、问卷、访谈内容以及论文的整体结构和布局等，有赖胡老师的从旁协助，耐心和悉心地给予意见。同时，由于本人的研究能力有限，时常给胡老师增添劳苦，可是，胡老师总是不厌其烦地指出问题，处处点拨，给予意见，给予参考数据，不断让我思考、修正、学习、再提升，拓宽我的研究视野。胡老师一步一步地启发和引领我迈向更高学术的殿堂，使我的论文更臻完善！

此外，本人十分感谢开题报告导师，有郑航教授、赵敏教授、戴健林教授、刘志华教授等，他们针对开题报告提出中肯建议，有利于我修正开题报告，沿着正确的方法继续撰写论文，使我的论文更加严谨和完善。

同时，我亦十分感谢澳门教育家刘羡冰校长、阮宇华校长与李秋林校长长期对我的关爱和教导。特别是每次当我撰写论文遇到困难的时候，刘校长好像慈母般能够指出我的不足，给予修改意见。同时，刘校长与阮校长还对我的研究给予了大力协助，联络几所私立学校进行问卷调查，让是次研究得以顺利完成。对两位校长的大力支持，本人心存感恩。

十分感谢澳门十四所私立中学对本研究问卷工作的鼎力支持，这些学校分别为：培华中学、广大中学、新华中学、劳工子弟学校、海星中学、粤华中学、澳门工联职业技术学校、菜农子弟学校、培正中学、濠江中学、东南学校、圣若瑟教区中学第二三校、澳门坊众学校、氹仔坊众学校等。正因为有各位校长和主任的大力配合，本研究才能够收集到424位教师的有效问卷。同时，十分感谢另外七所私立中学，21位教师接受本人的访谈，您的热心付出，令本研究得以顺利展开，将所搜集的资料作研究之用，令研究结果更全面。

十分感谢我的博士同学——陈盛畴同学和郑焯基同学。在这三年学习中，我们大家互相扶持，互相鼓励。在我们一起走过的学习日子，难忘走访澳门高等院校查找文献的时刻；难忘多次在广州华南师范大学图书馆的学习；更加难忘的是两次到台湾师范大学的图书馆和台湾"国家"图书馆查找资料的学习旅程；难忘开题报告时大家的紧张心情。这些学习历程不但加深了我们三载同窗友情，更促使我们共同向目标进发。

十分感谢好友何锡标先生在资料分析过程中，给予许多关于SPSS操作技术和方法的指导。衷心感谢何淑群主任、陈佩珊老师、周树伟先生、龚幸平老师、李德华老师、陈惠冰小姐、张晓娜师妹等对本论文给予了很大的鼓励、支持和协助，才能让我的论文顺利完成。

我要衷心感谢家人对我的支持，特别把这篇论文送给我最亲爱的父亲，两年前父亲已经离我远去，可是我的心仍与父亲同在。现在我终于可以含笑对着天空说："您的女儿没有让您失望！"同时，这一年忙于论文工作，疏忽了对两个儿子（分别为8岁和6岁）的照顾，幸好经我的引导和解释，他们好像有一颗似懂非懂的童心，能体谅母亲辛劳工作，稍减我心中的内疚。

最后，感谢澳门特别行政区教育暨青年局和培华中学，我在2015年度获得批准教学人员的专业发展——休教进修一年的计划。可见，教育当局和培华中学不惜付出人力、物力、财力等各方面的支持，让我走上休教进修之路，让我向更高的学历和教育专业发展迈进，这篇论文能顺利完成，最大功臣非澳门教育暨青年局和澳门培华中学莫属。

感激之词真的无以表达！谨将这份恩情化作我今后努力前进的动力，把这股动力重新投入教育工作中，心存感恩，一路前行！我将继续心系教育，服务学校，回馈社会，以报答澳门特别行政区政府、母校华南师范大学、培华中学、师长以及所有对我有恩的人，衷心地感谢您！

袁金淑

2016年11月26日

（写于家中）